LE LIVRE D'OR
DU CURÉ DE CAMPAGNE

RECUEIL

DE

RECETTES & FORMULES INÉDITES

PROVENANT, POUR LA PLUPART

DE SAVANTS ECCLÉSIASTIQUES

RELATIVES

A L'ÉCONOMIE DOMESTIQUE

A L'HYGIÈNE, A LA PHARMACIE

ET A LA MÉDECINE

CONTENANT L'EXPOSÉ DES CAUSES, DES SYMPTOMES
DE TOUTES LES MALADIES

Avec leur mode de traitement

PARIS

PUBLIÉ PAR MAGNANT, PÈRE

Rue de l'Eglise, 22, Batignolles-Paris.

1861

Paris. — Typ. d'Emile Allard, rue d'Enghien, 14.

A' MESSIEURS LES MEMBRES DU CLERGÉ

Messieurs,

L'entreprise humanitaire que nous avons tentée il y a deux ans à peine, se poursuit aujourd'hui sous de si heureux auspices et un succès si prodigieux, que nous n'hésitons pas à couronner l'édifice par une œuvre *sérieuse*, *durable* et *complète*, à tous les points de vue. Jusqu'ici nous n'avons guère publié que les recettes que vous avez bien voulu nous adresser, mais elles se sont depuis quelque temps, tellement multipliées, qu'il est maintenant bien peu de maladies contre lesquelles nous ne possédons pas de remède.

Coordonner et classer avec soin ces si nombreuses recettes ne nous a pas paru suffisant : mettant à profit les bons conseils que plusieurs d'entre vous ont bien voulu nous donner, nous avons pensé qu'il convenait de nous étendre longuement sur les cas où ces divers moyens curatifs devaient être mis en usage. Enfin, outre les remèdes si remarquables qui nous ont été envoyés par vous, Messieurs, notamment par le savant abbé *Migne*, si honorablement connu du monde entier, il en était d'autres encore, appartenant également à des membres du clergé et dont l'efficacité a été démontrée par une longue expérimentation. Ces recettes, éparses çà et là, devaient nécessairement faire partie de notre livre ; elles ont été recueillies et coordonnées avec soin ; c'est ainsi, Messieurs, que vous y trouverez la véritable formule de la célèbre *médecine* du curé de Deuil, celles non moins efficaces de *Sainte-Marie*, de l'*abbé Pipon*, du curé de *Chancé*, celles encore du *P. Debreyne*, vénérable religieux de la Trappe, et aussi célèbre par ses connaissances médicales que par ses vertus. Nous bornerons là notre énumération ; quoique courte, elle fera comprendre la haute portée, l'intérêt immense qui doit s'attacher à notre livre, qui va, avec le bréviaire, devenir l'*agenda*, le *vade mecum* de tous les Ecclésiastiques.

Afin que la rédaction ne laissât rien à désirer sous aucun rapport, nous l'avons confiée à un docteur en médecine, écrivain distingué et déjà connu par de nombreux travaux scientifiques.

Hâtons-nous de dire que notre prétention n'a pas été de publier un ouvrage médico-chirurgical complet, nous avons eu seulement pour but d'écrire un livre élémentaire à la portée de tous les hommes intelligents.

Chaque maladie est précédée d'un tableau symptomatologique indiquant les signes auxquels il est facile de reconnaitre telle ou telle affection; ses diverses périodes, ainsi que ses complications y sont indiquées avec clarté et précision. Nous avons pris à tâche, afin que tout soit parfaitement compris, de nous abstenir des expressions trop techniques, qui pourraient obscurcir la description de phénomènes aussi admirables que souvent difficiles à expliquer.

Le traitement est indiqué pour chaque maladie. Souvent nous avons été obligé de donner plusieurs recettes; mais dans aucun cas elles ne font double emploi. Les constitutions des malades diffèrent toujours entre elles, les tempéraments ne sont jamais identiques; aussi, tel moyen thérapeutique qui aura sur l'un parfaitement réussi, n'obtiendra aucun succès sur l'autre. Nous avons, du reste, autant que cela a été possible, indiqué la recette à employer dans chaque variété pathologique.

Nous l'avons déjà dit : utile à vous tous, Messieurs, notre livre sera surtout indispensable au curé de campagne; là, parfois éloigné de tous secours médicaux, au milieu de populations, le plus souvent pauvres et misérables, qui ne peuvent, à cause de leur position précaire, appeler un homme de l'art que dans les cas extrêmes, le prêtre est à chaque instant obligé de donner des conseils et ses soins à des malades; quelle satisfaction, quel bonheur il éprouvera de pouvoir les rappeler à la santé et à la vie ! Avec le sacerdoce dont il est revêtu, y aura-t-il sur la terre une plus belle mission que la sienne ? Guérir le corps, n'est-ce pas, du reste, souvent aussi amener la guérison de l'âme ? Personne n'ignore, dans ce cas, l'influence réciproque du physique sur le moral. Il faut, du reste, que le prêtre montre en toute circonstance la supériorité de son intelligence et son inépuisable charité. Aussi, bientôt verrez-vous tel homme qui aurait dédaigné les secours de notre sainte religion, venir, malade, vous demander aide et protection et être par là ramené dans le chemin de la vertu.

La loi interdit, il est vrai, l'exercice de l'art de guérir à celui qui n'est pas revêtu d'un diplôme de médecin; mais elle ne peut empêcher le prêtre de donner des conseils aux membres malades de son troupeau; ce qu'elle peut seulement lui défendre, c'est *l'exercice commercial* de cette profession, et ceci est une faute dont le clergé ne s'est jamais rendu coupable.

Nous ne terminerons pas, Messieurs, sans vous remercier du concours que vous nous avez si complaisamment prêté. La demande de ceux, peut-être trop nombreux, qui ont désiré garder l'anonyme, a été religieusement observée.

Multa paucis, beaucoup de choses en peu de mots, telle a été notre devise ; nous espérons cependant que rien d'important n'a été omis, qu'on n'a oublié aucune des maladies, quelque nombreuses qu'elles soient, qui peuvent se présenter à votre observation.

A la partie médicale, nous avons joint un certain nombre de recettes, complètement classées à part, qui vous seront très utiles pour les usages ordinaires de la vie. Nous en avons déjà donné quelques-unes à nos souscripteurs ; ils jugeront de l'utilité de celles que nous restons à leur faire connaître par celles qu'ils ont déjà reçues.

On le voit, et nous ne saurions trop le répéter, notre livre justifie pleinement le titre que nous lui avons donné et que quelques personnes, avant de le lire, trouveront peut-être un peu trop ambitieux.

Recevez, Messieurs, l'assurance, etc.

MAGNANT.

AUX LECTEURS

Nous appelons toute votre attention sur l'*Appareil électro-galvanique du Dr Van Risbeck* et sur les préparations, et les produits dont nous allons vous entretenir. Nous aurions pu en parler à chacune des maladies dans le traitement desquelles ils doivent être conseillés, mais nous nous serions exposé à des redites sans nombre ; nous avons pensé, du reste, que nous devions, à cause de leur importance, leur consacrer un chapitre spécial.

APPAREIL GALVANO-ÉLECTRIQUE PORTATIF
Du docteur VAN RISBECK.

L'application de l'électricité à la thérapeutique, est une des plus belles conquêtes de la médecine moderne. Il n'est pas de praticien qui ne reconnaisse la supériorité de cet agent sur tous ceux généralement employés dans le traitement d'un grand nombre de maladies ; mais (pourquoi ne le dirions-nous pas ?) que de fois le public n'est pas appelé à jouir des bienfaits de la *faradisation !* Cela tient à plusieurs causes : la première à ce que la plupart des docteurs, même dans les grandes villes, ne possèdent pas d'appareils électriques, la seconde à ce que bien des malades, soit à cause de leur éloignement, soit à cause de leurs occupations, ne peuvent se rendre fréquemment, à heure et à jour fixes, dans le cabinet de leur médecin. Plusieurs tentatives ont été faites pour obvier à ces inconvénients graves, et c'est alors qu'on a fabriqué des chaines de tous genres, des plaques électriques de toutes formes et de toutes grandeurs; mais personne ne l'ignore, aucune de ces inventions n'a complétement atteint le but qu'on s'était proposé.

L'appareil du Dr Van Risbeck est portatif; il est facilement déguisable sous toute espèce de vêtements; composé de vingt à cinquante petits éléments, son action lente ne détermine aucune secousse, mais elle est continue et elle s'exerce, sans interruption, pendant plus de douze heures.

Nous pourrions aujourd'hui mettre sous vos yeux des centaines d'observations de guérisons obtenues grâce à son emploi, et souvent dans des maladies réputées incurables; aussi pour prouver combien supérieur est cet appareil, nous n'avons qu'à vous rappeler ce que disait avec raison un célèbre philosophe moderne : « les faits sont maintenant, dans l'ordre intellectuel, la puissance en crédit. »

Les cas pathologiques dans lesquels l'électricité, et par conséquent l'appareil du Dr Van Risbeck, est conseillé par nos célèbres médecins, sont trop nombreux pour que nous puissions entrer, pour chacun d'eux, dans de longs détails; nous nous bornerons donc à une simple énumération des maladies contre lesquelles cet appareil est employé avec succès :

1° Maladies des bronches et des poumons: *Bronchites, rhumes, catarrhes chroniques, phthisie pulmonaire;*

2° Maladies de la circulation : *Battements de cœur, anévrismes ;*

3° Maladies de l'estomac et des intestins : *Gastrites et gastralgies, constipations opiniâtres ;*

4° Maladies des yeux : *Conjonctivites, blépharites et kératites chroniques, amaurose ;*

5° Maladies des oreilles : *Surdité, écoulements et bourdonnements d'oreilles ;*

6° Maladies des femmes : *Chlorose, irrégularité de la menstruation, abaissement et engorgement de la matrice ;*

7° Toutes les affections du système nerveux : *Paralysies, névralgies, épilepsie, hystérie ;*

8° Affections de la peau : quand il faut renouveler le sang en activant la circulation ;

9° Rhumatismes, goutte ;

10° Scrofules ;

11° Maladies de la moëlle épinière.

Certaines modifications ont été introduites dans l'appareil, suivant que tel ou tel organe est affecté et suivant qu'il est destiné à un enfant ou à une grande personne. Le demandeur voudra donc bien nous donner à ce sujet, de très précises indications (1).

---

(1) Les appareils se vendent au public 18 fr. ; pour les enfants, 16 fr. ; le n° 6 (grand modèle), 20 fr.

Désirant et faisant tous nos efforts pour être agréable en même temps qu'utile à MM. les membres du Clergé, nous avons fait des conventions particulières avec le fabricant, qui nous permettent de faire profiter MM. les Ecclésiastiques d'une partie des avantages qui nous ont été faits, c'est-à-dire d'une remise de 2 fr. indistinctement sur tous les appareils. Nous prendrons en outre à notre charge les frais de port, de caisse et d'emballage.

Une instruction indiquant le mode d'application accompagne chaque appareil.

COALTAR.

Il n'y a pas longtemps encore que l'illustre chirurgien de la Charité rendait compte aux académies, d'une brillante découverte qui venait d'être faite par MM. Corne et Demaux. Non seulement les journaux scientifiques, mais encore les feuilles politiques s'empressèrent d'en entretenir leurs lecteurs. Le maréchal Vaillant en ordonna l'expérimentation sur une grande échelle, à l'armée d'Italie; les faits se multiplièrent et tous vinrent corroborer les assertions de M. Velpeau. Nous n'avons pas besoin de dire que c'est du coaltar que nous voulons parler: aujourd'hui ses propriétés sont incontestables, et comme désinfectant des plaies les plus fétides, et comme remède infaillible de toutes blessures produites par des armes à feu, ou faites avec des instruments tranchants, de même que les plaies les plus mauvaises : les *cancers*, tumeurs blanches, abcès, chancres au visage, scrofules, plaies invétérées et même arrivées à l'état gangreneux, ne résistent pas à son action. Nous avons à offrir, pour preuves de ses merveilleux effets, plus de douze cents lettres d'autant d'Ecclésiastiques qui applaudissent unanimement et attestent en avoir obtenu des guérisons miraculeuses; aussi n'est-ce pas nous, mais bien de nombreux Ecclésiastiques qui ont nommé *divine* cette poudre.

HYGIÈNE DE LA TOILETTE.

En écrivant ce chapitre, *nous avons seulement pour but* d'indiquer les moyens de conserver la santé du corps. Les produits hygiéniques dont nous allons parler sont tous fabriqués d'après les recettes du Dr Rémy, dont les œuvres sur l'hygiène privée sont si connues et si estimées. La maison Charvet et Ce (270, rue Saint-Honoré), possède, seule, ces précieuses recettes.

LE CORPS.

Le corps réclame les premiers soins de propreté : à cet effet, il est utile de le nettoyer de temps en temps dans toutes ses parties, à l'aide du *bain aromatique du Dr Rémy*. Ce bain a la propriété de débarrasser l'épiderme du dépôt graisseux de la sueur qui obstrue le passage à la transpiration, fonction si nécessaire à l'équilibre de la santé ; de plus il raffermit la constitution et donne du ton à tout l'organisme.

Un grand bain pris trop chaud fatigue, énerve et fait plus de mal que de bien à la santé ; c'est une faute souvent commise par les baigneurs. Il importe beaucoup aussi de ne se livrer à aucun exercice fatigant du corps au sortir du bain, et d'éviter les courants d'air et les refroidissements.

LA BOUCHE ET LES DENTS.

Les dents ne concourent pas seulement à la beauté, elles remplissent un rôle actif parmi les fonctions digestives ; elles broient nos aliments pour faciliter leur déglutition et leur digestion dans l'estomac. Elles servent encore à l'articulation de la parole, et rendent la voix plus pure et plus sonore.

Une cause très commune de l'odontalgie et de la perte des dents, c'est la malpropreté dans laquelle on les laisse séjourner ; il se forme du tartre, qui engendre la carie, et est la cause déterminante d'un grand nombre de maladies des gencives.

Pour entretenir la bouche, les gencives et les dents en état de propreté constante, il faut:

1° Se brosser les dents, deux fois par semaine, avec une brosse douce, ou mieux encore un linge ou une éponge fine et humide pour rendre adhérente, à leur surface, une couche de *Poudre dentifrice du Dr Rémy*. Cette poudre est tonique, absorbante, antiseptique; elle fortifie les gencives et blanchit les dents. Toutes nos sommités médicales lui reconnaissent une incontestable supériorité sur les autres préparations ayant le même but.

2° Tous les matins se rincer la bouche avec environ une demi-cuillerée à café *de l'Elixir dentifrice du Dr Rémy*, étendue dans un verre d'eau fraîche.

Cet élixir jouit d'une grande efficacité pour guérir et prévenir la carie et les maux de dents.

LA FIGURE, LE COU ET LES OREILLES.

Comme on l'a dit avec justice, la figure est le miroir de l'âme; mais elle n'en exprime les sentiments que lorsqu'elle est parfaitement propre et exempte de ces taches, de ces rousseurs qui affectent si fréquemment les personnes peu soucieuses de leur toilette ou ignorant les préceptes hygiéniques qui s'y rattachent.

Il est donc important de se débarbouiller tous les matins avec de l'eau fraîche additionnée d'environ une cuillerée à bouche de *Vinaigre de toilette à la Balsamine, du Dr Rémy*.

LA CHEVELURE.

Les cheveux, comme nous le dirons dans un article spécial, sont sujets à bien des affections qui déterminent leur chûte, cause déterminante, elle aussi, d'un grand nombre de maladies. On sait combien les personnes chauves sont prédisposées aux migraines, aux névralgies, aux affections catarrhales, aux ophthalmies, aux maladies des oreilles. La perruque ne remédie qu'à une partie de ces inconvénients, et, elle-même, occasionne fréquemment des maux de tête insupportables. Nous devons donc faire tous nos efforts pour conserver notre chevelure; nous agissons alors, non-seulement conformément aux lois de l'hygiène, mais encore de la vie générale, qui veut l'harmonie partout, jusque dans la forme.

La *Pommade au Quinquina Pitayo, du Dr Rémy*, a la propriété de tuer les animalcules microscopiques du derme chevelu, causes évidentes de la plupart des maladies du système pileux : c'est ainsi qu'elle fait croître et qu'elle fortifie les cheveux, qu'elle prévient et qu'elle en arrête la chûte.

LES PIEDS ET LES MAINS.

Chez certaines personnes, les pieds demandent beaucoup de soins à cause d'une transpiration incommode. On la préviendra par des lavages, très fréquemment répétés, avec de l'eau fraîche dans laquelle on ajoutera par trois ou quatre litres d'eau, de 20 à 30 grammes d'alun.

Cette substance astringente, tonifiant les tissus, resserre les pores de la peau, et ferme le passage à la transpiration.

Ici nous ne saurions trop recommander de ne point faire usage de savons de mauvaise qualité, fabriqués avec des acides qui ne tardent pas à rendre les mains dures et âpres, en les prédisposant à certaines affections de la peau. Le savon fabriqué par la maison Charvet est onctueux et adoucissant, et peut servir pour se laver la figure et pour les usages de la barbe.

Prix des produits hygiéniques préparés d'après les recettes du Dr Rémy.

Pour le Public.

Bains aromatiques, le flacon. . . .	1 fr.	50
id. 12 flacons. . . .	16	80
Poudre dentifrice, la boîte.	1	50
Elixir dentifrice, le flacon. . . .	3	» »
Pommade au quinquina, le pot. . . .	1	50
Savon au benjoin, le pain	1	50
id. 12 pains.	15	60

Pour MM. les Ecclésiastiques.

Bain aromatique, le flacon. . . .	1	40
— 12 flacons. . .	15	60
Poudre dentifrice.	1	30
Elixir dentifrice.	2	60
Pommade au quinquina.	1	30
Savon au benjoin, le pain. . . .	1	35
id. 12 pains. . . .	14	40

Pour toute demande de 20 fr., caisse et emballage à notre charge.

HYGIÈNE DU CURÉ DE CAMPAGNE

———

L'hygiène est l'art de conserver la santé ; elle n'a pour objet que l'homme sain: elle apprend à connaître l'influence des agents divers que la nature a destinés à remplir nos besoins, sur nos organes à l'état physiologique, et conséquemment sur leurs fonctions.

Les moyens de l'hygiène sont tous les agents de la nature qui exercent sur l'homme quelque influence, en exceptant toutefois les susbtances médicamenteuses. On le voit, l'hygiène embrasse toutes les connaissances humaines. Conserver la santé, n'est-ce point l'objet de tous les efforts des hommes? La connaissance des agents physiques n'est utile qu'autant qu'elle conduit à apprécier leur influence sur l'économie animale : la chimie, la botanique, l'anatomie, la physiologie et généralement toutes les sciences naturelles n'obtiennent notre estime qu'autant qu'elles nous font connaître l'homme et les objets divers qui peuvent lui être utiles ou nuisibles. L'architecte qui nous garantit des intempéries des saisons, les ouvriers qui nous habillent, qui nous chaussent, ceux qui sont chargés de pourvoir à notre nourriture, en un mot, la classe entière des citoyens utiles, ne concourt-elle pas au même but? La morale fait aussi partie de l'hygiène, puisqu'elle démontre l'utilité de la plupart des vertus: la tempérance, la continence, la modération dans les passions, le calme de l'âme, ne sont-ils pas la base de ses préceptes?

L'hygiène est donc de la plus haute importance : aussi ne doit-on pas s'étonner de voir à toutes les époques, les hommes chargés des destinées des peuples diriger toutes les forces de leur génie vers ce moyen d'améliorer le sort de leurs semblables. Dès le commencement des sociétés, les préceptes de l'hygiène furent érigés en lois ; et pour assurer leur rigoureuse observation, on fit intervenir l'autorité sacrée de la religion. En effet, les lotions, les ablutions, la circoncision, l'abstinence des viandes, le jeûne, la privation de certains aliments, de certaines boissons, la séquestration des lépreux, la défense d'épouser ses proches, pour croiser les races et détruire les maladies héréditaires, etc., sont-ils autres choses que des règles hygiéniques qui furent jugées nécessaires à certaines peuplades d'Orient ? Le dogme de la transmigration des âmes, imaginé pour défendre l'usage des aliments animaux, regardés comme funestes dans l'Inde, dogme que Pythagore transporta plus tard en Grèce, n'est-ce point là de l'hygiène ? Nous pourrions multiplier les exemples, parler des Chaldéens et des Égyptiens, des livres de Moïse où se trouvent, à chaque instant, d'admirables préceptes relatifs à la santé des peuples ; mais cela nous entraînerait trop loin, et nous allons aborder plus directement notre sujet.

Les diverses professions auxquelles l'homme est susceptible de se livrer, exercent sur sa santé leur influence, quelquefois avantageuse, mais le plus souvent préjudiciable ; cette influence varie, d'ailleurs, par son intensité, par le temps qu'elle met à se manifester, et par la nature des désordres qui la caractérisent. Elle prend sa source dans les circonstances physiques au sein desquelles notre profession nous place, ou dans les actes dont elle exige la répétition.

Le prêtre est sujet à des maladies qui lui sont communes avec les autres hommes et avec tous les membres du clergé ; le curé de campagne peut, en outre, être atteint de certaines autres affections qui sont inhérentes aux conditions physiques particulières dans lesquelles il se trouve placé. Nous allons passer rapidement en revue les unes et les autres, et indiquer les moyens qui devront être mis en usage pour s'en préserver.

La *station assise prolongée*, expose le curé de campagne à des affections très fréquentes: la constipation, les hémorrhoïdes, un état nerveux ou inflammatoire des organes génito-urinaires.— La constipation sera combattue en prenant, pendant sa durée, tous les matins, un lavement d'eau tiède additionné de deux cuillerées d'huile ordinaire.— Si le sujet est doué d'une constitution phléthorique, il agira avec prudence en prenant tous les quatre à cinq jours deux ou trois *pilules aloétiques* qui, en combattant la constipation, éviteront en même temps toute congestion sanguine du côté du cerveau, et le préserveront d'une foule d'accidents auxquels elle pourrait donner lieu.

Les *hémorrhoïdes* sont évitées en ayant soin de ne pas faire usage (surtout si déjà on en a été atteint) de *coussins-bourrelets* qui, permettant et favorisant la chûte du rectum, prédisposent singulièrement à cette affection. Dans le cas où, malgré ces précautions, les hémorrhoïdes viendraient à paraître, on devrait immédiatement employer, pour les guérir, un des moyens indiqués dans *nos recettes*.

La station assise prolongée donne lieu, avons-nous déjà dit, à certaines irritations ou inflammations des organes génito-urinaires. Pour les faire cesser il suffira de boire pendant quelque temps de la tisane diurétique (infusion de chiendent additionnée, par litre, d'une bonne pincée de nitrate de potasse); il faudra, en outre, s'abstenir de toute boisson excitante, voire même de vin. Je ne parle pas de ces excitations, de ces érétismes nerveux déterminés par la continence que prescrit la sainte religion catholique.— Les moyens déjà indiqués, aidés surtout des moyens moraux, triompheront de cet état quelquefois si pénible.

Comme les gens de lettres et les écrivains de profession, le prêtre est exposé à deux espèces de crampes: l'une siégeant au pouce, et consistant en mouvements convulsifs; l'autre atteignant l'index et étant constituée par une sorte de mouvement rétrograde que détermine le contact de la plume. Un repos de quelques jours, et, pendant un certain temps, l'usage de plumes très flexibles, et particulièrement de plumes d'oie, suftiront le plus souvent pour faire disparaître ces symptômes. Dans le cas où ces crampes persisteraient, un repos plus long serait nécessaire; et pour écrire on ferait bien alors de se servir d'un instrument très ingénieux fabriqué *ad hoc* et inventé par M. Charrière.

Le séjour, trop longtemps prolongé, du prêtre dans le confessionnal, son rapprochement, quelquefois presque immédiat, avec la personne à genoux au tribunal de la pénitence, en un mot, *l'inspiration d'un air vicié* peut exercer sur lui une influence fâcheuse. — Pour le combattre, il suffira au prêtre d'avoir un flacon contenant du *vinaigre radical* et de le respirer de temps à autre lorsqu'il se trouve renfermé dans le confessionnal. Il en sera de même lorsqu'il sera en rapport avec des malades laissant échapper des émanations plus ou moins délétères.

L'exercice de la voix ne semble avoir aucune influence sur les fonctions respiratoires et, en particulier, sur l'apparition de la phthisie; du moins la statistique paraît le démontrer. Cependant le prêtre, comme les avocats, les professeurs, est très-sujet aux affections du larynx, affections non point déterminées par un exercice immodéré des cordes vocales, mais parce que son organe, devenu très sensible, se ressent des moindres intempéries de l'air. Le prêtre devra donc, en sortant du confessionnal et surtout du sermon, entourer son cou d'une cravate de laine; il devra bien se garder d'oublier cette précaution pendant l'hiver, et lorsqu'il doit y avoir entre le lieu où il se trouve et celui où il va passer une différence notable dans la température.

Le curé de campagne, obligé de séjourner assez longtemps dans des églises froides et humides, et de porter quelquefois au loin les secours de son saint ministère, bravant le froid, la pluie et la neige, est souvent atteint d'affections inflammatoires. — Nous n'avons pas à nous occuper de ces maladies à l'état aigu; à l'état chronique, elles peuvent se présenter sous différentes formes: bronchites, rhumatismes musculaires et articulaires, névralgie du nerf poplité (sciatique). — On trouvera dans nos *Recettes* les moyens de les guérir; mais mieux vaut encore les prévenir qu'avoir à les combattre. Pour arriver à ce résultat, il suffira au prêtre et surtout au curé de campagne de porter des *bas de laine*, des pantalons de drap, de la flanelle,—précautions qui, il faut bien le dire, ne sont que trop souvent oubliées.

Enfin, nous terminerons en disant un mot des affections cérébrales qui peuvent atteindre le prêtre se livrant à une étude excessive des sciences ou des lettres. Nous appuyant sur cette opinion d'Esquirol, que *la folie est le produit des influences morales et intellectuelles*, nous ne craignons pas de dire qu'un travail forcé pourra amener le développement de cette terrible maladie; et comme, suivant la remarque judicieuse de Milton, l'esprit a besoin, pour se conserver vigoureux, de prendre fréquemment du repos, et d'interrompre souvent les études sérieuses, les accidents dont nous parlons se manifesteront surtout chez ceux qui, par des excitants étrangers, ou par un effort surnaturel dépasseront dans leurs travaux la limite qu'ils ne devraient pas franchir.

De même aussi, un travail assidu de cabinet, entrepris aussitôt après un repas copieux, ne peut que troubler la digestion; et la répétition de cette pratique sera certainement suivie, après un temps plus ou moins long, du développement de gastralgies rebelles.

M...., D.-M.

RECUEIL

DE

RECETTES ET FORMULES INÉDITES

PREMIÈRE PARTIE

1. — ABCÈS.

On donne le nom d'abcès à une collection de pus dans une cavité naturelle ou accidentelle, résultant toujours d'une inflammation des tissus.

Les abcès se divisent en abcès *chauds* ou *aigus*, quand l'inflammation a parcouru rapidement ses périodes ; en abcès *froids* ou *chroniques*, quand, au contraire, sa marche a été lente et peu apparente ; enfin, en abcès *par congestion* lorsque le pus se montre à un point plus ou moins éloigné du siége de la maladie.

Les symptômes des abcès varient suivant le siége qu'ils occupent : ordinairement il se forme une tumeur saillante, douloureuse au toucher, et on reconnaît que la collection purulente est formée, à une espèce de fluctuation qui se fait sentir sous la pression des doigts. Le traitement varie suivant l'espèce d'abcès auquel on a affaire.

Traitement. — Abcès chauds.

(*Recette de M. l'abbé L...., curé de...(Bouches-du-Rhône.)*

Faites un cataplasme de bouse de vache et de vieux oing, chauffez-le et appliquez-le sur la partie malade.

(*Recette de M. l'abbé S..... curé de... (Vaucluse)*).

Composez à froid, avec un ou deux jaunes d'œufs, du sucre en poudre et environ 30 grammes de saindoux, une pommade épaisse qui sera appliquée sur l'abcès.

NOTA. — *La même pommade est employée avec succès dans le traitement des ulcères.*

Abcès froids et congestion.

(*Recette de M. l'abbé L...., curé de ... (Bouches-du-Rhône)*).

Faites prendre tous les matins au malade, et délayés dans un bouillon, 4 grammes de colophane très-finement pulvérisée.

(*Recette du même*).

Faites infuser pendant dix-huit heures, dans deux litres de bon vin blanc, 125 grammes de plantes vulnéraires. Le malade en prendra deux verres le matin à jeun, à une heure d'intervalle; une heure après le second verre, on lui donnera un bouillon gras ou maigre ou de l'eau de gruau. Ce traitement sera continué jusqu'à parfaite guérison.

NOTA. — *Les abcès froids et de congestion étant souvent l'un des symptômes de l'affection scrofuleuse, on devra employer le traitement général de cette maladie.*

2. — ABEILLES ET MOUCHES VÉNIMEUSES

(LEURS PIQURES).

Frottez à l'instant l'endroit douloureux avec l'alcali volatil, et à défaut d'alcali volatil, employez du vinaigre très-fort, du suc de citron ou d'oignon cru; enlevez l'aiguillon.

3. — ACCIDENTS.

Après un accident quelconque, la frayeur, l'émotion produite, chez les personnes qui ont failli ou qui en ont été les victimes peuvent avoir des suites fâcheuses; on les évitera en faisant immédiatement boire au malade une cuillerée à café ou à bouche (suivant l'âge) d'eau de mélisse des Carmes (voir la recette), ou bien une ou deux tasses d'infusion d'*arnica montana*.—Une pincée de cette plante pour un quart de litre d'eau bouillante.

4. — ACCOUCHEMENT.

Rien n'est plus fréquent que de voir des dames, dont la grossesse a été bonne, l'accouchement heureux et les suites de couches régulières, ne pouvoir se rétablir complétement, rester faibles pendant fort longtemps, quelquefois plusieurs mois, comme à la suite d'une maladie des plus graves, n'avoir pas d'appétit, etc. Cet état, qu'il est d'ordinaire très-difficile d'expliquer, se rattache presque toujours à des circonstances qui ont passé inaperçues, telles qu'un échauffement continuel, une irritation d'estomac, une constipation qui persiste après l'accouchement, ou bien encore des congestions dans les viscères, des engorgements légers que les suites de couche n'ont point dissipés.

On combattra ces divers symptômes en prenant la médecine du curé de Deuil et le vin cordial de marrube. (Voir le mot : APPÉTIT (Manque d').

Pour éviter les maladies laiteuses et faire passer le lait, prendre la décoction laxative suivante, dont la recette nous a été communiquée par M. l'abbé C..., curé de B...

Follicules de séné. . . . . . 4 grammes.
Sel d'epsum.. . . . . . .⎫
Sommités fleuries d'hypérium.⎬ une pincée.
 — de gallium luteum..⎭
Fleurs de sureau. . . . . ⎭

Mettez infuser le soir dans 250 grammes de petit-lait bien chaud. Ne passez que le lendemain matin.

Faites prendre à jeun en deux doses, à une heure d'intervalle.

Nous n'avons pas besoin de dire combien il importe de veiller à l'*ablactation*, c'est-à-dire à la suppression de la secrétion du lait, soit immédiatement après les couches, soit à l'époque du sevrage.

Il n'est pas rare de voir des personnes rendre encore du lait par les seins deux ou trois mois après leur accouchement; aussi y en a-t-il beaucoup qui sont atteintes d'engorgements des seins, maladie très-douloureuse et d'une guérison quelquefois excessivement longue et difficile. Cela vient de ce qu'on n'emploie pas les moyens convenables ou qu'on ne les emploie pas pendant un temps suffisant.

Les dépôts laiteux aboutiront et guériront rapidement en employant le remède suivant :

(*Recette de M. l'abbé H.... — Secret de famille*).

Appliquez un cataplasme fait avec quantité de senneson et de saindoux pilés et mêlés ensemble. On renouvellera le remède matin et soir jusqu'à ce que le mal aboutisse.

5. — ADÉNITE.

Inflammation des ganglions lymphatiques, siégeant ordinairement sous la mâchoire, au cou, sous les aisselles, aux aines, etc.

Le traitement est le même que celui des abcès et du phlegmon (Voyez au mot SCROFULE).

6. — AGONIE.

Dernière lutte de la vie contre la mort, c'est-à-dire des agents qui animent l'organisme contre les puissances qui tendent à l'anéantir. Les symptômes de l'agonie varient suivant l'état aigu ou chronique et l'espèce de maladie. Les âges et les tempéraments apportent aussi quelques différences. Il est cependant des signes communs à tous les agonisants, ce sont : affaiblissement et même anéantissement des facultés mentales; les sens ne paraissent plus percevoir d'impressions; interpellés, les malades ne répondent pas; leurs yeux entr'ouverts et tournés en haut sont insensibles à la lumière et ne distinguent plus les formes et les couleurs; les qualités odorantes, savoureuses et tactiles des corps ne sont pas mieux ressenties. Cependant ces symptômes seuls ne dénotent pas l'agonie, car on les observe aussi dans la syncope, l'épilepsie, la catalepsie, l'hystérie et d'autres affections comateuses et léthargiques, sans qu'ils soient un indice de mort prochaine. Mais si, comme le fait très judicieusement remarquer le docteur Lagasquie, à ces signes viennent se joindre l'exiguïté, l'extrême fréquence ou la lenteur et les interruptions du pouls, une respiration laborieuse, inégale, entrecoupée, râlante, avec expiration d'air froid ; si la chaleur naturelle baisse graduellement, si une sueur froide se déclare, tandis que le visage a pâli et revêtu une expression sinistre, la mort frappe à la porte et l'agonie qui la précède est arrivée ! Dans les maladies chroniques, d'autres traits, tirés surtout du visage, dessinent l'agonisant avec non moins d'exactitude. On observe alors la *face hippocratique*, ainsi appelée à cause de la description vraie et saisissante qu'en a tracé le père de la médecine : nez effacé, yeux caves, tempes serrées, oreilles froides, retirées, renversées ; la peau du front dure, tendue, desséchée ; le visage d'une pâleur terreuse, verdâtre, ou bien livide, plombée... Le médecin et le prêtre, qui se rencontrent si souvent côte à côte au chevet des agonisants, connaissent bien tous les traits de ce terrible tableau.

Quelle est la conduite à tenir auprès des agonisants ? Voici encore à ce propos la réponse du docteur Lagasquie, dont nous partageons entièrement la manière de voir : Tant qu'un souffle divin anime encore l'organisation défaillante, l'humanité commande de ne négliger aucun soin. On entretient une atmosphère pure et tempérée autour de l'agonisant, on réchauffe les parties qui se refroidissent et en même temps on le débarrasse de tout vêtement qui, par son poids, gênerait les mouvements respiratoires ; on appuie bien ses épaules sur des coussins, en redressant la tête et en la renversant un peu en arrière, dans le but de diminuer les difficultés de la respiration. Si quelque humeur remplit la bouche ou obstrue les narines, on l'enlève lestement. On a soin de tenir un linge ou une alèze sous les ouvertures naturelles, qui sont souvent alors salies d'excréments. — Quelque douteux qu'il soit que l'agonisant puisse entendre, voir et comprendre, il convient néanmoins d'éloigner de lui les accents de la douleur, les scènes de désespoir; on lui témoigne de l'intérêt en prenant et réchauffant ses mains, ses pieds, en pratiquant quelques frictions sur les régions du cœur et de l'estomac. Lorsqu'il peut encore avaler, on lui donne quelques cuillerées d'une potion cordiale; on lui fait respirer de temps en temps des alcools aromatiques, de l'éther. Mais pourquoi, diront peut-être quelques-uns, prolonger le supplice des agonisants? Pareille exclamation n'échappera certainement pas à quiconque aura assisté dans ses derniers moments une personne qui lui fut chère.

Nous n'avons rien dit des devoirs du prêtre dans ce moment suprême; ces devoirs, il les connaît beaucoup mieux que nous mêmes, et nous savons par expérience qu'il n'y faillit jamais.

7. — AIGREURS D'ESTOMAC.

Les *aigreurs d'estomac* sont des sensations désagréables causées par la mauvaise digestion des aliments. Ce sont des renvois acides, quelquefois brûlants, déterminés par le développement de certains gaz dans l'intérieur des premières voies. On croit généralement que cette affection est due à une faiblesse particulière dans les facultés digestives.

Se manifestant surtout chez les femmes enceintes ou hystériques, chez les personnes qui occupent leur esprit immédiatement après le repas, chez celles qui font usage d'une nourriture indigeste ou peu abondante, les aigreurs d'estomac peuvent quelquefois n'être qu'une légère indisposition; mais cette incommodité pouvant être le prodrome d'une affection grave (gastralgie) mérite de fixer l'attention des personnes qui en sont atteintes. Pour obtenir sa guérison, il importe de remplir deux indications principales: la première consiste à évacuer les gaz déjà formés; la seconde, d'en empêcher la reproduction en fortifiant toute l'économie.

1° Prendre pendant deux fois et à trois jours d'intervalle, la médecine du curé de Deuil, d'après la *recette de M. l'Abbé Huvel.*

Chicorée.	15 grammes
Chiendent.	15 —
Patience.	30 —
Guimauve.	30 —
Réglisse.	80 —
Rhapontic	15 —
Sel de Glauber.	15 —
Séné.	15 —
Eau.	3 pintes.

Faites bouillir pendant vingt minutes, et prenez, en trois ou quatre fois, le matin à jeun.

2° Après un jour de repos prendre trois verres par jour : un le matin à jeun, un le soir en se couchant et le troisième dans le courant de la journée, du vin tonique-cordial suivant, dont la formule nous a été communiquée par M. l'Abbé V....

Marrube sec.	30 grammes.
Colombo en poudre grossière.	20 —
Quasia amara.	5 —

Mettez toutes ces substances dans un litre de vin blanc ordinaire, laissez infuser à froid pendant deux jours et passez au travers d'un linge.

Si malgré toutes ces précautions le malade avait encore, en se levant, des renvois acides, il prendrait, en même temps, une bonne cuillerée à bouche de carbonate de magnésie délayée dans le verre du matin, de *vin tonique-cordial*, et pendant ses repas il boirait l'eau suivante coupée avec parties égales de vin :

Pour une carafe d'eau, 4 grammes bi-carbonate de soude finement pulvérisé.

8. — ALIMENTS ET ALIMENTATION.

On appelle *aliment*, dit le Dr Lunel, toute substance qui, introduite dans le canal alimentaire, a la propriété de fournir des matériaux propres au renouvellement ou à l'accroissement du corps.

Les aliments qui servent à la nourriture de l'homme

sont tirés des végétaux et des animaux; mais si l'on réfléchit que la plupart des animaux qui fournissent nos aliments se nourrissent exclusivement de végétaux, on sera porté à considérer le règne végétal comme servant de base à l'alimentation. On sait d'ailleurs que le pain, produit du gramen, peut suffire à l'entretien d'un animal carnassier et contient les *principes immédiats* de la chair. Haller avait reconnu implicitement ce fait quand il a dit qu'entre le gramen et le lion, il n'y a que le bœuf qui mange l'un et qui est mangé par l'autre.

Les corps simples qui entrent dans la composition des aliments sont : l'oxygène, l'hydrogène, le carbone, l'azote, le phosphore, le soufre, le chlore, le calcium, le sodium, le magnésium, le silicium, le fer, le manganèse, etc.

L'aliment le plus simple renferme au moins les trois premiers de ces éléments, mais des expériences faites sur les animaux ont prouvé que les aliments qui ne renferment que ces trois corps simples ne peuvent entretenir longtemps la vie, et que l'aliment par excellence doit contenir en outre de l'azote. Ces quatre éléments doivent être regardés comme la base de toute matière organisée. Le soufre et le phosphore prennent place immédiatement après eux.

L'association des éléments simples en proportions variables, donne naissance à des composés organiques, qui existent tout formés dans les végétaux ou les animaux, et qui ont reçu le nom de *principes immédiats*.

L'homme, par la conformation de l'articulation de sa mâchoire inférieure, de ses dents, et par celle de son canal alimentaire, tient le milieu entre les herbivores et les carnivores; ce qui donne à penser que Dieu a voulu qu'il vécût de substances végétales et animales, comme on le voit presque partout : d'où la division toute naturelle des aliments en végétaux et animaux.

M. de Gasparin, dans un mémoire intéressant, fait en réponse à un travail de Magendie sur le régime alimentaire des mineurs belges, a prouvé, par les observations consignées dans ce mémoire, que la valeur nutritive des aliments est en raison directe de l'azote qu'ils contiennent. Des Irlandais, dit cet auteur, nourris exclusivement de pommes de terre, en consommaient 6 kil. 30 par jour, qui contiennent 23 grammes d'azote. On voit quelle énorme charge l'estomac recevait pour pouvoir y trouver la quantité de substances albuminoïdes (azotées) nécessaire à l'existence. Quand la pomme de terre manqua, le gouvernement fit venir du maïs d'Amérique, et les Irlandais adultes consommaient 1 kil. 34 de farine de ce grain, contenant 22 grammes d'azote. Quel fut l'effet de ce changement de régime ? On se plaignit d'abord que le maïs laissait une sensation désagréable de vacuité de l'estomac, laquelle provenait de ce que les organes de la digestion n'éprouvaient pas la distention à laquelle les avait habitués la quantité des pommes de terre consommées. Il n'en est plus ainsi aujourd'hui : le peuple s'est non-seulement habitué à l'usage du maïs, mais il le préfère et il reconnaît qu'il se sent plus fort, plus soutenu que lorsqu'il se nourrissait de pommes de terre.

De toutes les classifications des aliments, celle qui est fondée sur la considération de leurs principes immédiats nous paraît préférable pour l'étude, en ce qu'elle les partage par groupes dont les caractères sont communs, et qui ont des effets spéciaux sur l'économie.

En considérant les aliments sous ce point de vue, nous les divisons en huit classes.

1° *Aliments fibrineux*. La chair musculaire et le sang des divers animaux, notamment des mammifères adultes et des oiseaux.

La base de ces aliments est constituée par la fibrine. Il n'en est pas qui fournissent au sang des matériaux plus réparateurs.

2° *Aliments gélatineux*. Les tendons, les aponévroses, le chorion, le tissu cellulaire, les animaux très-jeunes, etc., ont pour base la gélatine, et pour effet de ne fournir qu'une alimentation insuffisante. Ils sont adoucissants.

3° *Aliments albumineux*. Le cerveau, les nerfs, les œufs, les huîtres, les moules, les ris-de-veau.

Cette classe, comme son nom l'indique, a pour base l'albumine.

L'aliment albumineux nourrit beaucoup et laisse peu de résidu; il séjourne d'autant moins dans l'estomac qu'il est moins cuit.

4° La *fibrine*, la *gélatine* et l'*albumine* se trouvent en proportions à peu près égales dans les poissons; nous ferons de ceux-ci une classe à part d'aliments, en y ajoutant quelques crustacés, comme le homard, la langouste, l'écrevisse, la crevette, etc.

L'osmazôme, substance d'une saveur et d'une odeur agréables, qui existe dans les mammifères et les oiseaux et qui donne la couleur aux viandes rôties, se rencontre à peine dans les poissons. Sous le rapport de l'alimentation, les poissons tiennent le milieu entre les végétaux et les viandes. C'est un préjugé de leur attribuer des propriétés aphrodisiaques lorsqu'ils sont frais.

5° *Aliments féculents.* Froment, orge, avoine, seigle, épeautre, sarrasin, maïs, pommes de terre, sagou, salep, pois, haricots, lentilles, marrons, châtaignes, arrowroot.

Ils ont pour base la *fécule* ou *fécule amylacée*, appelée aussi *amidon*.

Ils sont les plus nourrissants végétaux, mais ne soutiennent pas autant que les fibrineux.

6° *Aliments mucilagineux* ou *gommeux*. Carotte, betterave, navet, salsifis, panais, asperges, épinards, choux, laitue, artichaud, mâche, bette, haricots verts, petits pois verts, courge, concombre, melon, potiron, rave, radis, etc. Les fruits font aussi partie de cette classe d'aliments.

Ils ont pour base le mucilage, qui n'est autre chose que la gomme associée à quelque corps amer, sucré, âcre ou acide.

Ils ne peuvent servir à la nourriture qu'autant qu'ils sont associés aux aliments féculents.

7° *Oléagino-féculents.* Amandes douces, cacao, olives, noix, noisettes, les faines, la noix du cocotier, etc.

Ils ont pour base la fécule et l'huile; ils se rapprochent des aliments féculents, mais sont un peu plus difficiles à digérer par rapport à l'huile qu'ils contiennent.

8° *Aliments caséeux.* Ils comprennent le lait et ses préparations.

Dans le but de relever la saveur des aliments et de fa

ciliter leur digestion, on emploie certaines substances connues sous le nom de *condiments*.

Le corps ne se soutient dans l'état de santé qu'au moyen d'aliments destinés à réparer les pertes journalières qu'il fait par les selles, les urines, les sueurs, etc.; ils doivent être pris en quantité suffisante; autrement il y a *inanition*.

Pris habituellement en trop grande quantité, ils disposent à la pléthore, source d'une foule de maladies. Les gourmands devraient toujours avoir présent à l'esprit cet axiome de l'école de Salerne :

Pone gulæ metas, et erit tibi longior ætas.

(Mets des bornes à ta gueule, et tu vivras longtemps.)

Ce conseil, quoique donné en termes peu polis, n'en est pas moins très-salutaire.

La quantité et la nature des aliments sont subordonnées à l'âge, à la saison, au climat, à l'exercice, etc.

L'alimentation doit varier suivant les âges, les constitutions, les climats; car, ce qui convient aux uns peut devenir souverainement nuisible aux autres. Ainsi, 1° aux *jeunes enfants* (enfants sevrés) aliments doux : lait, fécules, farineux, abstinence d'excitants de toute nature (spiritueux, café, etc.); le régime sera d'autant meilleur qu'il sera plus simple, et n'abrégera pas la vie en accélérant les actes de l'organisme. De la viande sera permise à un enfant lorsqu'il aura presque toutes ses dents; 2° aux *adolescents*, aliments doux mais plus nourrissants; usage de vin coupé, mais abstinence de café, d'eau-de-vie, de liqueurs; 3° aux *adultes*, alimentation nutritive variée, mais toujours prise avec modération. Relativement aux constitutions, les sujets faibles et irritables useront d'aliments doux et nutritifs (fécules, œufs, poisson, viandes blanches); les individus lymphatiques se trouveront bien des substances toniques et réparatrices (viandes azotées, vin généreux); les personnes nerveuses feront usage d'une alimentation douce et rafraîchissante (laitage, légumes frais, viandes blanches); celles qui sont bilieuses pourront user de tous les aliments, à l'exception de substances stimulantes. Sous le rapport des climats, ajoute le savant Dr Lunel, auquel nous avons emprunté une grande partie de cet article, l'habitant des pays septentrionaux a besoin d'une alimentation stimulante, réparatrice ; celui des pays chauds doit s'alimenter principalement de fruits et de végétaux ; enfin dans les climats tempérés, le régime doit participer des deux alimentations.

9. — ANÉVRISMES.

Le mot *anévrisme* sert à désigner toute tumeur formée par la dilatation partielle ou générale des parois artérielles (ANÉVRISME VRAI) ; mais on l'a aussi appliqué aux tumeurs formées par du sang épanché dans le tissu cellulaire à la suite d'une déchirure, d'une plaie des tuniques interne et moyenne de ces parois (ANÉVRISME FAUX), plus particulièrement encore, ainsi que nous le disons, aux dilatations des cavités du cœur.

Les personnes atteintes d'*anévrisme du cœur* éprouvent des battements violents et très fréquents de cet organe contre la paroi de la poitrine, que l'on sent se soulever lorsqu'on y applique la main.

Si c'est un *anévrisme de l'aorte*, la plus grosse artère du corps et la plus rapprochée du cœur, où elle prend naissance, ces battements se font sentir et apercevoir à l'œil au creux de l'estomac. Dans cette circonstance, la maladie est presque toujours accompagnée de gastrite, le creux de l'estomac est très sensible au toucher, les malades ne digèrent pas et n'ont pas d'appétit; les femmes ne peuvent supporter ni corset, ni cordons, ni ceinture.

Dans les deux cas le teint est d'un pâle terne, les joues sont creuses, la respiration est courte ; on ne peut ni marcher vite, ni monter une pente un peu rapide ou un escalier, ni porter un fardeau, même léger. Il existe une toux sèche, fréquente, provenant de la trop grande rapidité avec laquelle le sang traverse les poumons.

Si la maladie est ancienne et par conséquent avancée, les chevilles se prennent d'enflure lorsqu'on s'est fatigué par la marche, le travail ou une station trop prolongée.

Traitement. — Tous les anévrismes, et notamment

ceux du cœur, exigent le repos, l'éloignement des causes d'excitation, des excès de quelque nature qu'ils soient, de toute circonstance capable d'augmenter l'effort du cœur ou de gêner le cours du sang. Ainsi il faut bannir, s'il est possible, les préoccupations morales, les travaux pénibles ou trop prolongés, les aliments et boissons stimulants ; il faut éviter la constipation, les efforts de défécation, les repas copieux.

Quelques sangsues à l'anus et un léger purgatif administré tous les quinze jours produisent de bons effets ; enfin on donnera avec avantage le sirop de digitale, à la dose de trois ou quatre cuillerées à bouche ou à café, suivant l'âge. Ce remède jouit d'une efficacité remarquable et comme diurétique et pour ralentir les battements du cœur.

La recette suivante qui nous a été communiquée par M. *l'abbé Rust, curé de Kruth (Haut-Rhin)*, a plusieurs fois été employée, avec un plein succès :

Faites bouillir dans un demi-litre d'eau, qu'on laissera réduire de moitié, quarante à cinquante grains de *café vert brut*, retirez les grains et faites boire au malade, le matin à jeun, l'eau verdâtre et froide ; répétez ce traitement pendant un mois.

10. — ANGINE, ESQUINANCIE, MAL DE GORGE.

Le mot angine sert à désigner toute affection caractérisée par une douleur de la gorge, accompagnée de difficultés dans les actes de la respiration et de la déglutition.

Dans le public, le mot *esquinancie* est adopté pour désigner un mal de gorge ayant un certain caractère de gravité.

Les angines reçoivent différents noms, suivant la nature et le siège de l'organe malade ; ainsi *amygdalite* pour inflammation des amygdales.

L'angine gutturale, dont nous avons ici, seulement à nous occuper, est l'inflammation des muqueuses de l'arrière-bouche et du pharynx ; elle reconnaît pour cause un refroidissement subit ou les variations atmosphériques.

Lorsque la maladie sera accompagnée de symptômes bilieux, caractérisés par des nausées, des vomissements, de l'amertume de la bouche, de la soif, et le soir un peu de fièvre, on devra faire prendre au malade la *médecine du curé de Deuil*, ou le remède suivant (*Communiqué par M. l'abbé...... curé de B.*)

Prenez 5 centigr. d'émétique que vous partagerez en 3 parties à peu près égales; mettez chacune de ces parties dans un grand verre d'eau froide. Prenez les résolument toutes les trois, couché et à jeun; dans l'intervalle d'au moins un quart d'heure entre chaque verre. Quand l'estomac se barbouille, que les nausées commencent, prenez, pour faciliter les vomissements, plusieurs grands verres d'eau tiède.

Quand les symptômes bilieux auront disparu, il faudra employer un des remèdes suivants :

(Recette de M. l'abbé C.....)

Prendre du verjus (raisin vert), le piler et le passer à travers un linge que l'on tordra avec force. Piler et tordre jusqu'à ce qu'on obtienne environ deux litres de verjus; y mêler une livre de miel de Narbonne, mettre le tout dans un vase neuf de terre vernie, soit dans une bassine à confiture, soit dans une casserole nouvellement étamée; exposer à un feu doux et laisser cuire jusqu'à réduction de moitié; retirer du feu et écumer. Dès que le liquide est refroidi, mettre en bouteille et bien boucher. Conserver dans un endroit sec.

Dans les maux de gorge, on met une demi-cuillerée à bouche de ce sirop dans un verre d'eau, et l'on fait boire un verre semblable toutes les deux heures.

Ce remède est également efficace dans le traitement des aphthes. Une cuillerée dans un demi-verre d'eau, en gargarismes.

(Recette de M. l'abbé..... curé de B....)

1° Prenez une petite assiette de farine de froment;
2° Une petite assiette de suie de cheminée (où l'on brûle du bois);
3° Une forte poignée de sel gris ou deux de sel blanc;
4° Deux blancs d'œuf avec le germe.

Faire du tout une pâte avec de l'huile d'olive, dont on fait une boule qu'on partage en deux. On étend la première moitié sur un morceau de toile assez raide ; on recouvre ladite pâte d'une couche de laine grasse, telle que la porte la brebis, puis on applique le tout autour du cou du malade. Si au bout de six heures cette première moitié n'a pas produit son effet, on remet l'autre moitié qui ne manque jamais d'amener la guérison.

Il faut, de plus, empêcher le malade de dormir.

(Recette de M. l'abbé C.....)

Souvent la maladie est compliquée d'une extinction de voix plus ou moins complète ; quelquefois cet accident n'apparaît qu'après la cessation de tous les symptômes : dans l'un ou l'autre cas, on devra employer un des moyens suivants :

Chlorate de potasse.	4 grammes.
Sulfate d'alumine.	0,75
Borate de potasse.	0,50
Miel Rosat.	80
Sirop du mûres.	
Eau.	200

Se gargariser avec ce mélange, cinq à six fois par jour.

(Recette de M. l'abbé Coquet.)

1° Prenez une forte poignée de belle avoine bien nourrie, faites-la griller comme du café dans une poêle, ensuite gonfler sur le feu dans un peu d'eau sans la faire bouillir ; jetez l'eau, laissez égouter l'avoine, puis faites-la cuire dans un litre et demi de lait, que vous laisserez bouillir jusqu'à réduction d'un tiers. Alors vous coulerez le tout après pression, et vous l'adoucirez avec du sucre. On en prendra une cuillerée le matin, une à midi et l'autre le soir, en ayant soin de faire chauffer à chaque fois.

(Recette de M. l'abbé... curé de C...)

2° Prenez un nid d'hirondelles, mettez-le tremper dans du vinaigre près du feu, faites-en un cataplasme, et appliquez entre deux linges sur la gorge. Renouveler cette application jusqu'à ce que la voix soit revenue.

11. — ANTHRAX, CHARBON, PUSTULE MALIGNE.

Espèce d'inflammation due tantôt à une cause externe, tantôt à une cause interne : dans le premier cas, on lui donne le nom de *Pustule maligne;* dans le second, on l'appelle *Anthrax* ou *Charbon proprement dit.*

La *Pustule maligne* diffère du charbon par sa cause, qui est toujours externe et locale, et par sa marche. Sa *cause* est un principe délétère et putride, provenant des animaux attaqués de fièvres malignes et charbonneuses et qui se communique par un contact immédiat ou médiat, par inoculation, par la respiration ou la déglutition : les tanneurs, les bouchers, les fermiers, les vétérinaires et généralement tous ceux qui soignent les bêtes et manient leurs dépouilles y sont sujets.

La pustule maligne se manifeste sous deux états différents : dans l'un, la maladie ne présente aucune élévation, et ne grossit pas dans les premiers jours; le volume de la partie malade s'endurcit et semble même au-dessous du niveau de la peau; dans l'autre, au contraire, la tumeur se présente sous la forme d'un tubercule placé sur un gonflement; de là, deux variétés de la maladie.

Variété proéminente. — 1° Démangeaison incommode, mais légère, manifestation d'une vésicule séreuse qui devient brune, se rompt et laisse échapper une ou deux gouttes d'une sérosité roussâtre; 2° formation d'un petit tubercule dur, rénitent, mobile, de la forme et du volume d'une lentille; sentiment de chaleur, d'érosion et de cuisson, surface de la peau tendue et luisante; le tubercule central devient brunâtre et insensible, il est gangrené; 3° le mal pénètre dans le tissu cellulaire, fait des progrès ultérieurs, et devient une affection générale qui présente les symptômes de la fièvre maligne.

Le *charbon proprement dit* est idiopathique ou symptomatique comme dans la peste.

Le charbon idiopathique s'observe dans la classe indigente, sur les sujets épuisés par suite d'un mauvais régime, d'une nourriture malsaine et trop frugale, par l'habitation de lieux humides ou trop peu aérés. Un engorgement se forme dans l'épaisseur du tissu cellulaire sous-cutané, remarquable d'abord par sa dureté et le sentiment de tension joint à celui d'une ardeur brûlante ; il fait bientôt des progrès rapides ; la peau participe à l'inflammation et se colore d'un rouge livide et foncé. Une phlyctène se forme sur le sommet de la tumeur, elle passe à l'état gangréneux, et la mortification étendant au loin ses ravages, détruit une grande partie des organes voisins, si le malade n'est promptement secouru. — Le *charbon* présente quelquefois la même marche que la pustule maligne.

Traitement commun à la pustule maligne et au *charbon.* — Il faut agir et entraver promptement la marche de la maladie ; le traitement consiste à concentrer dans la partie malade le poison septique, à exciter l'action vitale dans les parties circonvoisines, à y déterminer une inflammation vraie qui borne la gangrène et sépare l'eschare : l'on obtient ces effets par l'usage combiné des *incisions*, des *caustiques* et des *topiques*. Les incisions dégageront la partie et permettront l'action plus immédiate et plus directe des remèdes sur les chairs languissantes et menacées de gangrène ; l'incision sera *cruciale,* mais devra s'étendre seulement à la partie mortifiée et ne point pénétrer au-delà ; immédiatement après on cautérisera, soit avec de l'alcali volatil, soit avec un acide quelconque : l'acide azotique est celui qui doit être préféré. C'est alors qu'on devra employer un des remèdes suivants :

(Secret de famille qui nous a été communiqué par M. *l'abbé d'Auvergne,* curé de Charnoz, par Arinthod (Jura).

Prenez parties égales de : ail, euphorbe noir, tabac ; pilez le tout ensemble et appliquez sur le mal ce topique, que vous changerez deux fois par jour.

(*Recette de M. l'abbé F..., curé de Saône-et-Loire.*)

Un jaune d'œuf pétri avec quantité suffisante de sel de cuisine, qu'on applique sur le mal le plus promptement possible.

(*Recette de M. l'abbé A..., curé de C.....*)

Quinquina en poudre. . .	15 grammes.
Camphre.	15 —
Alcool.	Q. S. pour former une pâte qui sera appliquée comme les précédents topiques.

Traitement particulier. — L'usage du vin de quinquina est toujours indispensable dans le charbon et dans les pustules malignes qui ont reçu médiatement le virus, par la voie de la déglutition ou de la transpiration, et dans la dernière période de celles qui l'ont reçu d'une manière immédiate, parce que la maladie ne doit plus être considérée comme locale. Dans tous les autres cas, on peut se borner à l'usage des incisions, des caustiques et des topiques.

Voici enfin ce que dit un savant docteur à propos de l'affection qui nous occupe :

« Le traitement suivant réussit journellement sur toutes sortes de personnes, dans les localités où le charbon et autres tumeurs pestilentielles se multiplient d'une manière effrayante :

» On mêle peu à peu un jaune d'œuf cru à au moins 25 grammes de sel pilé, et qu'on humecte avec de l'huile d'olive ou avec de la graisse de porc, du saindoux ou du beurre, et même avec deux ou trois de ces objets, afin que la pommade soit bien conditionnée ; cette pommade, se faisant toujours à froid, est très-facile à faire.

» Dans le cas de tumeurs charbonneuses, l'application des remèdes à l'eau et du scalpel est toujours mortelle, vu que l'eau et l'air font rentrer les humeurs pestilentielles, qu'il faut, au contraire, faire sortir par tous les moyens possibles.

» La pommade précitée doit être changée tous les trois quarts d'heure, et l'on ne doit discontinuer qu'après la suppuration une fois amenée, ce qui arrive souvent par une vésicule noirâtre qui se forme non sans causer d'horribles souffrances au malade; ne faire emploi de l'eau sous quelque prétexte que ce soit, car ce serait mortel; une fois la tumeur percée, on doit toujours employer le remède suivant, composé de cire vierge, d'huile d'olive et de beurre, ainsi que d'un jaune d'œuf.

» On fait d'abord fondre dans l'huile la cire vierge, on écume s'il en est besoin; la cire une fois fondue, on met 100 à 125 grammes de beurre, ensuite on le retire du feu, et après que l'ébullition a cessé, on verse, en remuant à mesure, un jaune d'œuf bien battu auparavant, pour qu'il ne se brasse pas; on laisse refroidir. Si la pommade est trop épaisse, il est facile d'y remédier avec de l'huile ou de la graisse.

» Le remède suivant est beaucoup plus expéditif que le jaune d'œuf au sel pour amener la suppuration; il est bon pourtant d'employer d'abord le jaune d'œuf, surtout en attendant cet autre remède qui est un cataplasme composé ainsi :

» 1° Rue pilée, trois ou quatre poignées;
» 2° Levain aigre, 125 grammes;
» Lorsque la rue est pilée, on la pétrit avec du levain;
» 3° Oseille crue hachée menue, cinq ou six poignées;
» 4° Figues fraîches ou autres, huit à dix;
» 5° Oignons cuits sous la cendre, trois ou quatre;
» Ils sont meilleurs et plus tôt fondus ainsi plus tôt préparés;
» Faites cuire les objets ci-dessus avec une égale quantité d'huile, de graisse de porc ou saindoux et de beurre, 150 à 200 grammes de chacun.
» 6° On ajoute à ce mélange, en ayant soin de remuer en même temps, de 125 à 150 grammes de savon râpé.
» 7° On y mêle ensuite de la même manière, chaux vive pilée, 200 grammes environ;
» 8° Cantharides, 5 à 6 grammes;
» 9° Un peu de thériaque;
» 10° Enfin de l'ammoniaque liquide, de 20 à 25 grammes. L'ammoniaque ne doit se mettre que lorsque le cataplasme est cuit. On remue encore un moment pour que le tout soit bien mélangé.

» MM. les vétérinaires pourraient essayer sur les animaux attaqués du charbon, ce traitement, qui a déjà guéri merveilleusement une foule de personnes atteintes de cet affreux mal.»

12. — APHTHES, MAL DE LA BOUCHE.

On donne ce nom à de petites plaies ulcéreuses, débutant par des vésicules blanchâtres et se développant dans l'intérieur de la bouche et du tube digestif. Les aphthes sont *discrets* ou *confluants;* dans le premier cas, ils constituent une affection légère, fréquente surtout dans l'enfance et la jeunesse; dans le second, la maladie est précédée et accompagnée de fièvre, de diarrhée, de vomissements même. L'affection est alors très grave. Les signes précurseurs de cette éruption sont : la difficulté de la déglutition, une sécheresse excessive de la langue et de l'intérieur de la bouche. On peut dire que les aphthes proviennent d'un état d'échauffement et de la mastication de substances irritantes.

Localement on fera au début des gargarismes émollients avec la décoction de racine de guimauve et de pavots, dont la quantité sera augmentée suivant l'intensité de la douleur; quand la période inflammatoire aura disparu, et même pendant cette période, on fera usage de la recette suivante :

(*Recette de M. l'abbé F..., curé du .... (Gard.)*

Suc de citron.	4 cuillerées à bouche.
Sel blanc.	2 pincées.
Eau.	2 cuillerées à bouche.

Après avoir fait fondre le sel, on se gargarise avec ce mélange cinq ou six fois par jour.

Cautérisation des aphthes avec un petit morceau de sulfate de cuivre deux ou trois fois par jour.

Quand les aphthes sont entretenus ou déterminés par un état bilieux, se purger avec la *médecine du curé de Deuil.*

Voir, en outre, l'excellente recette pour la même maladie, au mot *Angine.*

13. — APOPLEXIE, COUP DE SANG, CONGESTION CÉRÉBRALE.

Ce mot dérive d'un verbe grec qui signifie *frapper avec violence*. Cette maladie est caractérisée par un épanchement de sang dans le cerveau et par la perte, plus ou moins complète, du mouvement et du sentiment.

L'apoplexie se présente sous les trois degrés suivants :

Premier degré. — Congestion cérébrale, étourdissements, vertiges, sifflements d'oreilles, faiblesse et fourmillements dans un côté du corps.

Deuxième degré. — Tous les symptômes que nous venons d'énumérer se montrent avec une intensité plus grande, et s'accompagnent de la perte plus ou moins rapide du sentiment et du mouvement.

Troisième degré. — L'hémorrhagie cérébrale, toujours suivie, dans ce cas, de déchirure de la substance propre du cerveau, produit une paralysie complète du sentiment et du mouvement. Quelquefois l'attaque survient d'une manière brusque et inopinée, et la mort peut avoir lieu sur le champ ; c'est l'*apoplexie foudroyante*.

Les causes de l'apoplexie, en général, sont tout ce qui détermine un afflux considérable de sang vers le cerveau : pléthore, excès de travaux intellectuels, nourriture trop succulente, suppression d'une évacuation habituelle. Dans certains cas, l'apoplexie ne reconnaît pas pour cause un épanchement de sang, elle peut être produite par la présence dans le cerveau d'une *sérosité* plus ou moins abondante. Parfois on ne retrouve aucune lésion matérielle ; dans ce cas, elle est dite nerveuse.

Il y a quelques années à peine que, non-seulement pour guérir l'apoplexie, mais encore dans le but de la prévenir, on avait recours aux émissions sanguines sous toutes les formes ; aujourd'hui le système de Broussais a fait son temps ; on a reconnu combien était fâcheux ce traitement, qui, en affaiblissant le malade, ôtait à la nature la force de réagir contre l'état pathologique.

Traitement. — Lorsqu'un individu est frappé d'apoplexie, il faut desserrer ses vêtements, l'exposer à une température fraîche, et l'éloigner du bruit; maintenir sa tête élevée et découverte ; appliquer en même temps sur sa tête des compresses imbibées d'eau froide et souvent renouvelées. On seconde ces moyens par des sinapismes, des lavements laxatifs, un purgatif (séné, sulfate de soude, aloès, etc.) ; enfin, par la diète, les boissons délayantes, etc.

(*Recette de M. l'abbé V..., curé du ..... (Landes)*.

Teinture de Bonferme. . . 60 grammes.

Frottez-en les tempes du malade, puis trempez un linge dans la teinture, appliquez-le lui sur le front et continuez jusqu'à ce le patient soit calmé et dorme.

Mais il est un principe qu'il faut bien se garder d'oublier : *Mieux vaut prévenir que guérir.*

(*Autre de M. le curé de D... (Seine-et-Oise.)*

« Voici une recette toute simple, nous dit son auteur, et pourtant sûre, infaillible ; j'en ai fait l'expérience en mainte occasion, et elle a toujours réussi. »

Au printemps et à l'automne, quand le sang a une tendance à se porter à la tête, il faut prendre une demi-tasse de jus de persil. Ce jus s'obtient facilement dans un mortier. Si la complexion est forte, on peut doubler la dose sans inconvénient et la renouveler plusieurs fois dans l'espace de huit jours.

Enfin, dans les congestions cérébrales qui ont été suivies d'un commencement de paralysie, on doit employer les moyens suivants, conseillés par M. l'abbé L....:

Faire prendre au malade une forte infusion de feuilles de mélisse et de petite sauge, trois ou quatre tasses par jour : prendre un purgatif, et deux verres d'eau de Sedlitz tous les cinq ou six jours, pendant le traitement, qui doit opérer la guérison dans l'espace de un à deux mois.

14. — APPÉTIT (Perte d').

L'Anorexie ou appétit perdu n'est qu'une légère indisposition, mais qu'il importe de faire cesser, parce qu'en persistant elle pourrait être la cause déterminante d'une plus grave affection. Les remèdes suivants la feront promptement disparaître.

(*Médecine du curé de Druil.* — *Voyez la recette, p.* 27).

A prendre le matin à jeun en trois fois à un quart d'heure d'intervalle. Le lendemain, on commencera l'usage du vin suivant :

(*Recette de M. l'abbé Cabrol.*)

Marrube.	50 grammes.
Vin blanc ordinaire.	1 litre.

Laissez infuser à froid pendant un jour ou deux, passez au travers d'un linge et mettez en bouteille ; à prendre par verre et demi verre, le matin à jeun, au milieu de chaque intervalle de repas et le soir en se couchant. Si l'on est altéré au moment de prendre ce vin, on peut l'allonger en y mettant de l'eau ou mieux encore de l'eau de Seltz autant qu'il en faut pour étancher la soif.

15. — ASPHYXIE.

On entend par asphyxie, la suppression de la respiration suivie de celle des fonctions circulatoires et cérébrales. Il y en a trois sortes : l'asphyxie par défaut d'air respirable, l'asphyxie par strangulation et celle produite par la respiration d'un gaz délétère. Nous parlons ne pas de celles qui peuvent provenir de l'individu lui-même (maladies diverses : asthme, croup) ou résulter d'accidents.

Traitement de l'asphyxie en général.

La première chose à faire, dit le Dr Lunel, est d'éloigner la cause de l'asphyxie ; on expose donc le malade au grand air et on le débarrasse de ses vêtements. On irrite ensuite la peau par des frictions stimulantes, faites avec le baume de Fioraventi, de l'eau de Cologne ou de l'eau-de-vie ; on exerce des pressions méthodiques sur la poitrine et sur le ventre, afin d'exciter les mouvements des muscles de la respiration ; on passe de temps en temps un flacon d'ammoniaque sous le nez ; on insuffle de l'air dans les poumons (au moyen d'une sonde introduite dans le larynx, de l'acupuncture); enfin, on a recours à l'électricité, au galvanisme, à l'électro-puncture. Dans tous les cas, il ne faut pas craindre de discontinuer les secours, lors même qu'ils paraîtraient infructueux, car l'expérience prouve que tant que le corps n'est pas en putréfaction, la vie peut être rappelée soudainement. — Si l'on a le bonheur de voir que le malade revient à lui, il importe quelquefois de le faire vomir, avec :

    Emétique. . . . . 0,06 centigrammes.
    Eau. . . . . 150 grammes.

En trois fois à un quart d'heure d'intervalle.
On donne ensuite le lavement suivant :

    Feuilles sèches de tabac. . . 1 gr. 50 centigr.
    Eau bouillante. . . . . 250 grammes.

Laissez infuser pendant dix minutes, passez et ajoutez :

    Sel marin. . . . . 10 grammes.

Enfin, on donne une potion cordiale à prendre par cuillerée, d'abord deux coup sur coup, puis une tous les quarts d'heure pendant une heure ; puis une toutes les demi-heures, etc.

Potion cordiale.

    Vin rouge. . . . . 125 grammes.
    Teinture de canelle. . . . 8 —
    Sirop de sucre. . . . . . 30 —

Autre.

    Eau de menthe . . . . . 30 grammes.
    Eau. . . . . 100 —
    Alcoolat de mélisse. . . . 10 —
    Sirop de quinquina. . . . 30 —

Même mode d'administration.

Asphyxie par submersion (noyés).

Placer le noyé sur le côté, la tête légèrement élevée; le déshabiller, le réchauffer au moyen de linges, de briques, de fers chauffés, de frictions stimulantes ; employer enfin tous les moyens indiqués dans le cas précédent. On est quelquefois parvenu à rappeler très-promptement la vitalité chez le submergé en appliquant au creux de la poitrine le gros bout d'un marteau trempé dans l'eau bouillante. « Il ne faut pas désespérer, dit Orfila, de sauver un submergé parce qu'il a passé trop de temps sous l'eau; beaucoup d'individus ont été rappelés à la vie après une demi-heure de submersion, quelques-uns après trois quarts d'heure, d'autres après trois heures. D'illustres médecins, Boerhaave, Franck, ont affirmé avoir fait revivre des noyés après six heures de submersion. Morgagni rapporte qu'un homme submergé pendant une demi-journée recouvra bientôt la vie, par le seul secours du chlorhydrate d'ammoniaque qu'on approcha de ses narines. » La pensée qu'on avait autrefois que la mort arrive chez les noyés pour avoir avalé une trop grande quantité d'eau, avait conduit à l'usage singulier qu'on retrouve quelquefois encore de les suspendre par les pieds. Cette pratique, justement condamnée, était l'exagération d'un moyen nécessaire. Il peut être utile de placer pendant quelque temps le noyé dans une position favorable à l'écoulement de l'eau qu'il a avalée, mais cette position toutefois ne doit durer qu'une ou deux minutes au plus.

Voici un extrait de l'instruction adoptée par le Conseil de salubrité de la ville de Paris sur les secours à donner aux noyés et asphyxiés :

1° La première opération à pratiquer, c'est de détacher, ou, pour aller plus vite, de couper le lien qui entoure le cou, et, s'il y a suspension (pendaison), de descendre le corps en le soutenant, de manière qu'il n'éprouve aucune secousse; *tout cela sans délai et sans attendre l'arrivée de l'officier public.* Défaire les jarretières, la cravate, les cordons de jupes, le corset, la ceinture de culotte, en un mot, toute pièce de vêtement qui pourrait gêner la circulation.

2° On placera le corps, toujours sans lui faire éprouver de secousses, selon que les circonstances le permettront, sur un lit, sur un matelas, sur de la paille, etc., de manière cependant qu'il y soit commodément, et que la tête, ainsi que la poitrine, soient plus élevées que le reste du corps.

3° Si le corps est dans une chambre, on doit veiller à

ce qu'elle ne soit ni trop chaude ni trop froide, et à ce qu'elle soit aérée.

4° Il est instant d'appeler le plus tôt possible un homme de l'art, parce que la question de savoir s'il faut où s'il ne faut pas faire une saignée, reposant en grande partie sur des connaissances anatomiques, relatives à la direction de la corde ou du lien, il n'y a que le médecin qui puisse bien apprécier les circonstances que présente cette direction.

5° Dans aucun cas la saignée ne doit être pratiquée si la face est pâle.

6° Dans le cas où, après l'enlèvement du lien, les veines du cou sont gonflées, la face est d'un rouge tirant sur le violet, si l'empreinte produite par le lien est noirâtre, et si l'homme de l'art tarde d'arriver, on peut mettre derrière les oreilles, ainsi qu'à chaque tempe, six à huit sangsues.

7° La quantité de sang à tirer devra être proportionnée au degré de bouffissure de la face, à l'âge, à la constitution de l'asphyxié. Il est rare qu'on soit obligé d'extraire plus de deux palettes de sang.

8° Si la suspension ou la strangulation a eu lieu depuis peu de minutes, il suffit quelquefois, pour rappeler la vie, de faire des affusions d'eau froide sur la face, d'appliquer sur le front et sur la tête des linges trempés dans de l'eau froide, de faire en même temps des frictions aux extrémités inférieures.

9° Dans tous les cas, il faut, dès le commencement, exercer sur la poitrine et le bas-ventre des compressions intermittentes, comme pour les noyés, afin de provoquer la respiration.

10° On ne négligera pas non plus de frictionner l'asphyxié avec des flanelles, des brosses, surtout à la plante des pieds et dans le creux des mains.

11° Les lavements ne peuvent être utiles que lorsque le malade a commencé à donner des signes non équivoques de vie.

12° Dès qu'il peut avaler, on lui fait prendre, par petites quantités, du thé ou de l'eau tiède mêlée à un peu de vinaigre ou de vin.

13° Si, après avoir été complétement rappelé à la vie,

il éprouve des étourdissements, de la stupeur, les applications d'eau froide sur la tête deviennent utiles.

14° En général, il doit être traité, après le rétablissement de la vie, avec la même précaution que les autres asphyxiés.

Asphyxie par strangulation.

On coupe le nœud de la corde et l'on pratique une saignée du bras ou de la jugulaire. Les moyens sont ensuite les mêmes que ceux indiqués pour l'asphyxie par submersion.

Asphyxie par la vapeur du charbon
(Due au gaz acide carbonique).

On couche le malade, la tête et la poitrine élevées, dans une chambre dont on laisse les portes ouvertes. On asperge le visage avec de l'eau froide vinaigrée; on fait des frictions sur tout le corps avec de la flanelle imbibée d'eau-de-vie, d'eau de mélisse ou de Cologne. On lui fait respirer du vinaigre, de l'alcali, ou l'on passe sous son nez une allumette soufrée en combustion; on insuffle de l'air dans la poitrine, et quand le malade peut avaler on lui fait prendre quelques cuillerées de bon vin chaud sucré. On placera en même temps des sinapismes aux mollets.

Asphyxie des fosses d'aisances.

Le malade éprouve une vive douleur à l'estomac, des nausées, des défaillances, du délire, etc. On emploie le traitement général de l'asphyxie. On place sous le nez du patient une compresse de toile imbibée de vinaigre, dans lequel on a introduit une certaine quantité de chlorure de chaux, et l'on lotionne les narines avec une dissolution de sel de cuisine ordinaire.

Asphyxie des égouts.

Faire respirer avec prudence du chlore.

Asphyxie par le froid.

Bain d'eau à la température ordinaire, chauffée peu à

peu jusqu'à 25°, puis frictions excitantes, bouillon, vin coupé; pas de liqueurs spiritueuses.

Asphyxie par la chaleur
(Due aux ardeurs du soleil, au feu violent des fonderies, etc.)

Le malade doit être transporté dans un lieu moins chaud, saignée du bras ou du pied, sangsues à la nuque, boissons rafraîchissantes (limonade, petit lait), bains de pieds peu chauds.

Asphyxie par la foudre.

Cette espèce d'asphyxie produit la suspension des mouvements volontaires et organiques. Si les effets sont plus violents, toutes les facultés de la vie sont anéanties : l'individu meurt en quelque sorte apoplectique. Dans le premier cas, on conseille les stimulants, l'électricité, le galvanisme. On aurait obtenu des succès en enterrant le malade jusqu'au cou, dans la terre humide (1).

16. — ASTHME.

On appelle *asthme* une affection spasmodique caractérisée par une certaine difficulté de la respiration, revenant par accès irréguliers, non accompagnés de fièvre, et reconnaissant surtout pour cause, les changements brusques de température, les émotions vives, un violent exercice, la suppression d'une évacuation habituelle, etc. Les accès ont ordinairement lieu pendant la nuit. Ils débutent par des bâillements, puis par un sentiment particulier de resserrement de la poitrine; la respiration d'abord gênée, devient bientôt précipitée, bruyante, entrecoupée, haletante; la face est décolorée, les extrémités sont froides; enfin cet état, après une durée plus ou moins longue, se calme, la toux s'humecte et l'expectoration s'établit.

Pour obtenir la guérison de cette maladie, qu'une erreur populaire a fait pendant longtemps considérer comme donnant à ceux qui en sont atteints, un brevet

---

(1) Cet article est extrait du *Dictionnaire de la Conservation de l'homme*, par le savant Dr Lunel.

de longévité, les moyens hygiéniques sont de la plus haute importance : ils consistent à éviter le froid, le vent, les brouillards, à user d'aliments doux, et surtout à s'abstenir d'alcooliques. Pendant la crise, on éloignera du malade tout ce qui pourrait empêcher le libre accès de l'air ou gêner la respiration.

Asthme chronique.

Prenez des graines d'hièble fraîches 30 gram.; mettez-les infuser dans 250 gram. d'eau-de-vie, passez et donnez-en soir et matin une cuillerée à bouche au malade; vous ajouterez autant de sucre qu'il en faut pour en faire une liqueur.

On peut également préparer un sirop avec le suc exprimé des baies d'hièble.

Pendant l'accès.

Infusion de racines d'œnula campana et d'hysope.	1 verre.
Sirop balsamique de Tolu.	30 grammes.
— d'œnula campana.	30 —
Gomme ammoniaque.	8 —
Sel ammoniaque.	4 —
Huile de succin.	12 gouttes.

Un cuillerée à bouche, de dix minutes en dix minutes, jusqu'à ce que l'accès soit calmé.

Asthme humide et pituiteux.

Fleur de soufre.	16 grammes.
Gomme adragante.	30 —
Sucre.	45 —

Aromatisez avec quelques gouttes d'huile essentielle d'anis et faites des tablettes.

La dose à prendre est de 4 grammes par jour.

(*Recette de M. l'abbé Picon, curé à Montlaux (Basses-Alpes.)*

Couper de petites tranches de carottes jaunes, les saupoudrer de sucre et les prendre le soir avant de se coucher, et le matin à jeun; tenir les morceaux dans la bouche, et les mâcher peu à peu.

(Recette de M. l'abbé L..., curé de T...)

Huit à dix bourgeons de pin du Nord, infusés comme du thé, pendant vingt à trente minutes. En prendre une tasse le matin à jeun, et une le soir en se couchant. Ce remède doit être longtemps continué. Les bourgeons de pin se cueillent en mai.

Cette précieuse recette est aussi très-utile pour les personnes qui deviennent facilement essoufflées, soit en montant, soit en marchant.

(Recette de M. l'abbé Beclet.)

Sel de nitre.	60 grammes.

Faites fondre dans un quart de verre d'eau; mettez dans cette solution cinq à six grandes feuilles de papier gris. Après un jour, faites sécher et servez-vous de ce papier pour fumer trois à quatre cigarettes par jour, avec les substances suivantes :

Datura stramonium.	30 grammes.
Lobelia inflata.	60 —
Benjoin en poudre.	4 —
Tabac.	30 —

Mêlez. Avoir soin d'avaler la fumée.

Carton anti-asthmatique.

(Recette de M. l'abbé F.., curé de P... (Dordogne.)

Pâte de carton.	120 grammes.
Poudre de nitre.	25 —
— de belladone.	5 —
— de stramonium.	5 —
— de digitale.	5 —
— de phellandrie.	5 —
— de lobelie enflée.	5 —
Poudre de myrrhe.	10 —
— d'oliban.	10 —

On fait avec ces éléments une pâte homogène que l'on divise dans trois moules à pâte de jujube; on fait sécher et on divise chaque plaque en douze petits carrés. Tous les soirs, pendant la durée de l'attaque, on brûle un de ces carrés dans la chambre du malade.

17. — BAINS.

Dans les pays chauds et dans la saison chaude, les bains sont très-utiles aux personnes prédisposées aux maladies du foie et des voies urinaires, et en général à tous ceux qui se plaignent d'un grand échauffement intérieur. S'il n'y a pas de maladie déclarée, ils servent comme préservatif. Dans le cas contraire, ils sont encore plus utiles en apportant un grand soulagement et en facilitant l'action des purgatifs. Dans ces conditions, il importe de prendre les bains à une température douce et plutôt un peu froide que chaude (puisqu'il s'agit de combattre l'effet d'une trop forte chaleur). Plus on demeure longtemps dans le bain, et plus on s'en trouve bien; et quand on y reste deux heures, la deuxième heure profite plus que la première. On peut prendre ces bains aussi souvent qu'on le veut, sans craindre d'en être affaibli.

Les bains sont particulièrement utiles aux personnes nerveuses, à celles qui sont incommodées par la chaleur, à celles qui viennent d'éprouver une grande fatigue.

Parmi les personnes qui prennent des bains, les unes s'en trouvent bien, d'autres n'en éprouvent ni bons ni mauvais effets; d'autres enfin, en sont incommodées.

Mais dans ce dernier cas, il est important de faire observer que ce n'est pas toujours au bain qu'il faut imputer le mal, mais à une mauvaise manière de le prendre. Un bain ne doit être pris ni trop chaud ni trop froid, et chacun doit chercher à se rendre compte de la température la mieux appropriée à son tempérament et à son genre de mal.

Bains de pieds.

Les bains de pieds, soit simples, soit avec addition de *cendre*, de *sel*, de *farine de moutarde*, ne peuvent jamais faire de mal. Nous engageons les personnes qui se trouvent soulagées par leur emploi à en prendre, quand elles en sentent l'utilité. Ce n'est pas un moyen de guérison, mais c'est quelquefois un moyen de soulagement qu'on aurait tort de négliger.

Bains de pieds sinapisés.

Farine de moutarde.	120 grammes.
Eau chaude.	1 kilog.

Bains de pieds alcalins.

Cendres végétales.	250 grammes.
Eau chaude.	3 kilog.
Sous carbonate de potasse. . .	30 grammes.

Bains de vapeur.

Les bains de vapeur sont utiles dans certains cas, et c'est avec raison qu'on en essaie souvent contre les *rhumatismes*, les *douleurs*, et les affections attribuées au *froid*, à *l'humidité* ou à la suppression de la transpiration.

Les personnes qui s'en trouvent bien peuvent continuer d'en faire usage. Si on a le soin de ne pas les prendre à une température *exagérée*, comme on le fait trop souvent, les bains de vapeur s'accordent avec le traitement purgatif, et rendent quelquefois ainsi la guérison plus rapide.

Lorsqu'on prend des bains de vapeur pour des maladies occupant seulement une partie du corps, comme, par exemple, la tête, le pied, le bras, l'épaule, il est préférable de n'appliquer la chaleur qu'à la partie malade, pour ne pas affaiblir inutilement le corps tout entier. Voici le moyen que nous croyons le plus économique et le plus simple pour y parvenir.

On prend une bonne *brique*, on la chauffe au feu, mais non de manière à ce qu'elle puisse brûler le linge, ce qu'on vérifie en faisant tomber dessus, avec les doigts, une petite pluie d'eau jusqu'à ce que les gouttes ne fassent plus entendre ce bruit particulier qui indique une trop forte chaleur. Ensuite, on enveloppe cette brique d'une serviette pliée en deux ou en trois, qu'on a eu le soin d'*humecter* avec de l'eau, à peu près comme on le fait quand on veut *repasser* le linge; on fixe la serviette avec deux épingles, et on place la brique ainsi disposée près de la partie malade.

La chaleur de la brique transforme l'humidité du linge *en vapeur* ; on en règle aisément la température en éloignant plus ou moins la brique de l'endroit malade. On peut placer en même temps plusieurs briques, et, suivant la durée qu'on veut donner à l'action de la vapeur, on peut ainsi les remplacer une ou deux fois, à mesure qu'elles se refroidissent. On choisit le moment de se coucher, pour être certain qu'on ne se refroidira pas.

Voici encore un autre moyen très-simple d'administrer cette espèce de bain : l'extrémité d'un tube recourbé étant plongée dans un vase clos rempli d'eau bouillante, on dirige l'autre extrémité dans le lit du malade.

Les bains de vapeur, comme tout ce qui excite la transpiration sont nuisibles aux personnes qui se traitent pour des affections des voies urinaires ou pour les maladies bilieuses ou du foie.

Bains de rivière.

Les bains de rivière sont quelquefois très-utiles aux personnes faibles et débilitées depuis longtemps. L'action d'un froid *modéré* combinée avec l'exercice qu'on fait dans l'eau fortifie le système nerveux et peut contribuer à hâter la guérison.

Bains de mer.

Ces bains n'affaiblissent pas, ils sont toniques et conviennent à toutes les constitutions débilitées ; seulement, au début, ils devront avoir une très-courte durée.

Bain de mer artificiel.

(Première recette).

Sel marin.	8 kilog.
Sulfate de soude cristallisé.	3,500 grammes.
Hydrochlorate de chaux.	700 —
Hydrochlorate de magnésie.	2,090 —
Eau.	300 litres.

(Deuxième recette).

Chlorure de sodium.	7,500 grammes.
Chlorure de magnésie.	2,515 —
— de calcium.	515 —
Sulfate de soude.	2,525 —
Chlorure de potassium.	60 —

Iodure de potassium.	0,15 centigrammes
Sel de sulfhydrate d'ammoniaque.	5 gouttes.
Eau.	300 litres.

Bains sulfureux, alcalins.

Presque tous les médecins prescrivent des bains sulfureux ou alcalins pour les maladies chroniques de la peau. Ne pouvant agir qu'à la surface du corps et non sur la masse du sang, ces bains sont incapables de guérir radicalement, mais ils peuvent quelquefois diminuer les souffrances de la peau; c'est pourquoi ceux qui en retirent ce léger avantage peuvent continuer l'emploi de ces sortes de bains, tant que cela leur réussit.

| Sulfure de potasse. . . . . | 100 grammes. |

Faites dissoudre dans un litre d'eau et versez dans une baignoire de *bois* ou de *zinc*.

Moyen de désinfecter les bains sulfureux.

Versez dans une baignoire contenant le bain sulfureux :

| Sulfate de zinc pulvérisé. . . | 100 grammes. |

Ce sel décompose le sulfure de potasse et il se forme un sulfure de zinc inodore.

Bain de baréges artificiel, sans odeur.

Hydrosulfate de soude. . . .	64 grammes.
Carbonate de soude cristallisé. .	60 —
Chlorure de sodium.	64 —
Eau.	300 litres

18. — BILE.

Chez certaines personnes douées d'un tempérament bilieux la sécrétion trop abondante de la bile occasionne du malaise, la perte de l'appétit, des digestions lentes et difficiles; elles éprouvent quelquefois des douleurs à la région du foie; elles ont des nausées, des vomissements, et, signe caractéristique, la langue est, le matin, couverte d'un enduit d'un blanc jaunâtre qui donne à la bouche un goût désagréable et amer.

Tous ces symptômes, même la fièvre, s'ils en ont été accompagnés, disparaissent en faisant usage du remède suivant :

(*Recette de M. l'abbé V..., curé à P...*)

Follicules de séné.	15 grammes.
Manne grasse.	45 —
Sel de magnésie.	8 —
Rhubarbe concassée.	4 —
Ecorce d'orange amère.	15 —

Faites infuser dans un verre d'eau et prenez-en une fois le matin à jeun.

Les personnes sujettes à cette maladie en éviteront sûrement le retour en prenant tous les matins trois cuillerées à bouche du vin suivant :

(*Recette du Père De Breyne, trappiste.*)

Aloès succotrin.	4 grammes.
Jalap, C. C.	8 —
Scille.	8 —
Sel de nitre.	15 —

Pour un litre de vin blanc sec.
Laissez macérer pendant huit jours et filtrez.

19. — BLESSURE.

Sous le nom de *blessure*, on comprend toute lésion locale, avec ou sans solution de continuité, produite par une cause vulnérante, soit qu'elle ait été dirigée contre le corps, soit que le corps ait reçu une impulsion contre elle.

Le mot *blessure* est encore le terme générique par lequel on désigne les brûlures, les plaies par instruments tranchants, piquants, contondants; les contusions, luxations, fractures (Voyez ces mots).

20. — BRONCHITE, RHUMES, CATARRHE PULMONAIRE.

On appelle *bronchite* toute irritation inflammatoire de la membrane muqueuse des bronches, c'est-à-dire des canaux par lesquels l'air entre dans les poumons et en sort pendant l'acte de la respiration. Quand cette irritation est légère, on lui donne le nom de *rhume*, et celui de *catarrhe* quand elle est ancienne et qu'elle s'accompagne d'une expectoration plus ou moins abondante.

Les principales causes *occasionnelles* de cette affection multiple sont les vicissitudes de la saison, les variations de l'atmosphère, particulièrement le passage subit du chaud au froid, surtout au printemps ou en automne. Quelquefois la maladie apparaît spontanément chez des personnes faibles et lymphatiques; quelquefois encore elle doit être attribuée à la rétrocession d'un flux habituel, d'un vieil ulcère, d'une dartre, d'un rhumatisme, de la goutte. Parmi les causes *prédisposantes*, on compte ordinairement, comme nous l'avons déjà fait pressentir, le tempérament lymphatique, une constitution et une éducation molles, une grande susceptibilité nerveuse, l'état de convalescence, la facilité de transpirer abondamment.

Dans le premier degré de cette maladie, il n'y a que la toux, accompagnée de crachats plus ou moins abondants, filants, visqueux et parfois sanguinolents. Dans un degré plus intense, on observe du malaise, des frissons, un rhume de cerveau, du mal de tête; en même temps, toux sèche bientôt suivie de crachats plus ou moins opaques. Le malade se plaint d'anxiété et de plénitude dans la région précordiale; la peau est aride, brûlante, et le pouls est dur et accéléré.

Quoique se présentant ordinairement seules, ces diverses affections, dont le point de départ est unique, s'accompagnent parfois de certains autres états pathologiques, par exemple, d'un embarras gastrique et intestinal, c'est-à-dire de la présence de matières saburales dans les premières voies. Dans ce cas, la langue est recouverte d'un enduit muqueux jaunâtre, le malade se plaint davantage de dégoûts, de nausées, de douleurs à l'épigastre.

Traitement. — S'il y a état sabural des voies digestives, prendre tout d'abord la médecine du curé de Deuil. Employer ensuite une des recettes suivantes :

(*Recette du curé de F...* (Saône-et-Loire.)
Potion calmante :

Sirop diacode.	8	grammes.
— de capillaire.	60	—
Eau de laitue.	60	—

A prendre une cuillerée à bouche matin et soir.

(*Recettes de M. l'abbé L..., curé de T...*)

A. Gros comme un pois de thériaque.
B. Acide prussique. Q. S. dans un verre d'eau.

En prendre pendant cinq à six jours. La dose doit être déterminée par un médecin.

Nota. Ce médicament dangereux sera remplacé avec avantage par le cyanure de potassium à la dose 5 centigrammes, ou mieux encore par l'*eau de laurier cerise filtrée* à la dose de 10 à 15 grammes. Ce médicament fait du reste partie de la potion suivante, qui est d'une admirable efficacité :

(*Recette de M. l'abbé C..., curé de C...*)

Sirop diacode.	30	grammes.
id. de tolu.	60	—
Eau de laurier cerise filtrée. . . .	15	—
Eau de tilleul.	90	—

Une cuillerée à bouche toutes les heures.

Quand l'expectoration est très difficile :

(*Recette de M. l'abbé D...*)

Tisane avec :

Lierre terrestre.	15	grammes.
Bourrache.	10	—
Eau bouillante.	1	litre.

Edulcorez avec le sirop de tolu.

(*Recettes de M. H. G..., curé desservant de B...*)

Autres tisanes :

Figues, jujubes, raisins et pruneaux secs, une bonne pincée de chaque.

Racine de fraisier.	15 grammes.
Canelle.	un petit morceau.

Faites infuser dans un litre d'eau et buvez chaud.
Infusion ou décoction légère :

> Figues, hyssope, rue. . . . . ãa une pincée.

Pour un litre d'eau. Sucrez avec du miel.

(Recette de M. l'abbé A..., curé de ...)

Faire bouillir dans deux litres d'eau, jusqu'à réduction d'un quart, pour cinq centimes des plantes suivantes :

> Feuilles de bétoine.
> Feuilles de tussilage.
> Bois de réglisse.
> Hyssope.

Édulcorer à volonté et prendre chaud, trois ou quatre verres par jour.

Quelquefois la toux est essentiellement nerveuse, elle est ancienne, sèche et ne tient à aucune irritation des voies bronchiques ou laryngées. Dans ce cas, employer le remède suivant :

(Recette du Père De Breyne, trappiste.)

> Poudre de feuilles de belladone. . . 2 grammes.
> Sucre. . . . . 4 —

Mêler et diviser en vingt paquets. Deux par jour.

21. — BRULURE.

On distingue trois degrés dans la brûlure ; dans le premier, la partie rougit et devient douloureuse, il s'y forme de petites vessies au bout de quelques moments ; dans le second, la peau et le tissu cellulaire sont atteints d'inflammation ; dans le troisième, enfin, la peau et le tissu cellulaire sont détruits en entier et se convertissent en escharre, comme dans la gangrène.

(Recette de M. l'abbé Danjeau, curé de Notre-Dame de Blagny (Côte-d'Or.)

Gelée de groseille, appliquée immédiatement après l'accident sur toute l'étendue de la brûlure.

(Recette de M. l'abbé Cambedalma, curé de Vareilles, (Tarn-et-Garonne.)

Prendre une bonne poignée de la seconde écorce du sureau, celle qui est adhérente au bois, après avoir enlevé l'épiderme. Il faut que les tiges de sureau dont on prend l'écorce aient un an ou deux ans au plus ;

250 grammes d'huile d'olive ;

2 grammes cire vierge ;

Faire mijoter le tout ensemble sur un feu doux jusqu'au dessèchement des écorces, qui ont dû être coupées en petites lanières de cinq à six centimètres ; on enlève ensuite les écorces, et, à l'aide d'une barbe de plume ou d'un pinceau très doux, on étend plusieurs fois le jour cet onguent froid sur les parties brûlées jusqu'à complète guérison, qui ne se fait pas longtemps attendre et laisse à peine de cicatrices, lorsque le remède est appliqué de suite et avant tout autre.

(Recette de M. l'abbé C..., curé de V...)

Le sous-nitrate de bismuth paraît être le topique le plus doux et le plus convenable pour les brûlures. Lorsque l'épiderme est enlevé avec précaution, on saupoudre le derme dénudé avec la poudre de sous-nitrate de bismuth, on laisse la place à l'air libre, en ayant soin seulement de renouveler la poudre au fur et à mesure qu'elle s'humecte par la suppuration.

(Recettes de M. l'abbé C..., curé de B.)

Prenez une poignée de feuilles de millepertuis, jetez ces fleurs dans un vase de terre, versez dessus 200 grammes d'huile d'olive et 200 grammes d'eau-de-vie ; laissez fondre, bouchez et gardez pour l'usage. On trempe dans ce liquide une compresse que l'on applique sur la plaie, en renouvelant chaque fois que cette compresse est sèche.

Prenez une cuillerée d'huile d'olive, un jaune d'œuf, une cuillerée d'eau-de-vie ; battez bien ensemble et mettez-en une couche légère sur la brûlure ; couvrez avec de la ouate.

Prenez la valeur d'une poignée de fiente de poule,

250 grammes de saindoux ou du beurre bien frais, deux ou trois feuilles de sauge ; faites bouillir le tout ensemble pendant une bonne demi-heure et tout au plus trois quarts d'heure. Passez dans un linge en tordant.

Cet onguent peut se faire d'avance et se conserve très-longtemps.

On en frotte avec une plume assez fréquemment la partie brûlée. On ne doit point enlever la croûte, il faut la laisser tomber d'elle-même.

A la suite de ce traitement, les brûlures ne laissent pas de cicatrices.

Prenez une pincée de pépins de coings, faites bouillir pendant une heure à peu près dans un demi-verre d'eau, mêlez avec parties égales de graisse de porc récente et fondue et un peu de camphre (une pincée). Appliquez sur la brûlure à l'aide d'un linge fenestré, recouvrez ensuite d'une épaisse couche de coton cardé. Pansez toutes les 24 heures.

Les brûlures d'eau bouillante sont surtout promptement guéries en employant la recette suivante :

Huile d'olive. . . . . 100 grammes.

Enlevez la première écorce d'une pousse de sureau d'un à deux ans ; ôtez en petites lanières, d'un pouce de longueur l'écorce verte qui adhère au bois ; mêlez à l'huile deux ou trois fortes pincées de cette écorce ; faites réduire sur un feu doux jusqu'à la consistance d'une pommade un peu liquide. Ôtez alors les fragments d'écorce, laissez refroidir et employez l'onguent en l'étendant sur la brûlure à l'aide d'une barbe de plume.

Quand la brûlure a une certaine étendue et qu'il se manifeste de la fièvre, il est important de tenir le malade à une diète rigoureuse qui devra cesser en même temps que les symptômes fébriles. On donnera en même temps des boissons rafraîchissantes, et si la soif est très-intense, on pourra permettre au malade quelques verres de limonade.

22. — CANCER, SQUIRRHE.

On donne le nom de *cancer* et de squirrhe à une maladie qui désorganise les tissus, les envahit de proche en proche et les détruit quelquefois complétement sans que la science soit assez puissante pour en triompher.

A l'inspection anatomique, le cancer offre toujours le même genre d'altération : une masse grisâtre d'une consistance lardacée homogène ; les solides épaissis sont tellement confondus avec les liquides, qu'il est impossible de les distinguer.

On divise le cancer en *primitif* et en *secondaire*. Le cancer primitif existe longtemps avant qu'il s'ouvre et qu'il passe à l'état d'ulcère ; dans ce dernier cas, on l'appelle cancer *ouvert* ou *ulcéreux*. Le cancer *secondaire* survient dans le cours de certains ulcères devenus rongeants, et alors on donne à cette solution de continuité le nom d'*ulcère carcinomateux*. Le nom de *squirrhe* est surtout réservé au *cancer occulte*.

(Recette de M. l'abbé.....)

Farine de seigle.	250 grammes.
Miel blanc.	250 —
Jaunes d'œufs très-frais.	4 —
Vieux oing (le plus vieux possible).	100 —

Mêlez le tout devant un petit feu jusqu'à parfait mélange, en ayant soin de mettre les ingrédients par partie et l'un après l'autre.

On emploiera cet onguent légèrement chaud, en l'étendant sur un linge qui recouvrira toute la tumeur, et cela chaque jour le matin et le soir, en continuant jusqu'à parfaite guérison. Pendant le jour, on aura soin de tenir la partie malade bien recouverte de ouate de coton, afin d'obtenir, par le moyen d'une douce chaleur, une transpiration qui ne devra jamais être poussée au point de faire percer ou saigner la tumeur squirrheuse.

(Recette de M. l'abbé C..., curé de B...)

Couvrez la partie attaquée d'un cataplasme fait avec de la joubarbe dont vous aurez pilé la pulpe. Renouvelez ce cataplasme matin et soir. (Ce remède a été employé avec succès par les docteurs Lombard et Quesnay.)

Recette pour les cancers déjà ulcérés. (Communication du même.)

Mettez dans un pot de terre vernissé une tête de mouton tout entière avec la peau, les poils, les yeux, le cerveau, etc.; il faut seulement avoir la précaution d'enlever les cornes. On remplit d'eau le pot dans lequel on a mis la tête de mouton. On le lute avec de la pâte, et on plonge le tout dans un chaudron que l'on place sur un bon feu. On fait bouillir pendant 48 heures. Après quoi on délute le pot. On verse le contenu dans un torchon, et en pressant avec énergie, on obtient une espèce de pommade. Pour faire usage de cette pommade, on en graisse la surface d'un linge fin que l'on applique ainsi sur l'ulcère. On renouvelle matin et soir. Les premiers jours, il y a de la douleur; mais peu à peu cette douleur cesse, et les chairs prennent un autre aspect.

Quand dans le traitement du cancer, les douleurs sont très-vives, on devra faire prendre au malade la potion suivante :

Hydrochlorate de morphine	5	centigr.
Eau de laurier cerise	15	grammes.
Sirop d'écorce d'oranges amères	30	—
Eau de laitue	120	—

Une cuillerée à bouche de deux heures en deux heures. On augmentera progressivement la dose d'hydrochlorate à mesure que le malade s'habituera à son action.

23. — CARIE DES DENTS.

La carie dentaire est une affection très-fréquente, produite par une multitude de causes externes et assez souvent dépendant d'une cause interne, telle que le scorbut, les dartres, etc. L'extraction est certainement le meilleur remède à opposer à cette maladie; mais que de personnes qui reculent devant une si simple opération. Du reste, quand la carie n'est pas très-profonde, on peut en arrêter les progrès par les moyens que nous allons indiquer. Dans tous les cas, qu'on n'oublie jamais que toute douleur de dents rebelle qui ne reconnaît point la carie pour cause, ne peut être une raison suffisante pour faire l'extraction dont nous parlons.

(Recette de M. l'abbé D..., curé d'A.)

Prenez un fil de fer, pliez-le de manière à ce que l'un des bouts entre dans la cavité de la dent malade. Faites rougir ce bout et introduisez-le dans cette cavité aussi profondément que possible. Renouvelez cette opération trois ou quatre fois, coup sur coup.

(Recettes de M. l'abbé C..., curé de B.)

Mettre dans l'oreille de la personne qui souffre un petit morceau de camphre enveloppé dans du coton, et du côté correspondant à la douleur. Ce moyen si simple réussit dans beaucoup de cas.

Contre les douleurs dentaires avec ou sans carie.

On prend une cuillerée à café de poudre de chasse qu'on enferme dans un morceau de mousseline fine, mais résistante; on en forme un nouet que l'on ferme avec du fil bien ciré. On met le nouet dans la bouche; on le mâche lentement à peu près comme on chique le tabac; on crache de temps en temps sa salive. Au bout d'une demi-heure au plus, la douleur est presque complétement éteinte.

Le plombage de la dent est aussi un moyen qui réussit souvent à conserver l'organe et à empêcher les douleurs si vives qui résultent de cet état pathologique. Le plombage ne peut guère être fait que par un dentiste, et, dans tous les cas, il faudra toujours aller au plus habile. Voici cependant un moyen que nous avons souvent employé, et qui, dans bien des cas, nous a parfaitement réussi.

Nettoyez bien la cavité dentaire et remplissez-la exactement de *collodion* (fulmi-coton ou coton poudre dissous dans une très-petite quantité d'éther sulfurique). Le malade doit tenir la bouche ouverte tant que dure l'opération et jusqu'à ce que le collodion soit complétement desséché.

Pour prévenir la carie et les douleurs dentaires, voyez

ce que nous avons dit au mot *dent*, de *l'Hygiène de la toilette*.

24. — CARREAU.

Nom vulgaire de l'affection appelée par les médecins *atrophie mésentérique*, qui consiste dans une dégénérescence tuberculeuse des glandes du mésentère. Cette maladie, qui attaque particulièrement les enfants, surtout ceux qui ont été sevrés trop tôt et nourris d'aliments indigestes, présente pour symptômes un trouble général des fonctions digestives (gaz, diarrhées), une dureté excessive du ventre, jointe à l'amaigrissement des membres et de la face. L'affection peut durer plusieurs mois et guérir, surtout quand l'appétit est conservé; mais d'autres fois, une diarrhée continue, due à des ulcérations intestinales, se montre rebelle à toute espèce de traitement, et le malade succombe.

Traitement général. — Régime adoucissant, cataplasmes sur le ventre, bains émollients; plus tard, quand les tumeurs ont une tendance à disparaître, régime tonique, viandes grillées, vin de quinquina, huile de foie de morue, *pilules ferrugineuses*, etc.

(*Recettes de M. l'abbé Debure, curé de Saint-Martin-le-Gaillard (Seine-Inférieure)*

1° Roses rouges ou romarin en infusion. — Prendre à froid trois cuillerées à café par jour.

Vin de Malaga.	30 grammes.
Sirop de rhubarbe.	30 —
Gomme arabique pulvérisée. .	4 —
Sulfate de quinine.	10 centigrammes.

2° En donner environ une petite demi-cuillerée à bouche tous les jours le matin à jeun, et ensuite, pour amollir les durillons du mésentère (membrane des intestins), faire une décoction émolliente avec des racines de guimauve; y tremper une petite pièce de flanelle et la mettre sur le ventre de l'enfant pendant vingt minutes, trois ou quatre fois par jour.

Cette dose est pour un enfant d'un an; il faut l'augmenter ou diminuer suivant l'âge.

3° Friction de lie de gros vin sur les reins, faite au moyen d'une large bande de flanelle dont on enveloppe le corps de l'enfant.

25. — CAUCHEMARS, RÊVES.

« Le sommeil est une loi générale imposée à tous les êtres ; tout se fatigue, tout s'épuise, tout a besoin de repos et de réparation. Mais si le sommeil est utile à l'homme, ce n'est point quand il est agité, fatigué de songes et de rêves pénibles qu'il peut remplir le but que la nature s'est imposée. Or, il est des cas où dans le sommeil, le cerveau n'est pas dans une inaction complète. Je veux parler des songes, dont la cause est encore aujourd'hui difficile à déterminer. Lorsque les songes ne sont pas pénibles, ils n'indiquent aucun état pathologique, ils ne causent aucun sentiment de fatigue, et on peut les éprouver en très-bonne santé. Mais il n'en est pas toujours ainsi, et le sommeil est quelquefois troublé par des sensations tellement violentes, qu'elles bouleversent momentanément l'organisme tout entier. On leur a donné dans ce cas le nom de *cauchemar*.

Le cauchemar consiste donc dans une angoisse oppressive, dans une suffocation douloureuse avec impossibilité de se mouvoir et de parler. Il n'est pas rare alors de croire être en butte à un animal dangereux, à un voleur, à un assassin, à un être fantastique, que l'on ne saurait définir. Quelquefois on se borne à exprimer ses pensées sur un sujet qui a excité vivement l'attention. Les variétés du cauchemar sont très-nombreuses. Les personnes valétudinaires, particulièrement celles dont les digestions sont laborieuses, les hypocondriaques, les femmes hystériques en offrent de fréquents exemples ». Rare chez les uns, le cauchemar revient presque toutes les nuits chez d'autres, et exerce une fâcheuse influence sur leur santé générale.

Le cauchemar reconnaît ordinairement pour causes : 1° une digestion difficile ; 2° une pénible position du corps, une maladie du cœur, du cerveau et souvent de l'estomac.

4.

Se préserver de tout ce qui émeut le sentiment d'une façon effrayante ou triste, ne point manger trop ou trop tard et surtout des aliments indigestes, se coucher le corps incliné du côté droit, sont des moyens qui suffiront le plus souvent pour empêcher le retour des cauchemars. Mais quand ils seront dus à l'une des affections dont nous venons de parler, il est évident qu'il faudra, avant tout, combattre la cause déterminante.

26. — CHEVEUX (Maladie des).

Au chapitre destiné à l'*hygiène de la toilette*, nous avons déjà parlé des cheveux et de leurs maladies; nous n'aurons que quelques mots à dire d'une des affections dont ils sont le plus souvent atteints, l'*alopécie*. « On donne ce nom à la chute complète ou partielle des poils, des cheveux, soit à la suite d'excès ou de maladies, déterminant l'altération des bulbes pileux, soit par l'effet d'une atonie générale accidentelle, soit enfin par l'abus de cosmétiques irritants. Beaucoup de personnes confondent souvent les mots *alopécie* et *calvitie*; c'est une erreur : l'alopécie est une maladie, tandis que la calvitie ne doit s'entendre que de la chute des cheveux par les progrès de l'âge. — Le traitement de l'alopécie diffère essentiellement selon les causes. Quand l'affection reconnaît pour cause une faiblesse générale accidentelle, elle disparaît au retour des forces. Le conseil donné souvent de se raser fréquemment la tête a été utile dans bien des cas, parce que le suc nourricier n'allant pas se perdre dans la longueur des cheveux, arrive avec plus d'abondance et sert à l'accroissement du plus grand nombre : néanmoins, il y aurait imprudence à raser les cheveux après une maladie aiguë, car nous avons été témoin, dans ces circonstances, de rechutes et d'accidents graves. On peut aussi lotionner la tête avec des décoctions toniques de petite centaurée, de feuilles de noyer, etc.; mais si la maladie tenait à un état d'irritation du cuir chevelu, à des affections dartreuses, syphilitiques, il faudrait employer les lotions adoucissantes et un peu sulfureuses vers la fin. »

La pommade suivante est aussi un très-bon *tonique* du système pileux.

(Recette de M. l'abbé P..., curé de V.....)

Extrait de quinquina. . . .	2 grammes.
Huile de roses.	10 —
Huile de bergamote. . . .	0,40 centigr.
Moelle de bœuf.	15 grammes.
Baume du Pérou.	2 —

Mêlez exactement.

(Recettes de M. l'abbé P..., curé de A....).

Axonge balsamique	100 grammes.
Suc de citron	2 —
Teinture de cantharides. . .	1 —
Essence de citron	4 —

En frictions tous les jours.

(Autre).

Tabac en poudre	20 grammes.

Eau bouillante, quantité suffisante pour bien imbiber la poudre; laissez macérer pendant 10 heures; retirez l'infusé avec expression, laissez en repos et décantez. On concentre ensuite ce liquide à l'aide de la vapeur, et lorsqu'il ne reste plus que 6 à 7 grammes de dissolution, on l'incorpore dans :

Moelle de bœuf.	64 grammes.
Huile d'amandes douces. . .	60 —
Rhum.	40 —
Alcoolat de mélisse	8 —

Faites préparer par un pharmacien, et imbibez les cheveux, du mélange, tous les 2 jours.

(Autre).

Suc de citron.	4 grammes.
Extrait de quinquina . . .	8 —
Teinture de cantharides. . .	4 —
Huile de cédrat	1 gr. 30 centigr.
— de bergamote. . . .	10 gouttes.
Moelle de bœuf	60 grammes.

Une friction chaque matin pendant 30 à 40 jours.

La coupe des cheveux, chez les enfants bien portants, et par une température douce, augmente la vitalité des bulbes pileux et surexcite légèrement la peau de la tête. Raser les cheveux chez des sujets qui relèvent de maladie, pourrait amener des accidents. Du reste, lorsque les cheveux tombent après une maladie, on les voit le plus souvent repousser après la convalescence. On attribue quelquefois une action salutaire à la présence des poux à la tête des enfants; c'est une grave erreur. Il faut détruire impitoyablement ces parasites.

(Recette de M. l'abbé D...).

Réduisez en poudre de la racine de sous-safran, frottez-en la tête de l'enfant infesté de vermine, et pendant la nuit tous les poux seront détruits, pourvu que vous ayez eu soin de lui envelopper la tête avec un mouchoir.

Règle générale, il faut, chez les enfants comme chez les adultes, entretenir les cheveux dans un état de propreté constant, les peigner chaque jour, les brosser et les laver de temps en temps.

27. — CHOLÉRA, CHOLÉRINE.

Le choléra est un véritable empoisonnement miasmatique, dit le docteur Lunel (1), c'est une maladie épidémique dont les symptômes les plus apparents consistent en vomissements et selles de matières aqueuses, blanchâtres; plus tard, quelquefois dès le début, suppression de la sécrétion urinaire, refroidissement de tout le corps, même de la langue, couleur violacée de la peau, qui devient flasque, ridée; dyspnée, amaigrissement rapide.

Quelquefois l'invasion de la maladie est brusque, et nous avons vu des malades enlevés en douze à quinze heures (choléra foudroyant); d'autres fois, un malaise particulier, de la faiblesse, de la perte d'appétit, *rarement des douleurs de ventre*. Enfin une diarrhée jaune, muqueuse, des sueurs, l'accélération et quelquefois la lenteur du pouls constituent le premier degré de cette affection redoutable, degré auquel divers auteurs donnent le nom de *cholérine*. Du reste, nous avons vu des cas de cholérine se terminer par la mort.

---

(1) *Dictionnaire de la conservation de l'homme*, tome 1. p. 164.

Lorsque le choléra est confirmé, les symptômes acquièrent une affreuse intensité. Des vomissements et des selles, d'abord de matières bilieuses, séreuses, albumineuses, puis blanchâtres, ressemblant à une décoction d'eau de riz, se manifestent et se succèdent avec une rapidité effrayante pour le malade et pour les spectateurs. La soif devient vive; le patient ne cesse de demander des boissons froides, glacées, acidulées; le ventre est rétracté, peu sonore, quelquefois le siége de douleurs que la pression augmente. Les matières vomies sont d'une odeur fade; les selles fétides.

Le *pouls*, quoique souvent petit, faible, monte à 120, 130, 140 pulsations. Nous avons pu constater que sa force diminuait en raison de sa fréquence.

La *respiration* était souvent anxieuse, difficile, quelquefois très-accélérée (grave). La percussion et l'auscultation n'ont pu nous faire découvrir, dans quelque cas que ce soit, le moindre trouble morbide. Nous avons remarqué chez la plupart des cholériques un affaiblissement assez marqué de la voix. Dans la seconde période de la maladie (cyanose), il y avait même chez quelques-uns perte complète de la voix.

Le *facies* est aminci, affilé; les yeux vifs néanmoins, signe d'irritation cérébrale. Quelques-uns éprouvent des bourdonnements d'oreilles, de la céphalalgie, des vertiges; d'autres, des crampes douloureuses dans les mollets, les bras, les doigts même. C'est alors que le malade s'affaiblit considérablement, que son visage exprime l'anxiété, l'angoisse, la souffrance; que ses yeux s'enfoncent dans leur orbite; qu'ils se bordent d'un cercle bleuâtre, noir.

La langue est blanche, bleuâtre, pâteuse; l'intelligence intacte. Enfin, si les accidents vont en augmentant, le corps se refroidit, la face se cyanose, ainsi que la pulpe des doigts et des orteils, surtout au pourtour des ongles. Quant à la peau de ces parties, elle est flasque, ridée, comme si elle avait séjourné quelque temps dans un bain chaud. Elle conserve assez bien le pli qu'on lui donne lorsqu'on la pince entre les doigts. *Toutes les sécrétions diminuent*, s'arrêtent quelquefois complétement, et le malade entre en pleine cyanose.

Alors les membres et la face se cyanosent complétement, l'humeur aqueuse de l'œil se résorbe, la peau est froide, quoique souvent couverte d'une sueur visqueuse. Un thermomètre que nous avons placé sous l'aisselle de plusieurs malades est descendu chez l'un à 10° 6/10; chez un autre, il marquait 12°; chez un troisième, 13° 0/10. »

Les vomissements diminuent, mais les selles sont souvent involontaires; la voix et généralement éteinte, l'haleine froide, etc. Si le malade ne périt pas dans cette période, dite *algide*, l'état morbide se rétablit peu à peu, à moins qu'il ne survienne des accidents du côté du cerveau ou des poumons; la convalescence est ordinairement pénible. Le tableau si savamment tracé par le docteur Lunel, prouve combien le choléra est une maladie grave, et combien il importe de se hâter d'y porter remède.

(Recette employée avec succès à Dugny-sur-Meuse, par M. l'abbé Jactet.)

Il faut donner dès les premiers symptômes un lavement ainsi composé : Six blancs d'œuf délayés, sucrés et additionnés de 15, 20, 25 gouttes de laudanum, suivant l'âge, la force et la violence des symptômes cholériques. Puis faire boire, aussitôt après le lavement, un verre de tisane chaude de menthe poivrée dans lequel on ajoutera également 10, 15, 20 gouttes de laudanum avec 20 gouttes d'éther. On continue ensuite à lui donner à boire, jusqu'à guérison, de la tisane de menthe. On tient le malade à une chaleur modérée pour l'aider à une douce transpiration.

Dans un litre d'esprit de genièvre pur (genièvre en grain), on fait infuser une demi-once de chacune des quatre racines suivantes :

1° *Calamus odorans* (roseau odorant);
2° *Inula campana* (aunée des champs);
3° *Gentiana lutea* (gentiane jaune);
4° *Angelica archangela* (angélique officinale).

Ces racines étant réduites en petits morceaux doivent être infusées pendant trois jours, dans la quantité de genièvre sus-nommée et dans un litre en verre bien bouché ; la liqueur est ensuite soutirée et mise dans un autre flacon qu'on a soin de fermer hermétiquement, de coucher et de placer dans un lieu sec: ainsi elle peut se conserver plusieurs années.

On peut employer les mêmes racines à une seconde infusion, à l'effet d'obtenir une liqueur qui n'est plus anti-cholérique comme l'autre, mais qui est un très-bon digestif.

Application. — 1° Il est évident qu'il est avantageux de prendre le remède aussitôt que la maladie se déclare par des crampes ou des coliques accompagnées du dévoiement et de nausées. On peut même le prendre comme préservatif, si l'on se sentait prédisposé au choléra, et nous ajoutons en passant qu'il est également efficace contre la bile noire et les coliques. Son composé étant très-simple et très-innocent, on ne doit pas craindre qu'il occasionne aucune indisposition.

2° La quantité à prendre est d'un verre à liqueur ordinaire pour une grande personne. Les enfants de 12 à 16 ans n'en doivent user que les deux tiers, et l'on doit en donner moins en proportion des âges inférieurs. Toutefois, on peut augmenter et doubler la dose, si on la donne quand le mal a fait beaucoup de progrès.

3° Les coliques et les crampes cessent ordinairement par l'absorption de ce remède, en moins d'une heure. Si un mieux visible n'est pas opéré en moins d'une demi-heure, on conseille néanmoins de donner encore au malade une demi-potion. Que l'on ne s'effraie pas si les selles et les dévoiements continuent pendant quelque temps, car il est nécessaire que le corps rejette les matières décomposées avant l'incorporation du remède.

4° Mais comme ces évacuations anormales produisent sur les sujets atteints un froid excessif, on fait bouillir sept ou huit feuilles moyennes de sauge, dans une pinte d'eau, pendant quelques minutes, et une demi-heure après avoir fait prendre le premier remède, on leur donne ce thé de sauge tiède en cinq ou six fois, de demi-heure en demi-heure ; si le malade sent une vive altération, on peut lui donner de l'eau d'orge à discrétion.

5° Aussi longtemps que durent les coliques et les

crampes, on a soin d'envelopper le malade, depuis les épaules jusqu'aux hanches, d'une étoffe de laine que l'on a trempée dans l'eau bouillante et tordue préalablement ; on applique cette laine aussi chaude que possible, et si elle devient froide avant l'extinction des symptômes, on renouvelle le bain de l'étoffe de laine et l'application. (Ces précautions ne sont employées que comme accessoires, le remède étant intrinsèque à l'application susdite.)

6° Lorsque le remède a bien opéré et que les douleurs ont disparu, on peut, pour ne pas trop affaiblir le patient, lui faire prendre de deux heures en deux heures, par petit verre, la boisson obtenue par le mélange d'une pinte d'eau dans une pinte de vin de Bordeaux, dans lequel on fait fondre 125 grammes de sucre blanc ; ordinairement on peut donner cette boisson immédiatement après le thé de sauge.

7° Les vomissements ayant entièrement cessé, et le malade sentant le besoin de manger, on commence par lui faire prendre une panade composée d'eau, d'un peu de pain blanc, d'un jaune d'œuf, de sucre blanc. Pendant la convalescence, on conseille le bouillon avec un œuf ou deux par jour, et la boisson d'eau rougie avec du sucre, comme ci-dessus au numéro 6.

Observations. — 1° Beaucoup de personnes, en prenant ce remède au commencement du mal, sont guéries le lendemain et vont vaquer à leurs occupations ; on ne peut trop recommander la prudence, surtout en ce qui concerne la nourriture ; on doit pendant quelque temps s'abstenir de liqueurs alcooliques et de boissons fermentées ; 2° les ingrédients de cette recette se vendent à très-bas prix chez tous les pharmaciens, on doit prendre soin que l'*œnula*, soit bien l'*œnula campana* ; 3° si l'on remarque chez les personnes atteintes du fléau, que les vers se trouvent dans leurs selles mêlés aux matières fécales, on leur fait prendre après le fort de la maladie, le vermifuge suivant, par cuillerée et toutes les heures : Une demi-once de sucre blanc, fondu dans un gobelet d'eau bouillante et mélangé avec du jus d'un citron. Ce vermifuge très-doux, ne peut nuire, même aux enfants.

(*Recette de M. l'abbé C..., curé de B..*, employée avec succès, à Marseille, en 1854).

Prenez une petite poignée de camomille romaine et autant de feuilles de menthe poivrée, faites bouillir cinq minutes dans un litre d'eau, passez avec pression. Prenez (pour un homme) deux cuillerées d'eau-de-vie ou de rhum, une cuillerée de sucre, six cuillerées de l'infusion et faites boire ce mélange le plus chaud possible. Environ trois quarts d'heure après répétez la même dose. Ne rien donner au malade entre les deux doses du remède, mais seulement après, la seconde dose. Faites tout votre possible pour réchauffer le malade; s'il cherche à se découvrir sous prétexte qu'il est brûlant, couvrez-le malgré lui. Faites tous vos efforts pour amener chez le malade une abondante transpiration.

Faites de la tisane avec de la camomille et de la menthe poivrée en y ajoutant du sucre. A défaut de menthe, mettez du tilleul et faites boire chaud.

Donnez des lavements de graine de lin et têtes de pavots.

Lorsque le malade se plaint beaucoup de l'estomac, faites-lui prendre de la thériaque de la grosseur d'une petite noisette dans deux ou trois cuillerées à bouche de vin rouge chaud.

On peut aussi administrer avec succès des lavements avec la thériaque.

Quand la réaction sera rétablie, soulagez le malade en diminuant le nombre des couvertures.

Dans le cas où le malade se plaindrait de maux de tête appliquez des sinapismes au gras des jambes.

Il faut bien se garder de laisser boire de l'eau froide. Ce traitement doit être suivi le plus tôt possible. Quand on le fait pour la cholérine elle ne dégénère pas en choléra.

La cholérine n'est autre chose que le choléra à son début; c'est, comme le disent les Anglais, le symptôme *prémonitoire* de la maladie. Dès qu'il se manifeste il faut donc se hâter d'y porter remède, et si cette précaution était prise en temps d'épidémie on aurait bien peu de véritables cholériques.

(*Recette du docteur Roux, communiquée par l'abbé C..., curé de B...*)

Éther sulfurique.	30 parties.
Soufre sublimé	1 —

Mêlez et agitez chaque fois.

En prendre cinq à six gouttes dans un demi-verre d'eau de Seltz, ou d'eau froide, de quart d'heure en quart d'heure, jusqu'à la cessation des vomissements et diarrhées.

Sous-acétate de plomb liquide. .	20 gouttes.
Laudanum de Sydenham . . .	25 —
Décoction de racine de guimauve.	1 verre.

Pour un lavement. En prendre deux ou trois par jour jusqu'à *parfaite* guérison. Les coliques qui se manifestent quelquefois à la suite de ces lavements ne sont que passagères.

Nous n'avons parlé dans ce chapitre que du choléra à l'état épidémique; le choléra peut en outre être sporadique, c'est-à-dire pouvant venir en tous temps, en tous lieux, et n'attaquant pas une grande quantité d'individus.

Le choléra sporadique se borne le plus souvent à présenter les symptômes de la cholérine ; dans ce cas, c'est le traitement de ce prodôme qu'il faudra employer ; mais si la maladie paraissait devenir plus grave, il faudrait se hâter de mettre en usage le traitement indiqué pour le choléra.

28. — COLIQUES.

On donne le nom de coliques à des douleurs de ventre, le plus souvent soudaines, vives, violentes, continues ou séparées par des intervalles de calme.

Crampes et coliques d'estomac.

(*Recette de M. l'abbé Lançon, curé à Arinthod (Jura).*

Encens mâle en larmes.	64 grammes.

Pilez et réduisez en poudre aussi fine que possible. Il faut ensuite mettre dans un vase quelconque un petit demi-verre de bonne eau-de-vie dans laquelle on jette l'enceus pilé, afin d'en faire une pâte qu'on applique au-dessous du nombril du malade, ou directement même sur le creux de l'estomac. Il faut au préalable placer cette pâte sur une plaque de coton cardé qui, dans cet état, sera maintenue en place à l'aide d'une serviette passée autour du corps du malade.

Il arrive très-souvent qu'une colique est rebelle même aux moyens employés intérieurement ; celui que nous indiquons n'a jamais résisté. La raison en est bien simple : l'encens est un calmant très-puissant, et l'eau-de-vie est un tonique dont l'absorption qui se produit porte promptement le calme sur le viscère malade. Si des coliques sont produites par suite d'indigestion, l'estomac une fois calme, on peut donner au malade de l'eau sucrée dans laquelle on ajoutera de l'eau de fleurs d'oranger.

Coliques ordinaires, néphrétiques, venteuses, violentes.

(Recette de M. l'abbé S..., curé à V...)

Coliques ordinaires.

1° On prendra une quantité suffisante d'herbe, nommée *herbe nouée*, avec laquelle on s'enveloppera les pieds; la colique cessera de suite.

Coliques venteuses.

2° Faire bouillir dans un verre d'eau réduit à moitié par l'ébullition, une poignée de fenouil en graines, passez avec expression et ajoutez pareille quantité d'huile d'olive ou d'amandes douces, sucrez et faites prendre au malade, le plus chaud possible.

Coliques néphrétiques.

3° Réduisez en poudre quatre grammes de busserolle ou *uva ursi*, délayez cette poudre dans une infusion de capillaire doré, à prendre pour boisson dans la journée.

Coliques néphrétiques très-violentes.

4° Il faut alors faire saigner le malade au bras, et lui faire prendre ensuite un lavement d'eau miellée, et boire une infusion théiforme (en guise de thé), d'une poignée de silliques sèches de haricots, dans un litre d'eau.

Coliques nerveuses.

Dans une infusion de feuilles d'oranger, ajoutez :

Laudanum de Sydenham	30 gouttes
Éther sulfurique.	15 —

Sucrez à volonté et prenez une cuillerée à bouche, de demi-heure en demi-heure, jusqu'à ce que les douleurs soient calmées.

Elixir de longue vie.

(Recette donnée par M. l'abbé H. G..., curé de B...)

Aloès succotrin	40 grammes.
Gentiane	4 —
Safran du Levant	4 —
Thériaque de Venise	4 —
Zédoire.	4 —
Rhubarbe fine.	4 —
Agaric blanc	4 —

Il faut mettre ces substances dans une bouteille d'eau-de-vie bien bouchée à l'aide d'un parchemin mouillé et piqué à coups d'épingle. On place cette bouteille au soleil ou dans un lieu aussi chaud que possible, et on a soin de la remuer soir et matin au moins pendant huit jours; après quoi, lorsque la liqueur est parfaitement reposée, on la coule doucement dans une autre bouteille, de manière à ce qu'elle devienne claire; puis on verse sur les substances restées au fond de la bouteille qu'on vient de décanter une seconde bouteille d'eau-de-vie, que l'on remue de même fortement pendant dix à douze jours, et que cette fois on passe au clair, à l'aide d'un linge, par dessus la première bouteille. En tenant cette liqueur parfaitement bouchée, elle peut se garder longtemps. — *Il faut observer* surtout que cet élixir, dont la base principale est un *purgatif énergique*, ne doit jamais être pris que trois heures après avoir mangé. — Les tempéraments délicats et les estomacs faibles doivent en user avec la plu sgrande réserve. —

Les trois principaux emplois de cet élixir sont : dans les cas d'*indigestion*, — les *coliques venteuses* — et comme purgation.

Usage.

Pour *indigestion* : de une à deux cuillerées à bouche dans trois à quatre de thé. — *Coliques d'entrailles ou venteuses :* de une à deux cuillerées dans trois à quatre d'eau-de-vie. — *Comme purgation* : de deux à trois cuillerées pour un homme fort, deux au plus pour une femme. On les prend toutes pures, trois heures au moins après un léger repas du soir. Il opère le lendemain sans douleur ni autre précaution que celle de ne manger rien de cru et ne pas trop s'exposer à l'air. — On peut encore se servir de cet élixir pour les vers. Si c'est une grande personne, elle en pourra prendre une petite cuillerée à bouche dans deux de vin blanc pendant huit jours consécutifs. Pour un enfant, la dose sera d'une cuillerée à café, pendant le même temps, dans deux pareilles de vin blanc. — Pour la suppression des époques chez les femmes, prendre pendant trois jours une petite cuillerée dans trois de vin rouge, et se promener une demi-heure ensuite. — Dans la petite vérole, une cuillerée à café, pendant neuf jours, dans trois de bouillon de mouton. Prendre à jeun.

Ce remède soulage aussi beaucoup dans les cas d'hydropisie et la goutte, dans les maux d'oreilles et les douleurs de *dents*. Pour ce dernier cas, on prend un peu de coton qu'on imbibe de la liqueur et on l'introduit dans la cavité de la dent malade.

Coliques de plomb.

On appelle colique *de plomb, saturnine, métallique, des peintres*, celle qui se manifeste chez les individus qui travaillent le plomb et qui font usage de ses préparations ; chez les personnes qui boivent de l'eau qui a coulé dans des conduits de plomb, qui font usage d'ustensiles de plomb, qui boivent des vins frelatés avec de la litharge.

C'est un véritable empoisonnement.

Voici le traitement suivi, depuis bien des années, à l'hôpital de la Charité de Paris :

Premier jour : eau de casse avec les grains, tisane sudorifique simple, lavement purgatif le matin, lavement calmant le soir et thériaque 30 grammes (1 once), opium 5 centigrammes (1 grain). — Deuxième jour : eau bénite, tisane sudorifique simple, lavement purgatif, lavement calmant, thériaque et opium. — Troisième jour : tisane sudorifique laxative, deux verres ; tisane sudorifique simple, lavement calmant, thériaque et opium. — Quatrième jour : potion purgative le matin, tisane sudorifique simple, thériaque et opium. — Cinquième jour : tisane sudorifique laxative, deux verres, tisane sudorifique simple, lavement purgatif, lavement calmant, thériaque et opium. — Sixième jour : potion purgative le matin, tisane sudorifique simple, thériaque et opium. — Enfin, septième jour : tisane sudorifique laxative, tisane sudorifique simple, lavement purgatif, lavement calmant, thériaque et opium.

Des essais faits avec soin ont aussi prouvé que l'huile de croton-tiglium, donnée seulement à la quantité d'une goutte dans une cuillerée de tisane, était un excellent moyen contre la colique de plomb. Dans tous les cas, dans le cours du traitement, il faut insister sur une diète sévère et ne se permettre des aliments qu'après la cessation complète de la douleur. Dans la convalescence, on doit se tenir éloigné des ateliers, et garder pendant plusieurs jours le repos.

29. — CONSTIPATION.

Etat d'un individu dont les évacuations alvines sont rares et les matières fécales dures et laborieusement excrétées. — Les causes internes de la constipation sont peu connues. Elle est due tantôt à la paresse de l'intestin, au défaut de sécrétions muqueuses ou biliaires, à l'activité trop grande des vaisseaux absorbants qui pompent l'humidité des aliments, etc. Les causes occasionnelles ont pour point de départ la vie sédentaire, les travaux intellectuels prolongés, les affections morales, les temps froids et secs, etc.

Pour triompher de la constipation, il faut, avant tout, en éloigner les causes. A la vie trop sédentaire, aux contentions démesurées de l'esprit, aux passions, au régime stimulant, on substitue l'exercice, les distractions, la modération des sentiments, des aliments doux, légers, laxatifs, les végétaux tendres et peu sapides, les fruits aqueux et sucrés, notamment le raisin et les pruneaux, le lait, les viandes blanches ou celles des jeunes animaux, les bouillons de veau, de poulet, agréablement préparés aux herbes. On use modérément de vin, de thé, de café et surtout d'alcooliques.

(Recette de M. l'abbé X...)

Pour détourner ces maladies, il suffira d'user, pour nourriture et boisson, de tout ce qui est aqueux, rafraîchissant, émollient, tels que fruits, légumes, veau, bière et autres semblables; ne manger, au contraire, et ne boire rien qui soit trop substantiel et altérant, du moins jusqu'à ce que la nature ait entièrement repris son cours; fuir surtout ce qui est trop salé, laiteux, œufs, et, en un mot, tout ce qui est réputé échauffant et resserrant. Il est physiquement impossible qu'un tel régime n'obtienne pas de bons résultats au bout d'un mois, et n'ait entièrement produit son bon effet au bout d'un trimestre.

Cette recette est également excellente pour combattre la rétention d'urine.

(Recettes de M. l'abbé S..., curé à V...)

1° Quand la constipation est opiniâtre, il faut appliquer un sinapisme au bas de la colonne épinière, à la région lombaire; le malade évacuera deux heures après.

2° On commencera le traitement par prendre une médecine douce, telle que l'huile de ricin, 50 à 60 grammes, ou bien de la poudre Roger, ou même de Sedlitz, 60 grammes de l'une ou de l'autre. Chaque jour, à jeun, un bon verre d'eau de son de blé, dans lequel on délaie deux cuillerées de mélasse. En prenant cette potion, il est bien d'avaler une forte cuillerée de graine de moutarde blanche; on prendra aussi dans la journée de l'eau de son, dans laquelle on met encore une cuillerée de mélasse; un demi-lavement au moins tous les deux jours, soit avec de l'eau de son ou de racine de guimauve, de la mélasse et une bonne pincée de sel, sont choses excellentes pour aider la guérison; seulement, les femmes qui nourrissent doivent s'abstenir de médecine.

(Recette du docteur Strong.)

Sulfate de zinc	75 centigrammes.
Mie de pain	Q. S.

Pour trois pilules.
En prendre une immédiatement après chaque repas.

(Recettes de M. l'abbé C..., curé de B...)

1° Aloès succotrin pulvérisé . . .	4 grammes.
Extrait de chicorée	4 —
Huile de fenouil.	4 gouttes.

Faites 30 pilules.
A prendre à la dose de 3, 4 et quelquefois 6 suivant le tempérament, le matin à jeun, et le soir à l'heure de sommeil. Un régime végétal, des bains tièdes et des lavements secondent merveilleusement l'effet de ces pilules.

2° Pain de son, 100 grammes, mangé avec des fruits, de la confiture ou dans du café au lait.

3° Prendre tous les matins et tous les soirs une bonne tasse d'infusion de chicorée sauvage, une heure avant ou deux heures après avoir mangé.

(Recette de M. l'abbé A..., vicaire à...)

Graine de lin administrée de la manière suivante :
Prenez une cuillerée à bouche de cette graine, qu'on aura bien essuyée dans un linge propre, mettez-la dans un verre, jetez dessus trois ou quatre cuillerées d'eau tiède ou froide, laissez tremper jusqu'à ce que la graine, saturée d'eau, se couvre de mucus, et avalez-la tout d'un trait, ou en plusieurs fois de suite, en ayant le soin de ne pas mâcher la graine, qui doit entrer tout entière dans l'estomac.

Quelquefois il faut, en outre des moyens que nous venons d'indiquer, vaincre l'absence de la contractilité intestinale, et, pour cela, il suffit de se présenter chaque jour, *à la même heure*, à la garderobe, et de faire des efforts comme si l'on devait obtenir une selle. On rend ainsi aux muscles de l'anus leur contractilité et l'on voit alors disparaitre des constipations qui avaient résisté à toutes les modifications employées pour les combattre.

30. — CONVALESCENCE.

Etat qui succède à la maladie, sans être cependant encore l'entier rétablissement des forces.

« La convalescence, courte dans l'enfance et dans la jeunesse, est progressivement plus longue dans l'âge mûr et la vieillesse, plus longue dans les lieux bas et humides que dans les lieux secs et élevés, plus longue encore dans l'hiver et les froids que dans le printemps et l'été, et au milieu de circonstances hygiéniques favorables. La règle la plus essentielle dans la direction à donner à la convalescence, c'est de procéder graduellement, en observant avec attention de quelle manière chaque chose est tolérée. La nutrition étant la base fondamentale de la restauration du corps, c'est sur elle d'abord que se concentrera la sollicitude ; c'est un bon signe que l'appétit, mais il faut prendre garde qu'il n'excède les forces digestives : il ne faut donc le satisfaire qu'avec réserve et jamais jusqu'à satiété ; il est important surtout de suivre une progression sévère et raisonnée dans l'alimentation du convalescent. On commence par des bouillons, des laits de poule, de légers potages préparés avec la semoule, la fécule de pommes de terre, le salep, le tapioca, etc., quelques cuillerées de chocolat, des gelées animales ou végétales, des fruits cuits ou bien mûrs, des légumes de saison, des œufs frais et liquides. On passe successivement à une alimentation plus solide et plus restaurante ; après les consommés, les poissons à écailles, les viandes rôties d'animaux jeunes et puis adultes ; les sauces, les épices ne conviennent que plus tard. L'eau rougie et un peu de vin pur dans les repas sont ordinairement convenables. Il faut également graduer l'exercice musculaire et intellectuel, ranimer les mouvements et l'esprit peu à peu et sans fatigue. Il faut en outre que le moral du convalescent soit entretenu dans un état de gaîté, par des distractions douces et variées suivant son âge, son sexe, ses habitudes. »

Pour éviter les refroidissements et les rechutes, il sera bon de prendre trois à quatre fois par jour une petite cuillerée de *sirop d'ortie*.

Traitement de quelques accidents qui se présentent pendant la convalescence :

Enflure des jambes.

Pulvérisez et passez au tamis de soie :

Quinquina rouge.	15 grammes.
Aloès.	6 —
Rhubarbe.	10 —
Sirop de sucre.	Q. S. pour faire 50 pilules.

Le convalescent en prendra deux, matin et soir.

31. — CONVULSIONS.

« Maladie très-commune chez les enfants en bas âge, caractérisée par un anéantissement moral, des contractions et la raideur des membres, ou par des mouvements désordonnés, par des tremblements des bras et des jambes, une crispation des lèvres, l'altération des traits, le renversement des yeux en haut sous les paupières supérieures, de manière qu'on n'en aperçoit plus que le blanc, et quelquefois par une légère salivation, lorsque les accès sont très-violents.

Ces accès se reproduisent plusieurs fois par jour, quelquefois tous les quarts d'heure et même toutes les dix minutes. On reconnaît qu'un accès va survenir, au regard fixe, à l'air étonné, à l'immobilité et à quelques soupirs profonds du petit malade. Ces signes précurseurs sont promptement suivis des symptômes décrits plus haut.

Les convulsions sont le produit d'une maladie qui a son siège dans le cerveau, ou d'une inflammation dans le canal digestif, ou de la présence des vers dans les intestins. Quelquefois elles sont purement nerveuses, ou occasionnées par une alimentation qui n'est point en rapport avec la faculté digestive de l'enfant. »

Les convulsions constituent une maladie fort grave,

à laquelle succombent un grand nombre d'enfants; il faut donc se hâter, dès qu'on en aperçoit les premiers symptômes, d'employer les moyens suivants en même temps que des applications de sinapismes aux cuisses :

(*Recette de M. le docteur Liverney.*)

Râpez de la racine sèche de pivoine, faites bouillir dans l'eau, sucrez et administrez trois fois par jour une demi-tasse de décoction aux enfants de trois à cinq ans.

(*Recette de M. l'abbé E.....*)

Solution aqueuse d'assa fœtida, prise à la dose d'une cuillerée à bouche, toutes les heures, jusqu'à la cessation complète des symptômes.

Quand les premiers accidents auront disparu et pour en empêcher le retour, *combattre la cause déterminante.*

32. — COQUELUCHE.

La coqueluche est une maladie caractérisée par une toux violente, convulsive, revenant par quinte, c'est-à-dire par accès plus ou moins éloignés. La toux a pour caractère plusieurs expirations successives, qui portent le sang à la tête et remplissent de larmes les yeux des enfants, qui ne reprennent leur respiration que lentement et avec peine.

La coqueluche est très-souvent épidémique et peut se communiquer facilement aux autres enfants.

Traitement.—La première indication est de changer de lieu, s'il est possible. Pendant les accès, il faut tenir l'enfant sur son séant, la tête élevée et le front soutenu.

(*Recette du R. P. De Breyne, trappiste.*)

Sirop de belladone, une petite cuillerée à café toutes les deux à trois heures.

(*Recette de M. Langevin, curé à Ticheville.*)

Huile d'olive, deux, trois à quatre cuillerées à bouche par jour.

33. — CORS, OIGNONS, ŒILS DE PERDRIX, DURILLONS, ETC.

Ces différentes formes d'incommodités, qui très-souvent produisent des douleurs fort grandes, sont les effets de l'épaississement de la peau, dont plusieurs lames se superposent à certains endroits des pieds, mais principalement sur les doigts. Le contact de la chaussure, son frottement, comme aussi quand elle est trop étroite, sont les causes principales qui déterminent la formation de ces callosités.

La propreté, les bains de pieds fréquents, l'application de préparations émollientes, ou de corps gras, soulageront toujours beaucoup; une fois la partie ramollie, enlevez-la avec un canif ou mieux encore avec une plume d'oie taillée, afin d'éviter de faire saigner ou d'attaquer un filet nerveux, accidents qu'on a vu avoir des suites très fâcheuses.

(Recette de M. l'abbé Julia, curé à Caronsac, (Haute-Garonne.)

Faites tremper une feuille de lierre dans du fort vinaigre, et appliquez-la sur le cor.

(Recette de M. l'abbé Chaput, curé à St-Léonard, (Haute-Marne).

Poix blanche.	4 grammes.
Cire jaune.	8 —
Térébenthine.	2 —

Faites liquéfier et ajoutez :

Acétate de cuivre porphyrisé . .	2 —

Agitez jusqu'à refroidissement.

Cet onguent s'applique directement sur le cor; il calme promptement la douleur.

(Recette de M. l'abbé C.... curé de B.)

Prenez des feuilles de lierre, faites-les tremper vingt quatre heures dans le plus fort vinaigre que vous pourrez avoir; appliquez-en tous les soirs une ou deux feuilles sur les cors, le matin ôtez ces feuilles et recouvrez les mêmes parties avec des fleurs de souci bien mondées de leurs tiges ; continuez jusqu'à ce que les cors se détachent.

(Recette de M. Pajor Laforêt.)

Ammoniaque liquide	4 grammes.
Camphre	8 —
Opium	0,20 centigr.
Safran	2 grammes.
Gomme ammoniaque	2 —
Emplâtre diachylon gommé	2 —
Emplâtre de galbanum	2 —

Appliquer une couche épaisse de cette préparation sur un linge n'ayant que l'étendue nécessaire pour couvrir le cor, afin d'éviter la formation d'ampoules.

Autre.

Térébenthine	45 grammes.
Farine de froment	45 —
Galbanum	15 —
Noix de galle	15 —
Acétate de cuivre	15 —

Appliquer une quantité suffisante sur les cors.

(Recette de M. Fabre).

Tartre stibié	2 grammes.
Hydrochlorure d'ammoniaque	4 —
Camphre	1 gr. 30 centigr.
Musc	50 —
Axonge	30 grammes.

En friction après l'excision des cors.

34. — CORYZA, RHUME DE CERVEAU, ENCHIFRÊNEMENT.

« Le rhume de cerveau est une inflammation de la membrane qui tapisse la surface interne des narines et des fosses nasales. Comme cette membrane a des communications avec les yeux par un conduit qu'il y a dans l'intérieur des fosses nasales, il en résulte que lorsque le rhume de cerveau est très fort, les yeux sont en même temps rouges, sensibles et larmoyants. La cause ordinaire de cette affection est un refroidissement, un courant d'air, une transpiration arrêtée, qui a agi également sur l'arrière-bouche, sur la gorge et sur les bronches : aussi un rhume de cerveau un peu intense est presque toujours accompagné ou suivi de mal de gorge et d'une toux d'irritation. De là est venu le dicton que le rhume de cerveau est tombé sur la poitrine.

A l'état aigu, le coryza cède ordinairement aux bains de pieds sinapisés, aux fumigations émollientes, aux boissons sudorifiques ; mais à l'état chronique, il se lie le plus souvent à une constitution scrofuleuse et devient très-rebelle, malgré l'usage des vêtements de laine, les chaussures de taffetas gommé, les frictions et fumigations aromatiques, les vésicatoires à la nuque, etc.

Recettes du traitement du coryza à l'état aigu :

(Recette de M. l'abbé X...)

Prenez du camphre gros comme une petite fève, mettez-le dans la bouche et faites-en monter l'odeur jusqu'au nez.

(Recette de M. l'abbé F., curé de F...)

Extrait gommeux d'opium. . . . 20 centigrammes.

Faites dissoudre dans 15 grammes d'eau chaude.
Renifler cette solution trois à quatre fois par heure. Employée au début, cette recette arrête instantanément le coryza en faisant avorter l'inflammation de la membrane des fosses nasales.

(Recette du même.)

Camphre en poudre. . . . . . } āā 4 grammes.
Sucre en poudre. . . . . . .
Extrait gommeux d'opium. . . . 0,15 centigr.

Mettez en poudre et mêlez exactement.
Moins efficace que la précédente, mais plus commode pour les personnes obligées de sortir de chez elles.

(Recette de M. l'abbé Courant.)

Benjoin en poudre . . . . . 15 grammes

Projeter sur des charbons et respirer.

(*Recettes de M. l'abbé B. curé de V...*)

Bétoine.	5 grammes.
Marjolaine.	5 —
Sauge.	5 —
Lavande.	5 —
Iris de Florence.	5 —

Réduire en poudre, pour priser dans la journée.
Autre poudre à priser :

Calomel	1 gr. 30 centigr.
Oxyde de mercure	60 centigr.
Sucre candi	16 grammes.

Autre :

Teinture de myrrhe.	10 grammes.
Teinture d'orange	10 —
Eau de cochléaria	10 —
Eau de sauge.	10 —
Eau de Rabel	6 —
Miel rosat.	30 —

Mêlez.
En injection dans le coryza chronique.

35. — COUPS, CONTUSIONS.

Aussitôt qu'un corps dur frappe avec violence une partie du corps humain, le sang s'amasse à l'endroit frappé, avec d'autant plus d'abondance que le coup a été plus violent.

Dans toute contusion, il existe constamment *solution de continuité*, seulement elle n'est pas apparente ; la peau ayant résisté à la cause vulnérante, la division ne s'est opérée que dans les parties qu'elle recouvre.

Traitement interne.

Faire boire une infusion de sauge, ou, mieux encore, de fleurs d'arnica, faite de la manière suivante :

Vous mettrez dans un vase 5 ou 10 grammes de fleurs d'arnica, selon l'âge du blessé (5 grammes pour une jeune personne, 10 grammes pour homme ou femme), vous jetterez dessus un litre d'eau bouillante ; au bout de dix minutes, vous passerez cette tisane à travers un linge très fin (sans cela, les petites soies qui couvrent la fleur pourraient se loger dans la gorge et l'enflammer).

Vous donnerez un verre ordinaire de cette infusion toutes les trois ou quatre heures. Sucrez avec miel ou sirop.

Traitement externe.

(*Recette de M. l'abbé Fauçillon, curé de Pothière, (Côte-d'Or).*)

Prenez :

Séné pilé	12 grammes.
Poivre blanc en poudre . . .	30 —
Blancs d'œufs	(3)

Mêler le tout ensemble, puis étendre sur de la verveine ou de l'étoupe, et appliquer ainsi sur la partie malade pendant douze heures *seulement*.

Autre.

Huile de millepertuis, qu'on applique le plus promptement possible sur toute espèce de contusion, même avec plaie.

On peut facilement fabriquer soi-même l'huile de millepertuis, voici comment : Le millepertuis se trouve presque partout ; il est en fleur au mois de juillet et d'août. La feuille est petite, ovale, et, en la regardant à travers le jour, elle paraît persillée ; la fleur est jaune citron à cinq pétales et à étamines jaunes. On ne prend que les fleurs bien épanouies, on les met dans une petite bouteille sans les presser, de manière que cette bouteille ne soit pleine qu'aux trois quarts environ ; on la remplit d'huile d'olive fine de première qualité, et on la bouche bien, ensuite on l'expose au soleil pendant quinze ou vingt jours au moins ; l'huile devient alors rouge et se conserve indéfiniment. Pour s'en servir, s'il y a simple contusion, on verse trois ou quatre gouttes sur le mal, on frotte légèrement ou simplement avec un doigt, puis on verse quelques gouttes sur un papier qu'on applique sur le mal ; s'il y a blessure, on lave bien la plaie, on met de l'huile sur un tampon de charpie, on resserre autant que possible les lèvres de la plaie, sur laquelle on applique la charpie imbibée d'huile ; on la laisse sur la plaie, et deux fois par jour on y verse dessus quelques gouttes d'huile jusqu'à parfaite guérison.

(*Recette de M. l'abbé Couron, curé de Neuvy-en-Sullias (Loiret.*)

Onguent vert.

Beurre, de mai à septembre.	7 kilos	500 grammes.
Cire jaune neuve.	3 »	750 —
Dia palma.	1 »	500 —
Térébenthine de Venise	1 »	500 —
Huile d'olive	1 »	—
Verdet bien tamisé.		45 —

On fait fondre le beurre, on en retire toute l'écume ; on ajoute alors la cire qui a dû être coupée par morceaux, et lorsque la cire est fondue, on y ajoute le dia palma réduit aussi en petits morceaux ; il faut remuer constamment, jusqu'à ce que le tout soit bien fondu ; puis on retire le mélange du feu pour y ajouter le verdet que l'on a dû mêler et battre d'abord avec de l'huile dans un mortier ; on ajoute ensuite la térébenthine, on remet le tout ainsi mêlé sur le feu pendant quatre à cinq minutes, et l'on ne cesse de remuer pendant tout ce temps. On retire du feu, on laisse refroidir, et on met cette pâte en pots pour l'usage.

« Cet onguent, nous dit l'abbé Couron, est d'un merveilleux secours pour les coupures, contusions, fluxions, abcès, ruptures ou fractures d'os, chardons restés dans les chairs ; il a la vertu de les tirer sans aucun instrument ; il est si souverain, que quelque enflure qu'on ait en quelque partie du corps que ce soit, il fait de lui-même l'ouverture pour en extraire le pus, sans qu'il soit besoin d'aucune incision. La gangrène ne se met jamais où ce remède est appliqué. »

On peut ne faire de cet onguent que la quantité qu'on désire avoir ; il suffit pour cela de diminuer chaque substance indiquée, d'un tiers, d'un quart, d'un cinquième, etc.

(*Recette de M. l'abbé C..., curé à S...*)

Eau d'Alibourg.

Sulfate de zinc (ou couperose blanche.	4 grammes.
Sulfate de cuivre (ou couperose bleue)	4 —

Camphre en poudre	0,05 centigr.
Safran	0,02 —
Eau	125 grammes.

Triturez le camphre dans un mortier avec un peu d'alcool ; triturez avec ce mélange et quantité d'eau suffisante la petite portion de safran ; ajoutez le reste de l'eau et mélangez à ce liquide les deux sulfates qui sont solubles l'un et l'autre ; filtrez ensuite au papier. Mettez en réserve pour l'usage dans un flacon bien bouché.

Manière de se servir de cette eau.

On prend de cette eau 20, 25 à 30 gouttes au plus, selon les tempéraments et le sexe, dans un petit demi-verre de vin. Si on est à jeun au moment où l'accident arrive, on le prend de suite, ou bien si la digestion est faite ; autrement on attend le soir, en se couchant. Ce remède produit ordinairement mieux son effet pendant le repos ; il faut faire en sorte qu'alors encore la digestion soit faite.

(Recette de M. l'abbé C..., curé de B...)

Prenez une poignée de lichen ou crapaudine, appelée aussi pulmonaire de chêne, bien sèche ; mettez en petits morceaux, jetez sur cette poudre deux blancs d'œuf, battez pour bien mêler, étendez ensuite sur de la charpie ou de la filasse et appliquez sur la partie meurtrie.

(Recette du même.)

Prenez une cuillerée de vinaigre et un jaune d'œuf frais, battez ensemble et avalez.

Nous ne nous sommes occupé dans ce chapitre que des *contusions proprement dites* ; quand il y aura solution de continuité de la peau, on devra se reporter au mot *plaies*, où nous donnons de plus longs détails ; mais ce chapitre devra toujours être lu préalablement.

36. — COURBATURE.

La courbature est une indisposition reconnaissant pour cause ordinaire les exercices violents, un refroidissement du corps, ou une *transpiration brusquement arrêtée*, la suppression d'une évacuation habituelle, etc., et caractérisée par une lassitude générale, de l'abattement, des douleurs sourdes dans tout le corps; il y a perte d'appétit, soif, nausées, quelquefois même des vomissements; on ressent de la fièvre et de la pesanteur de tête; on a de l'insomnie. Un saignement de nez ou une sueur abondante terminent la courbature, à moins qu'elle ne soit le prélude de quelque affection grave telle que la petite-vérole, la fièvre typhoïde, la fluxion de poitrine, etc. Pour dissiper une courbature ordinaire, indépendante de toute espèce d'affection, il suffit de garder du repos, de se tenir chaudement, d'user d'un régime humectant, de boissons rafraîchissantes, aromatiques et chaudes. Quelquefois un vomitif, ou un purgatif, réussit à merveille. Chez les personnes replètes et sanguines, par exemple, la courbature témoigne certains embarras de circulation que font cesser huit ou dix sangsues à l'anus; chez les personnes lymphatiques, sédentaires, sans appétence pour les aliments, un purgatif fera merveille; chez les gens qui ont la poitrine grasse, c'est-à-dire chargée de mucosités glaireuses, il conviendra d'administrer un vomitif.

(Recette de M. l'abbé X..., curé de R...)

Frictionnez fortement les reins avec un linge sec, et appliquez sur cette partie, et entre deux linges, un cataplasme avec des cendres très-chaudes, humectées de vinaigre.

Quand la courbature est due à une transpiration brusquement arrêtée, employer la recette suivante:

(Recette de M. l'abbé A., curé de... (Cantal.)

1° Une cuillerée et demie d'eau mise dans un vase de terre vernissée;

2° Y ajouter trois cuillerées de saindoux, puis trois ou quatre plantes ou tiges de menthe poivrée avec leurs feuilles. Il faut faire cuire ce bouillon jusqu'à réduction de moitié, et le laisser infuser toute la nuit au coin du feu. Le lendemain matin, il faut ajouter un verre de bon vin blanc à ce bouillon qu'on fait encore réduire de moitié par l'ébullition; puis le malade le prendra aussi chaud que possible, ayant eu soin au préalable de se mettre au lit et de se tenir bien couvert : il s'en suit une très-forte transpiration qui le guérit toujours après deux ou trois fois de l'application de ce remède.

37. — CRAMPES.

Les crampes des membres sont de deux espèces : les unes occasionnées par la compression d'un nerf ou d'une artère dans une fausse position du corps, produisent un engourdissement très-douloureux, un fourmillement des plus insupportables, l'impossibilité de faire le moindre mouvement, et sont purement accidentelles, n'ont qu'une durée de quelques minutes. Elles sont très-fréquentes chez les personnes maigres. On les évite en ayant soin de donner aux membres une position régulière lorsqu'on reste assis ou couché.

L'autre espèce de crampes des membres qui peut se faire sentir aux bras, aux avant-bras, aux cuisses, mais qui est beaucoup plus commune aux mollets, consiste en une contraction violente, instantanée des muscles, qui produit une douleur atroce, rend les chairs très-sensibles au toucher, raccourcit le membre sur lui-même, rend tout mouvement impossible, et dure quelquefois plusieurs jours. On dirait un coup de fouet des plus violents qu'on aurait reçu sur le membre. Il est des personnes qui sont très-sujettes à ce genre de crampes qui ont de l'analogie avec le rhumatisme, qui reviennent dans les changements de temps, et qui sont presque toujours greffées sur un mauvais état de l'estomac ou des intestins. Elles constituent une véritable maladie.

On combat les crampes par la compression, le massage, par l'extension forcée du muscle contracté, par les *courants galvaniques*, et enfin par des cataplasmes arrosés avec le mélange suivant :

Camphre	4 grammes.
Huile d'amandes douces . . .	60 —
Laudanum de Sydenham . . .	2 —
Teinture de jusquiame. . . .	4 —

Pour les *crampes d'estomac*, voy. au mot : COLIQUES.

38. — CROUP, ANGINE COUENNEUSE.

Le croup est une inflammation de la membrane muqueuse du larynx, avec co-existence de spasmes plus ou moins violents, et surtout par la production assez grande de fausses membranes, dans les voies aériennes.

Tout ce que nous allons dire se rapporte également à l'*angine couenneuse*, qui n'offre avec le croup aucune différence sous le rapport du traitement, et qui, comme lui, est une affection essentiellement diphtéritique.

Le croup, dit le D' Lunel, s'observe le plus souvent pendant l'hiver et au commencement du printemps, dans les lieux bas et humides et dans les grands centres de population. Il peut être sporadique, épidémique, endémique, et peut devenir contagieux. Il affecte surtout les garçons de deux à huit ans.

La marche de la maladie peut être divisée en deux périodes. Dans la première, il y a, comme dans la coqueluche, du malaise, des frissons, de la chaleur à la peau, en un mot, tous les signes précurseurs d'un rhume, mais d'un rhume intense, puisque, la plupart du temps, le fond de la gorge est rouge, les amygdales sont tuméfiées et les glandes du cou engorgées. Mais la toux ne tarde pas à prendre un caractère particulier qui se révèle subitement la nuit. L'inspiration est sonore, sifflante, entrecoupée, les artères du cou battent avec force, les veines s'y dessinent largement; l'enfant renverse sa tête en arrière, comme pour échapper à la suffocation ou mieux à un véritable étranglement. A mesure que la maladie avance, le caractère de la toux se dessine davantage ; elle devient semblable au cri d'un jeune coq, au gloussement d'une poule, ou, pour mieux dire, elle est rauque, sonore et bruyante; dans l'intervalle des accès, la voix est souvent complètement éteinte, et quelquefois sous leur influence, il survient des vomissements au milieu desquels sont rejetés des lambeaux de fausses membranes dont l'expulsion procure un soulagement très-prononcé. Dans la deuxième période, la maladie, au lieu de s'amender comme la coqueluche, augmente au contraire, dans la plupart des cas, d'intensité. La face est bouffie, les lèvres sont bleues, le cou évidemment tuméfié, et la mort survient ordinairement alors par le fait d'une véritable asphyxie.

(Traitement de M. X...)

Tant que l'enfant peut ingurgiter, on doit lui faire prendre du tartre émétique qui provoquera un vomissement, lequel entraînera avec lui la membrane qui obstrue le gosier ; mais si l'on s'y prend trop tard et que le passage ne soit plus libre, faites dans le gosier une injection très chaude, presque brûlante, d'eau dans laquelle vous aurez fait bouillir un peu de miel et de vinaigre ; la surprise et la brûlure subites qu'éprouvera l'enfant lui feront faire une violente grimace qui détachera la membrane ; vous l'arracherez aussitôt en passant le doigt dans la bouche, et l'enfant sera sauvé.

Dans un cas fortuit, on pourrait d'abord introduire dans la gorge de l'enfant un poireau qu'on tremperait à plusieurs fois dans de l'huile.

Le vomitif sera pris de la manière suivante :

Tartre stibié.	0,10 centigr.
Sirop d'ypécacuanha	30 grammes.
Eau.	150 —

A prendre par cuillerées à bouche, de dix minutes en dix minutes, jusqu'à ce que les vomissemnts se produisent ; en suspendre l'emploi jusqu'au moment où la respiration devient encore gênée.

(Traitement de M. le Dr Grand-Boulogne, ancien vice-Consul de France.)

« En exerçant la médecine à la Havane, dit-il, j'ai découvert, en 1830, un moyen héroïque contre l'angine couenneuse.

Ce moyen est bien simple : il consiste à maintenir constamment de petits morceaux de glace dans la bouche du malade.

Dans le principe, je commençais le traitement par le vomitif et les cautérisations avec l'acide chlorhydrique ; j'ai reconnu bientôt que c'était parfaitement inutile : la glace toute seule suffît au traitement, et quelle que soit la gravité du mal, il ne m'a jamais fallu plus de vingt-quatre heures pour éloigner toute espèce de danger.

Ainsi plus de gargarismes, plus de vomitifs, plus de cautérisation, les petits morceaux de glace servant à la fois de remède topique et de boisson ; telle est la médication héroïque que j'adjure mes confrères de vouloir bien essayer. »

(Recette de M. le recteur Kerlezroux, de Loc Mélar (Finistère.)

1° Miel rosat . . . . 3 cuillerées.
2° Eau de fleurs d'oranger. . . 1 cuillerée.
3° Eau ordinaire. . . . . . . 1 cuillerée 1/2.

Bien mélanger le tout en le secouant fortement, et faire prendre très-souvent si le malade est fortement attaqué, de trois minutes en trois minutes pour un enfant, de minute en minute pour homme. La potion sera prise par cuillerée ordinaire. Il ne faut mêler ces trois subtances que pour s'en servir de suite.

(Traitement du Dr Miquel.)

Il consiste à administrer alternativement toutes les deux heures: 10 centigrammes de calomel et 15 centigrammes d'alun. Ce traitement doit être commencé au début de l'affection.

(Traitement du Dr Aubrun.)

Voici en quoi consiste ce traitement qui a eu, il y a quelques mois à peine, un certain retentissement.

Perchlorure de fer à haute dose et à l'intérieur, de vingt à quarante gouttes dans un verre d'eau, suivant la gravité des cas et l'âge du malade. Ce dernier devra boire cette solution: une gorgée de cinq minutes en cinq minutes pendant l'état de veille et de quart d'heure en quart d'heure pendant le sommeil. Immédiatement après chaque dose de perchlorure, on administrera une gorgée de lait froid et sans sucre. Ce traitement devra être continué au moins pendant trois jours: l'expérience a appris à M. Aubrun que ce n'est qu'après ce laps de temps qu'on peut parvenir à enrayer la maladie;

alors seulement les fausses membranes commencent à se ramollir et à se détacher. Il importe, pendant toute la durée de la médication (qui devra dans tous les cas être commencée le plus près possible du début), d'éloigner toutes les boissons et tous les aliments susceptibles de décomposer le perchlorure.

Le traitement local est secondaire, il peut être même négligé complètement; le traitement interne suffit dans le plus grand nombre des cas. Enfin l'opération devient quelquefois nécessaire.

39. — DANSE DE SAINT-GUY, CHORÉE.

« Cette maladie bizarre consiste, quant à ses symptômes apparents, dans des mouvements involontaires et presque continuels de quelques parties du corps, ou du corps tout entier, pendant lesquels les malades agitent d'une manière singulière les bras, les jambes, la tête, les traits de la face, les lèvres, les paupières, font des contorsions bizarres et se livrent quelquefois aux efforts musculaires les plus violents. Quelquefois aussi, ils tournent sur un pied à chaque instant, exécutent des sauts étranges, soulèvent et abaissent des objets avec une incroyable rapidité, et courent des heures entières jusqu'à ce qu'ils tombent épuisés de fatigue et inondés de sueur. Mais plus généralement les mouvements sont beaucoup moins désordonnés. On remarque que l'affection occupe ordinairement une moitié droite ou gauche du corps, et que les facultés intellectuelles des malades s'altèrent notablement; que ceux-ci présentent une expression hébétée de la physionomie. L'époque de la vie à laquelle cette maladie s'observe le plus souvent, est celle du développement de la puberté, de sept ans jusqu'à seize; elle est plus commune chez les femmes que chez les hommes.

Cette maladie, qui est le résultat d'une lésion des principaux centres nerveux, du cervelet et de la moëlle cervicale, est d'une guérison très difficile. »

Traitement. — L'indication rationnelle est de régulariser l'action du système nerveux et de traiter les causes.

Lotions de laurier-cerise.

Eau de laurier-cerise	20 grammes.
Sirop de coquelicot	30 —
Sirop d'éther.	15 —
Teinture de digitale.	50 —

A prendre par cuillerée toutes les deux heures.

Pilules de cyanure de zinc.

Cyanure de zinc.	0,75 centigr.
Extrait de valériane	2 grammes.
Magnésie	1 —
Sirop de belladone	Q. S.

Pour 60 pilules; 3 par jour.

Pilules antichoréiques.

Extrait de jusquiame	80 centigr.
Extrait de belladone.	80 —
Extrait thébaïque	10 —
Poudre de réglisse.	Q. S.

Pour 25 pilules; une chaque soir.

Poudre de noix vomique.

Noix vomique pulvérisée . . .	0,25 centigr.
Gomme arabique.	2 grammes.
Sucre	5 —

Pour 10 paquets; 3 par jour.

(Recette du R. P. De Breyne, trappiste.)

Camphre	6 grammes.
Assa fœtida.	6 —
Extrait de belladone. . . .	2 —
Extrait acqueux thébaïque . . .	0,50 centigr.
Sirop de gomme.	Q. S.

Pour 60 pilules.

Une pilule le premier jour, 2 le deuxième; augmenter d'une, si cela est nécessaire, jusqu'à 6 dans les 24 heures; 2 le matin, 2 à midi et 2 le soir, deux heures avant les repas. Ne pas aller jusqu'à cette dose s'il survient du trouble dans la vue. Ce trouble n'est jamais, du reste, and disparaît toujours quand on cesse l'usage de la belladone.

Dupuytren employait avec succès les bains froids par surprise, et professait qu'aucune chorée ne leur résistait.

40. — DARTRES.

Le mot *dartre* est un terme générique qui sert à désigner un groupe assez nombreux d'affections de la peau, affectant le plus souvent une marche chronique, et s'offrant à l'observation sous des formes diverses. Il y a, dans la partie qui en est le siége, une exaltation morbifique des propriétés vitales, et tous les symptômes d'une phlegmasie plus opiniâtre et plus lente que dans les maladies aiguës.

En général, on pense que le siége des dartres est dans le tissu réticulaire, et que leur cause première est dans un vice interne, dans une disposition particulière que produirait l'altération du sang et des divers fluides de l'économie.

Ces exanthèmes chroniques sont, en général, formés par des boutons pustuleux ou vésiculeux environnés d'une auréole rouge, réunis en corymbe ou par groupes, qui enflamment la peau et provoquent un sentiment de prurit, de tension et de chaleur, tantôt continu ou avec des redoublements, tantôt par paroxysme, comme les fièvres intermittentes : bientôt les boutons d'où suinte une humeur ichoreuse, se convertissent en légères écailles farineuses ou en larges exfoliations épidermoïdes (*dartre furfuracée, sèche, bénigne, farineuse*), quelquefois la suppuration se change en croûtes épaisses qui couvrent le siége du mal (*dartre crustacée*) ; ou bien elle agit sur l'appareil tégumentaire en le corrodant (*dartre rongeante*) ; dans certains cas, ce sont des pustules qui s'élèvent et se maintiennent avec leur forme primitive jusqu'à leur entière dessication (*dartre pustuleuse*) ; dans d'autres, ce sont des phyctènes ou vésicules remplies d'un fluide séreux et transparent, qui naissent et s'éteignent avec la rapidité de l'érysipèle (*dartre phlycténoïde*) ; la fièvre accompagne rarement ces exanthèmes opiniâtres, à moins qu'une irritation extraordinaire ne survienne dans le système dermoïde.

En outre de ces cinq principales espèces de dartres,

la plupart d'entre elles présentent des variétés ; ainsi, on distingue la *dartre furfuracée volante*, remarquable par l'abondance des écailles, et la *dartre arrondie*, qui siége plus particulièrement autour des articulations sous forme de plaques écailleuses.

La *dartre crustacée florescente* consiste en croûtes jaunes semblables au miel desséché et qui occupe le milieu des joues ; la *dartre crustacée stalactiforme* en croûtes pendantes comme des stalactites et occupant les ailes du nez ; et la *dartre crustacée musciforme*, en croûtes d'un gris verdâtre analogues à la mousse des toits et entourées d'une aréole rouge.

La *dartre pustuleuse*, une des plus fréquentes, présente, elle aussi, plusieurs variétés, ce sont : la *dartre mentagre* ou *sycosis*, qui occupe le menton ; la *dartre coupérosée* ou *acné*, fréquente sur le nez, les joues, le front, spécialement chez les buveurs et chez les femmes qui usent de certains cosmétiques ; la *dartre pustuleuse miliaire*, qui occupe le front, chez les adultes, sous la forme de très-petits boutons blanchâtres et luisants comme des grains de millet ; la *dartre disséminée*, occupant surtout la poitrine, les épaules et le visage, sous forme de gros boutons rougeâtres, coniques, semblables à de petits furoncles ; enfin, la *dartre phlycténoïde* est aussi appelée *dartre squammeuse*, *dartre vive* (*lichen agrius*).

Les dartres ne se bornent point à la peau, elles rampent aussi sur les membranes muqueuses qui tapissent l'intérieur des fosses nasales, de la bouche, du larynx, etc. ; elles ont un caractère mobile et très-fugace, se transportant très-facilement d'un lieu à un autre et produisant même parfois des métastases sur les yeux, les oreilles, la poitrine. Les faits de ce genre ne sont pas rares.

Quel que soit la forme, le caractère ou la nature des dartres, leur principe, nous l'avons déjà dit, est un vice constitutionnel, une altération particulière des solides et des humeurs, produite par des causes diverses. Au nombre de ces causes, il faut placer une disposition héréditaire par suite de laquelle le principe herpétique est transmis de père en fils ; l'habitation dans des lieux humides, sales et privés d'air et de lumière ; une nourriture habituellement composée d'aliments gras ou fortement salés et épicés, et de boissons trop échauffantes; la suppression d'écoulements habituels, des règles ou des hémorroïdes ; le mauvais état des organes internes, du foie, de l'estomac ou des intestins ; la constitution scrofuleuse ou un virus syphilitique latent; l'action irritante et journalière d'une grande chaleur ou de vêtements grossiers sur la peau; le contact prolongé de certaines dartres qui se communiquent; enfin, une foule de causes internes ou externes qui altèrent les fonctions de la peau.

Il résulte de ce qui précède une conséquence importante, savoir, la nécessité, pour obtenir la guérison de ces maladies, plus impérieuse que dans d'autres affections, de se soustraire aux conditions à la faveur desquelles elles se sont développées, de détruire d'abord les causes qui les ont produites, de guérir avant tout les maladies intérieures dont elles sont le symptôme ou sur lesquelles plutôt elles sont pour ainsi dire greffées.

Traitement. — Dans les dartres vives, les lotions émollientes et les bains gélatineux sont salutaires; on se trouvera bien en outre, de frictions légères faites avec la pommade suivante :

(*Recette de M. l'abbé V..., curé de G...*)

Borax en poudre.	5 grammes.
Axonge	30 —

Mêlez ensemble.

Dans les dartres croûteuses et les pustules, si la maladie est aiguë, on appliquera des cataplasmes de farine de pommes de terre, et on fera des lotions avec du lait d'amandes ou de l'eau de cerfeuil. Si elle est ancienne, on emploiera le mélange suivant :

Goudron	4 grammes.
Cérat soufré	25 —
Laudanum de Sydenham. . .	20 gouttes.

Ou bien l'une des suivantes :

(*Recette de Récamier, comm. par M. l'abbé C., c. de B.*)

Prenez du guano en bains, en mettant autant de cuillerées à bouche de guano qu'il aura fallu de voies d'eau pour la baignoire; mais, au préalable, délayez le guano dans une cuvette d'eau chaude.

(*Pommade contre les dartres*, du docteur B. *Lunel.*)

Cold-cream . . . . 100 grammes.
Sulfure rouge de mercure . . . 20 —
Teinture d'opium brut. . . . . 5 —

(*Autre, du docteur Alibert.*)

Hydro-sulfate de soude. . . . 10 grammes.
Carbonate de soude . . . . . 10 —

Faites dissoudre dans un peu d'eau et ajoutez :

Axonge balsamique . . . . . 100 grammes.

(*Autre, du docteur Biett.*)

Sulfure de potasse . . . . . 5 grammes.
Savon blanc . . . . 10 —
Eau distillée . . . . 500 —

Lotionner les plaies.

Le *traitement interne* ne devra jamais être oublié, ni suspendu, car on s'exposerait aux métastases dont il a été question, et qui sont plus graves que la maladie elle-même. Le traitement consistera en dépuratifs; depuis bien des années, l'*iodure de potassium* obtient des succès mérités; il sera pris de la manière suivante :

Iodure de potassium . . . . 10 grammes.
Sirop de saponaire . . . . . 250 —

A prendre une cuillerée à bouche tous les matins, à jeun. Après huit jours, en prendre une soir et matin.

(*Autre, du docteur Biett.*)

Sirop de fumeterre . . . . . 400 grammes.
Sirop de pensées sauvages. . . 100 —
Sulfite sulfuré de soude . . . 10 —

Prendre deux cuillerées par jour. (Excellente formule.)

Régime. — Rien n'est plus nécessaire que de surveiller les malades sur le choix des aliments et des boissons, car l'expérience a constaté que toutes les nourritures échauffantes, telles que les salaisons, les pâtisse-

6.

ries, les viandes fumées, les ragouts sont dans une véritable opposition avec l'effet des remèdes.

En général, le régime végétal est celui qui convient le mieux ; si l'on est forcé, à cause du dégoût du malade, de donner des substances animales, on conseillera les viandes blanches, les volailles, le lapin, etc.; l'habitation de la campagne, un exercice modéré, un air libre et pur sont les meilleurs moyens à opposer aux affections dartreuses.

41. — DIABÈTE.

Affection caractérisée par une augmentation considérable de la sécrétion de l'urine (on l'a vu s'élever jusqu'à 100 litres par jour), qui est plus ou moins chargée d'une matière cristallisable, fermenticible, et le plus souvent sucrée (diabète sucré). Il y a en même temps sécheresse de la peau, soif très-vive, appétit dévorant, abattement des forces et des facultés morales, amaigrissement et consomption progressive.

Les causes de cette affection ne sont point connues. Le diabète résiste le plus souvent à tous les moyens proposés pour le combattre. Il affecte de préférence les sujets faibles, lymphatiques, de 35 à 45 ans; il dure quelquefois plusieurs années, quoiqu'on ne l'ait vu durer que plusieurs mois. Nous nous bornerons à indiquer le traitement à suivre :

Alimentation azotée : viande, bouillon, bon vin; s'abstenir de toutes matières sucrées et féculentes, telles que sucre, pain, pomme de terre.

Flanelle, frictions sèches sur les lombes, bains chauds et de vapeur. A l'intérieur :

Acide chlorhydrique	4 grammes.
Eau.	1/2 litre.

A boire par petites gorgées dans le courant de la journée.

L'opium à haute dose a, dit-on, souvent réussi.

42. — DIARRHÉE, DÉVOIEMENT.

Diarrhée et dévoiement sont synonimes. Chacun sait

qu'on donne ces noms à des évacuations alvines, abondantes, liquides, et plus ou moins nombreuses chaque jour.

Elles sont sans douleurs ou accompagnées de coliques, d'épreintes, de ténesme, de borborigmes ou gargouillements. Tantôt elles sont passagères, de courte durée; tantôt, passant à l'état chronique, elles persistent pendant des mois et même des années. Une diarrhée habituelle, qui se prolonge longtemps, amène une faiblesse extrême, un amaigrissement progressif, des altérations de la surface interne des intestins, l'épuisement et la mort.

Cette affection est déterminée soit par un état saburral des voies digestives, par une surabondance de l'excrétion muqueuse des intestins, comme à la suite d'une sueur rentrée, soit par une irritation du canal intestinal. Dans ce dernier cas, il convient d'abord de détruire cette irritation par des moyens adoucissants :

Tisane de Sainte-Marie.

Cachou.	8 grammes.
Consoude.	8 —

Passez au bout de quatre heures et ajoutez :

Eau bouillante.	300 grammes.
Eau de canelle	30 —
Sirop de coings	60 —
1° Eau de rose	34 —
2° Huile d'amandes douces	34 —

Mêler le tout, et prendre pendant trois jours cette potion chaque soir avant de se coucher, et deux heures au moins après le repas.

La guérison suit quelquefois la première potion, souvent la seconde, toujours la troisième. Il serait bon pourtant de prendre un léger purgatif quelques jours après le rétablissement.

Tisane blanche.

Yeux d'écrevisse calcinés.	} ãa 4 grammes.
Sous-nitrate de bismuth..	
Gomme arabique pulvérisée.	15 —
Sucre en poudre.	60 —

Mélangez toutes ces substances et délayez au fur et à mesure à l'aide d'un mortier pour un litre d'eau,

Ajoutez, pour aromatiser, un peu d'eau de fleurs d'oranger, et

Laudanum de Sydenham. . . . 20 gouttes.

A boire de temps en temps par tasses.

Jusqu'à ce que les selles aient cessé, le malade sera tenu à la plus rigoureuse diète, et ce n'est jamais tout d'un coup qu'on lui permettra des aliments. Le ventre sera couvert d'un morceau de flanelle.

43. — DYSSENTERIE.

La dyssenterie ressemble beaucoup, dans le début, à la diarrhée ; mais bientôt elle présente d'autres symptômes, et elle est caractérisée par un ténesme douloureux du fondement, par des besoins continuels d'aller à la selle sans qu'il y ait de véritables déjections. Le malade éprouve des coliques violentes, de la fièvre, et il ne rend qu'un peu de liquide ou quelques mucosités mêlées de sang et de glaires.

Lorsque la maladie prend un degré d'intensité grave, les douleurs vont toujours en croissant, le malade a des selles, ou plutôt des besoins d'évacuer continuels, dont le nombre s'élève quelquefois jusqu'à cent en vingt-quatre heures. Les déjections ont une odeur fétide particulière, la fièvre est forte ; il y a une ardeur très-vive à l'anus. La guérison en est quelquefois extrêmement difficile. L'amélioration s'annonce par la diminution graduelle des douleurs et de la fièvre, et par la nature des évacuations qui reprennent peu à peu un caractère fécal.

(Recette de M. l'abbé L.....)

Infusion de feuilles de figuier ; dans chaque tasse une cuillerée à bouche de bon rhum.

(Recette de M. l'abbé Saverys, à Saint-Aubin.)

Faites une décoction d'une bonne poignée de salicaire dans un litre d'eau, et donnez-en au malade un bol matin et soir.

(Recette de M. l'abbé Gelly, curé de Chevresis-Morceaux, par Ribemont (Aisne.)

Pour une bouteille d'eau (celle de rivière est préférable), 10 grammes de *plantain rond;* faites infuser avec soin de manière à ce que la tisane ne soit pas trop chargée; donnez à votre malade deux verres de tisane, le matin à jeûn et le soir également, deux ou trois heures après avoir mangé, ce qui fait environ une bouteille par jour.

Le deuxième verre doit toujours se prendre une heure après le premier (matin et soir). Ce régime, suivi pendant huit jours au plus, obtient infailliblement le résultat promis.

(Recette de M. l'abbé V...)

Prenez un litre d'eau froide, dans lequel on jette huit blancs d'œufs frais, et après avoir bien battu le mélange, on ajoute deux cuillerées d'eau de fleur d'oranger et une quantité de sucre blanc suffisante pour flatter le goût.

On en prend toutes les deux heures un décilitre, et si, après avoir consommé un litre, les accidents n'ont pas encore disparu, ce qui, paraîtrait-il, arrive rarement, on continuerait jusqu'à guérison.

Une diète absolue est de rigueur.

(Recette de M. l'abbé F... curé (Ain.)

Prenez une poignée de fleurs de mauve, faites-les cuire dans un bon litre d'eau, passez, puis mêlez-y bien deux blancs d'œuf crus avec quelques grains de gomme arabique; agitez la bouteille chaque fois que vous en boirez un fort demi-verre, ce qu'il faut faire de quart d'heure en quart d'heure : un litre suffit par jour et le plus souvent pour guérir radicalement.

(Recette de M. l'abbé X...)

AVIS ESSENTIEL. *Ne faites point de remède avant qu'on ne rende le sang.*

1º Prenez une cuillerée de riz, mettez-la dans une pinte d'eau, faites-la bouillir pendant deux heures devant le feu à petit bouillon, et prenez ensuite de verre en verre et d'heure en heure la dose refroidie.

2º Prenez comme ci-dessus; retirez le tout du feu,

laissez l'eau refroidir, faites rougir un morceau de fer que vous éteindrez dans l'eau. Prenez ensuite la deuxième dose comme la première.

3° Prenez comme ci-dessus ; mais faites bouillir pendant trois heures. Prenez trois ou quatre petits cailloux de la grosseur d'un œuf de poule, faites-les rougir au feu et éteindre dans l'eau refroidie ; faites réchauffer l'eau, mettez pour un sou de sucre candi. Prenez la dose refroidie comme les deux autres.

La dysenterie peut se fixer dans l'intestin grêle ou dans le gros intestin. Le premier est au-dessus de l'ombilic, et le second au-dessous.

Quand elle est fixée dans l'intestin grêle, prenez une chopine de lait dans laquelle vous mettrez gros comme une noix de suif de mouton mâle ; faites fondre auprès du feu, passez le tout dans un linge et avalez-le. Si la dysenterie est fixée dans le gros intestin, prenez le remède en lavement.

44. — EMPOISONNEMENT.

Effet produit par les *poisons* sur l'économie. L'on a défini les poisons : *agents capables d'occasionner la mort lorsqu'ils sont introduits dans l'estomac.*

Au mot *Asphyxie*, nous avons indiqué le traitement à suivre pour les personnes soumises à la fâcheuse influence des *septiques*. Voici maintenant, d'après l'*Annuaire des familles*, les différentes espèces de poison et les indications générales de traitement applicable à chacun d'eux.

Lorsqu'un individu en pleine santé est pris, hors les temps d'épidémie, et après l'ingestion de boissons ou d'aliments, de vomissements, de nausées, de coliques, et cela tout à coup, on a lieu de supposer un empoisonnement. Au point de vue de la pratique, les empoisonnements peuvent être divisés en trois classes : 1° *instantanés*, dont l'invasion est brusque et la terminaison rapide ; 2° *aigus*, dont les effets se manifestent avec violence au bout de quelques heures ; 3° *lents* ou *chroniques*, dont les accidents se manifestent lentement et simulent une maladie chronique. On ne devra jamais oublier qu'un grand nombre de maladies peuvent simuler des empoisonnements.

Toute substance toxique introduite dans l'économie animale produit deux effets distincts : effets locaux, résultant du contact du poison avec les tissus; effets généraux, déterminés par l'absorption du poison.

Toute la thérapeutique des empoisonnements se réduit donc à deux indications : expulser le poison ou le neutraliser, afin d'empêcher son action locale; s'opposer aux effets consécutifs à son absorption. Plus tard vient le traitement, par les moyens appropriés, de la maladie produite par la substance toxique; mais ceci est du domaine de la médecine, et ne doit pas nous occuper ici.

On provoque l'expulsion du poison non absorbé, soit à l'aide d'un vomitif, aidé de boissons tièdes abondantes, d'eau dans laquelle on a délayé des blancs d'œufs, etc., soit, si l'administration du poison remonte à plusieurs heures, à l'aide d'un lavement purgatif et d'un émétocathartique violent.

Si l'on a affaire à un poison appliqué sur la peau dénudée, ou inoculé (tels sont les cas des venins ou des virus, piqûre de serpents, morsure d'animaux enragés), il faut s'opposer à l'absorption par les lavages, les ventouses appliquées sur la plaie, le débridement, si cela est nécessaire, le feu, etc.

On neutralise l'action des poisons à l'aide d'antidotes ou contre-poisons. Une substance ne mérite réellement ce nom que lorsqu'elle neutralise le poison rapidement en le transformant en un corps inerte ou très-peu actif, et lorsqu'elle peut être administrée à haute dose sans inconvénient.

Nous allons indiquer brièvement les moyens à employer dans les cas d'empoisonnement par les substances les plus communes, en suivant l'ordre le plus généralement adopté pour leur classification.

Poisons irritants.

Phosphore, allumettes chimiques. — Cinq ou dix centigrammes d'émétique. Eau albumineuse additionnée de magnésie, si on en a sous la main. Eviter les liquides huileux. Antiphlogistiques.

Iode et brôme. — Gorger le malade d'eau albumineuse amidonnée. Combattre les accidents inflammatoires par les émollients et les antiphlogistiques.

Chlore. — S'il a été respiré, fumigations, lotions, gargarismes émollients, sangsues; ne pas faire respirer d'ammoniaque, qui est dangereux, si le chlore a été avalé. Eau albumineuse tiède en abondance; lait en abondance.

Acides et sels acides. — Acides sulfurique (vitriol), nitrique (eau forte), oxalique (sel d'oseille), acétique (vinaigre), bleu des blanchisseuses, alun, etc. — Gorger le malade de magnésie délayée dans l'eau; à son défaut, d'eau de savon ainsi composée : savon blanc, 15 grammes; eau tiède, 2 litres; ou bien de solutions très-légères de carbonate de soude et de potasse (soude ou potasse du commerce); puis boissons émollientes, lait, antiphlogistiques.

Potasse, soude, ammoniaque, chaux, eau de javelle, etc. — Administrer l'eau vinaigrée en abondance (vinaigre, 100 grammes; eau, 1 litre); limonade citrique ou tartrique; eau albumineuse tiède, lait; émollients; antiphlogistiques.

Foie de soufre, solutions pour bains sulfureux. — Eau albumineuse en abondance pour faciliter les vomissements; boissons émollientes, bains.

Sel de nitre, salpêtre. — Provoquer les vomissements.

Arsenic et tous ses composés, arsenic blanc, mort aux mouches, mort aux rats, etc. — Favoriser ou provoquer les vomissements par 10 ou 15 centigrammes d'émétique; gorger le malade de peroxide de fer suspendu dans l'eau ou, à son défaut, de magnésie délayée dans l'eau; boissons émollientes en abondance, ainsi que le mélange suivant : vin blanc, demi-litre; eau de seltz, demi-litre; sel de nitre, 4 grammes. Bains, fomentations, antiphlogistiques.

Emétique, tartre stibié. — S'il y a vomissement, le faciliter par une grande quantité d'eau albumineuse; puis décoction de noix de galle ou de quinquina, extrait d'opium, 0,05 à 0,10 ; si les vomissements n'ont pas lieu, titiller la luette, vider l'estomac à l'aide de la sonde œsophagienne ; administrer en abondance les décoctions de quinquina, de noix de galle, d'écorce de chêne, etc. ; plus tard, les diurétiques, et enfin les antiphlogistiques.

Les alcalis et les sulfures alcalins sont dangereux.

Bichlorure de mercure, sublimé corrosif, et les composés mercuriels solubles. — Provoquer et favoriser les vomissements ; eau albumineuse (6 blancs d'œuf pour un litre d'eau, lait ; sulfure de fer hydraté en abondance. Boissons émollientes.

Cuivre (sels solubles). Sulfate, couperose bleue, acétates, etc. — Faciliter les vomissements ; eau albumineuse en abondance, sulfure de fer hydraté délayé dans une grande quantité d'eau ; boissons émollientes, lavements adoucissants.

Plomb (sels de). — Dans l'empoisonnement lent ou infection saturnine. Coliques. Le traitement de la Charité (purgatifs), qui peut être modifié selon les circonstances, lorsque les coliques sont compliquées de paralysie, d'encéphalopathie ou d'anesthésie saturnines.

Prophylaxie, grande propreté. — Ne pas laisser manger les ouvriers dans les ateliers ; bains et manuluves fréquents avec l'eau de savon ; limonade sulfurique pour boisson ; manger les aliments peu salés.

Intoxication saturnine, empoisonnement aigu. — Provoquer et faciliter les vomissements ; pour boisson, 30 grammes de sulfate de soude dans un litre d'eau, ou limonades sulfurique et tartrique ; boissons mucilagineuses.

Argent nitraté. — Provoquer et faciliter les vomissements ; faire boire en abondance de l'eau salée (sel marin, 10 grammes ; eau, 1 litre) ; boissons émollientes.

Bichromate de potasse. — Magnésie délayée dans l'eau ; arrêter l'inflammation par les moyens connus.

Verre, émail, en poudre. — Administrer les féculents en abondance ; puis administrer l'émétique, puis le lait et les émollients.

Irritants du règne végétal. — Bryone, résine de jalap, scammonée, coloquinte, gomme gutte, aloès,

7.

garou, huile de croton, euphorbe, sabine, toxicodendron, staphisaigre, delphine, narcisse des prés, gratiole, renoncules, joubarbe, anémone pulsatille, clématite des haies ou herbe aux gueux, créosote, etc., etc., n'ont pas de contre-poison spécial. Il faut provoquer les vomissements par la titillation de la luette et par l'administration de l'eau sucrée en abondance, ainsi que des boissons mucilagineuses; il faut éviter avec soin l'usage de l'émétique et des boissons irritantes. Lavements ou boissons opiacées, s'il y a délire; frictions avec l'huile camphrée, bains émollients.

Cantharides. — Provoquer les vomissements par la titillation de la luette; boissons mucilagineuses en abondance, camphre et opium sous toutes les formes, potions. Lavements, frictions, bains tièdes.

Moules et autres mollusques; crevettes et autres crustacés; poissons toxicophores. — Vomitif, purgatif ou éméto-cathartique, suivant le temps écoulé; potion avec 30 gouttes d'éther ou éther sur du sucre; pour boisson ordinaire, de l'eau vinaigrée; cataplasmes émollients sur le ventre; bains.

Poisons narcotiques.

Opium et ses alcalis, morphine, codéine, narcotine et leurs sels.

Émétique à forte dose, 0,10 à 0,30 dans une très-petite quantité d'eau; ou sulfate de zinc, 0,40 à 0,60, et sulfate de cuivre, 0,30 à 0,50. Si les vomissements n'ont pas lieu, il faut avoir recours à la sonde œsophagienne; ensuite décoction de noix de galle, infusion ou la décoction de café en abondance; plus tard, enfin, limonades acides, qu'il faut bien se garder de faire prendre avant l'expulsion du poison. Si l'assoupissement est extrême, saignée du bras; frictions aromatiques sur les membres; lavements avec l'eau vinaigrée; tenir le malade éveillé autant que possible.

Jusquiame, laitue vireuse, morelle, if, safran, etc. — Même traitement que l'opium.

Acide hydrocyanique, prussique. — Affusion d'eau sur la colonne vertébrale, principalement sur les vertèbres cervicales; faire respirer l'eau chlorée. Potion avec 20 à 30 gouttes de liqueur de Labarraque; infusion de café. A défaut de chlore, on peut faire respirer l'eau ammoniacale.

Cyanure de potassium et autres cyanures solubles. — *Laurier cerise, amandes amères.* — (Eaux distillées et essences) comme pour l'acide cyanhydrique.

Poisons narcotico-acres.

Solanées vireuses : belladone, datura, tabac, ciguës, aconit, ellébore, scille, colchique, digitale, laurier rose, rue, mouron des champs. — Favoriser les vomissements, s'ils ont lieu, par l'administration d'une grande quantité de décoction de noix de galles ou de café; les provoquer par 0,15 à 0,20 d'émétique mêlé à 1 ou 2 grammes de poudre d'ipécacuanha. Si le poison a pu pénétrer dans le canal intestinal, on administrera un éméto-cathartique; par exemple, le sulfate de soude 20 grammes, émétique 0,05, ou bien des lavements purgatifs; boissons acidulées, eau vinaigrée; plus tard, boissons adoucissantes.

Noix vomique, fève de saint Ignace, strychnine, coque du Levant, camphre. — Provoquer les vomissements, insufflation de l'air dans les poumons; décoction de quinquina, eau chlorée; potions avec l'éther et l'essence de térébenthine.

Champignons vénéneux. — Administrer un vomitif à forte dose, ensuite un éméto-cathartique; plus tard, infusion de café, potions fortement éthérées, frictions aromatiques; enfin, les stimulants diffusibles.

Ivresse alcoolique. — Vomitif: infusion de thé ou de camomille; potion ammoniacale ou avec l'acétate d'ammoniaque (ammoniaque 10 à 20 gouttes, acétate 2 à 10 grammes dans un verre d'eau).

Ergot de seigle, ivraie. — Vomitifs, potions antispasmodiques; limonade; eau vinaigrée; frictions sèches et aromatiques.

A ce résumé si bien fait nous n'avons qu'à ajouter un mot relativement à l'empoisonnement par le *phosphore* devenu si fréquent depuis que les allumettes qui renferment ce produit dangereux se trouvent entre les mains de tout le monde. Il n'est donc pas inutile de signaler le contre-poison reconnu jusqu'à ce jour pour le plus efficace. De nombreuses expériences faites sur les animaux ont démontré :

1º Que dans l'empoisonnement par le phosphore ou par les substances qui contiennent ce métalloïde, il faut surtout éviter d'employer des matières grasses ; car celles-ci, loin de s'opposer à l'action du phosphore sur les organes, en augmentent l'énergie et en facilitent la diffusion dans l'économie ;

2º Que l'emploi de la magnésie calcinée, en suspension dans l'eau bouillie et administrée en grande quantité, est le *meilleur contre-poison*, et en même temps le purgatif le plus convenable pour faciliter l'élimination de l'agent toxique ;

3º Que dans le cas d'empoisonnement par le phosphore, où il se présente de la dysurie, l'emploi de l'acétate de potasse est d'une grande utilité.

4º Que toutes les boissons mucilagineuses dont le malade fait usage doivent être préparées avec de l'eau bouillie afin qu'elles contiennent la plus petite quantité d'air possible.

44. — ENGELURES.

Les alternatives de froid et de chaud, coïncidant avec une circulation lente et difficile, avec une peau impressionnable, déterminent les engelures. Elles se montrent surtout au dégel. Dans l'extrême nord, il n'y a presque pas d'engelures. Elles sont, au contraire, très-communes en France et en Allemagne.

(Recette de M. l'abbé Renaux, curé de Busy, par Etain (Meuse).

Prendre une pincée de feuilles de sauge que l'on fait bouillir dans un verre de vin. On lave la partie malade, qui se trouve guérie après deux ou trois opérations faites avant d'aller se coucher.

(Recette de M. l'abbé V..., curé de V...)

On chauffe du vinaigre blanc, première qualité, dans lequel on fait tremper les parties malades, après quoi on les fait sécher devant un feu clair. Ce remède, continué quinze jours, guérit parfaitement les engelures les plus rebelles.

(Recettes de M. l'abbé C..., curé de B...)

Baume noir du Pérou.	32 grammes.
Camphre..	8 —

1° Faites dissoudre le camphre dans le baume et gardez dans un flacon bien bouché, pour l'usage. Le soir, après avoir bien chauffé la partie prise d'engelures, on la frottera avec la paume de la main, dans laquelle on aura mis un peu de baume, puis on la recouvrira d'un linge.

2° Baignez trois ou quatre fois par jour la partie atteinte dans l'eau de céleri, puis garantissez-la du froid.

Le plus souvent, les engelures ne consistent qu'en un simple engorgement superficiel avec rougeur légère et démangeaison, mais quelquefois il y a engorgement profond, il se forme des phlyctènes qui ne tardent pas à amener des ulcérations plus ou moins profondes. C'est alors qu'on emploiera avec succès les recettes suivantes :

(Recette de M. l'abbé C..., curé de B...)

Huile d'olives.	10 grammes.
Blanc de céruse.	8 —
Cire blanche..	6 —
Camphre.	3 —

Faites bouillir l'huile, et ajoutez le blanc de céruse. Lorsque ce premier mélange aura pris une couleur un peu foncée, ajoutez la cire et remuez pour la faire fondre ; enfin ajoutez le camphre, retirez du feu, laissez refroidir, mais en remuant avec une spatule.

(Autre.)

Beurre de cacao.	15 grammes.
Huile d'amandes douces.. . . .	60 —
Cire blanche.	15 —
Extrait de belladone.	0,50 centigr.
Mucilage de coing..	8 grammes.

En friction sur les engelures ulcérées.

Enfin les engelures des pieds étant souvent occasionnées par le froid, on pourra s'en préserver en employant la recette suivante de M. l'abbé L...

Prenez un bain de pied d'eau dans laquelle on aura fait cuire deux poignées de pelures de navets et même quantité d'orties. Ce remède est souverain, répété seulement une ou deux fois par mois; il garantira réellement pendant tout l'hiver du froid qui s'attache assez généralement aux pieds des personnes âgées.

45. — ENGORGEMENTS.

On nomme ainsi l'augmentation de volume d'un organe, occasionnée par l'afflux de certaines humeurs accompagnées d'inflammation, de sensibilité, de douleur, et qui se termine quelquefois par suppuration. Dans ce cas, on lui donne le nom d'*abcès*.

Les engorgements peuvent être aigus ou chroniques : aigus, ils ont une marche rapide; chroniques, ils se forment lentement, et presque toujours ils existent avec une altération organique du tissu de la partie où ils ont leur siége.

Les engorgements présentent des caractères qui varient suivant la partie qui en est affectée. Les organes qui en sont le plus ordinairement frappés sont : les glandes du cou, des aisselles et des aines; dans ce cas, c'est presque toujours le signe d'une affection scrofuleuse constitutionnelle, dont nous aurons à parler à l'article *scrofule*.

Les poumons, le foie, la rate, les intestins, les reins, la vessie, les testicules, peuvent être atteints d'engorgements aigus ou chroniques.

Quels qu'en soient le siége, la cause, la nature, l'espèce, il faut s'efforcer avant tout d'en obtenir la résolution, de détourner l'afflux du sang et des humeurs qui se portent sur l'organe malade, et de raviver la vitalité organique qui est comprimée.

Pommade à l'iodure de potassium.

Iodure de potassium.	6 grammes.
Carbonate de soude cristallisé. . .	1 —
Axonge.	30 —
Eau.	quelques gouttes.

Les quelques gouttes d'eau sont destinées à dissoudre les sels avant de les mélanger avec l'axonge. Ainsi préparée, la pommade reste blanche et ne renferme pas de grumeaux de sel.

Il faut frictionner l'engorgement soir et matin à l'aide d'un morceau de flanelle et avec gros comme un pois de la pommade.

Solution d'iodure de potassium.

Iodure de potassium........ 30 grammes.
Eau commune........... : 500 gr. (1/2 litre).

La totalité de cette solution doit être employée dans l'espace de vingt à trente jours. Pour s'en servir, on en met une cuillerée à bouche dans une carafe avec la quantité de liquide qu'on se propose de boire dans les vingt-quatre heures. Ce liquide peut être indifféremment de l'eau pure, de l'eau rougie ou sucrée, de la bière, de cidre, une tisane quelconque, selon le goût du malade et selon l'habitude du pays. De cette manière, on ne sent pas le goût du médicament et on peut le prendre aux repas aussi bien que dans l'intervalle, selon la soif, et sans que l'estomac en soit fatigué. Il est quelquefois nécessaire de continuer l'usage de cette solution pendant plusieurs mois.

Enfin tous les matins on boira, à jeun, une tasse de *vin de marrube*. (Voir la recette, p. 43.)

46. — ENTORSES, FOULURES.

L'entorse est le résultat ordinaire d'un mouvement brusque et violent imprimé à une articulation, surtout lorsque le membre se trouve poser à faux.

Les parties ou attaches musculaires, qui entourent les articulations, étant tiraillées d'une manière plus ou moins violente, peuvent être déchirées plus ou moins complétement.

Il en résulte un gonflement très-douloureux, qui empêche tout mouvement de la partie blessée, et arrache des cris au patient au moindre déplacement.

On nomme *entorse* la déchirure des attaches musculaires de l'articulation qui unit le pied à la jambe, et *foulure*, les mêmes accidents se produisant au poignet ou à la main.

En raison de la gravité de la blessure, il survient sur-le-champ, autour de l'articulation, de larges plaques violettes, et quelquefois des grosseurs molles pouvant atteindre le volume d'un œuf de poule. Ces plaques ou grosseurs sont l'effet d'un épanchement du sang dans les tissus voisins des muscles arrachés.

(*Recette de M. l'abbé Demarest, curé à Grand-Couronne (Seine-Inférieure*).

Ammoniaque.	10 gouttes.
Huile d'olives.	2 cuillerées.

Mêlez bien le tout, et ensuite chauffez bien l'entorse, que vous frotterez alors avec ce liniment jusqu'à absorption ; une forte ligature avec deux à trois mètres de bandelettes, qu'il ne faut retirer qu'après sept à huit heures. Inutile d'arrêter pour cela la marche aussitôt après la friction ; la ménager seulement le premier jour.

(*Recette de M. l'abbé S...*)

Prenez le blanc d'un œuf, mêlez-le bien avec de l'alun de roche (pour 5 cent.) ou bien de la suie (de bois); appliquez cette préparation avec de l'étoupe sur le membre foulé ; au bout de trois ou quatre jours il sera entièrement guéri. Plus tôt on applique ce remède après l'accident, plus il est efficace.

(*Recette de M. l'abbé Chapar, curé à Saint-Léonard (Haute-Marne*).

Composez un emplâtre de la manière suivante :

Résine.	50 grammes.
Alcool.	60 —
Laudanum.	1 —
Camphre.	5 —
Essence de térébenthine.	5 —
Suif.	40 —

Faites le mélange sur des cendres chaudes, étendez la substance liquide sur une feuille de papier, et appliquez sur la partie malade en l'y laissant jusqu'à guérison.

(*Recette de M. l'abbé X...*)

Ce remède peut s'appliquer même aux entorses anciennes.

On prend un grand verre de vinaigre, un demi-kilogramme de sel gris, une moitié de chandelle ; on fait fondre ces ingrédients sur le feu pendant une journée entière ; on pose sur l'entorse des *compresses aussi chaudes que possible*, trempées dans ce mélange ; on ne doit pas quitter le lit pendant cette opération. — Si l'entorse n'avait pas complétement disparu, il faudrait renouveler les compresses le deuxième jour.

(*Recette de M. Ambert, instituteur à Chespazac (Haute-Loire).*

On compose ainsi un emplâtre : — On bat dans une assiette un blanc d'œuf très-frais ; lorsqu'il forme mousse, on y ajoute quatre à cinq cuillerées de suie de cheminée, on bat de nouveau, puis on étend le tout sur du chanvre ce qu'on applique sur la partie entorsée ; on recouvre le tout d'un linge propre, et on laisse ainsi pendant trois jours.

Les traitements que nous venons d'indiquer pour les entorses s'appliquent, bien entendu, également à toutes les *foulures*.

47. — ÉPILEPSIE.

Cette terrible maladie, à laquelle le vulgaire a donné le nom de *mal caduc, haut mal, mal sacré*, etc., est une affection nerveuse cérébrale qui se manifeste par accès plus ou moins rapprochés et pendant lesquels il y a perte du sentiment, des convulsions et une salivation écumeuse.

L'épilepsie se montre le plus souvent chez les individus à tempérament nerveux, chez les femmes hystériques ; les passions vives, les excès de toute nature, la colère, la frayeur, les chutes sur la tête en sont les causes ordinaires. Souvent se transmettant par hérédité, elle est quelquefois le résultat de la conformation native de l'individu. La présence de vers, et spécialement du tœnia dans les intestins, peut donner lieu à des *accès épileptiformes*, qu'il ne faut pas confondre avec la véritable épilepsie.

L'accès peut arriver brusquement, tout d'un coup; le malade tombe comme frappé de la foudre; *le visage est rouge, la bouche écumante, la respiration pénible; le corps tout entier est insensible, la pupille présente une dilatation remarquable.*

Il n'en est pas toujours ainsi, et quelquefois l'accès s'annonce par des symptômes précurseurs : du malaise, des vertiges, une certaine anxiété et une sensation particulière, espèce de fourmillement, de souffle qui commence à un point du corps quelconque et gagne rapidement le cerveau. C'est ce qu'on a appelé *l'aura epileptica*.

La guérison de l'épilepsie est, dans un grand nombre de cas, fort problématique. C'est incontestablement une des maladies contre lesquelles la médecine a dirigé vainement toutes les ressources dont elle dispose.

Les recettes que nous allons donner ont produit de merveilleux résultats.

(*Recette du docteur Bernut.*)

Calomélas.	1 gr. 50 centigr.
Bleu de Prusse.	4 —

Mêlez et divisez en vingt paquets.

A prendre un paquet matin et soir, une heure avant ou deux heures après avoir mangé. — Après dix jours, prendre trois paquets et continuer cette dose jusqu'à parfaite guérison.

(*Recette de M. l'abbé Barbier, curé de Saint-Souplet, par le Cateau (Nord).*

Le malade ne se nourrira que de lait. Il s'abstiendra de toute autre nourriture, de toute autre boisson; il en prendra autant qu'il en voudra, ou chaud ou froid. Ses forces ne seront pas diminuées. Quelquefois il en résulte une légère constipation dont on se débarrasse en ajoutant momentanément un peu de miel au lait. D'autres fois c'est au contraire une légère diarrhée qui se produit. On y met fin en ajoutant un peu de farine de riz au lait, puis tout rentre dans l'ordre ordinaire, les accès s'éloignent de plus en plus et finissent par cesser tout à fait.

(*Recettes de M. l'abbé Robing, curé d'Essards*).

Tisane faite avec des tiges de genêt d'Espagne, même de genêt commun, et avec des tiges de cassis (groseillier noir) : une poignée de chaque. Mettez dans un litre et demi et faites réduire à un litre. Faites prendre à jeun, dans une demi-tasse de cette tisane, une cuillerée à bouche de la potion suivante :

Eau de fleurs d'oranger.	60 grammes.
Laudanum liquide.	30 gouttes.
Éther sulfurique.	40 —

Cette potion sera prise les deux ou trois jours précédant la nouvelle et la pleine lune.

Le malade devra toujours avoir sur lui un petit flacon d'*alcali volatil*, qu'il respirera très fréquemment dans le courant de la journée.

Des diverses préparations ammoniacales employées contre l'épilepsie, la suivante est celle qui a paru au docteur Martinet mériter la préférence :

Eau de tilleul.	45 grammes.
Ammoniaque liquide.	10 à 12 gouttes.
Sirop de guimauve.	15 grammes.

Enfermez ce mélange dans un flacon à l'émeri à large et fort goulot, garni de liège et de peau de daim, afin de prévenir qu'il ne se brise entre les dents lors de l'attaque. Le flacon devra continuellement être porté par le malade, qui devra s'exercer préalablement à le retirer de sa poche, à le déboucher et à le mettre à sa bouche avec le plus de rapidité possible, afin de pouvoir avaler le liquide qu'il contient, en une seule fois, dès qu'il s'apercevra de la moindre sensation de son attaque. Enfin, dans la crainte qu'une seconde attaque ne se renouvelle quelque temps après celle que l'on aura fait ainsi avorter, il est prudent d'avoir sur soi un second flacon rempli du même liquide.

Enfin, pour l'épilepsie déterminée par la peur, M. l'abbé V... nous a communiqué la recette suivante :

Fleurs de genêts de bois . . .	1 kilogramme.
Eau-de-vie.	1 litre.
Bon vinaigre blanc.	1/4 de litre.

Faire bouillir le tout ensemble le temps de dire un *Pater* et un *Ave*, puis retirer du feu et imbiber des linges qu'on appliquera ainsi que le marc, c'est-à-dire les fleurs qui ont bouilli primitivement, sur la peau à nu ; les jointures et l'estomac principalement. Le malade devra être enveloppé de manière à ce qu'il n'ait de libre que la figure. Il est nécessaire de rester dans cette même position au moins pendant vingt-quatre heures. On pourra au besoin prendre du bouillon et même un peu de vin.

48. — ERYSIPÈLE.

On a donné le nom d'érysipèle à l'inflammation superficielle de la peau, non contagieuse, s'accompagnant de fièvre avec tension et tuméfaction de la partie : douleur, chaleur et rougeur qui disparaît sous la pression du doigt. Les tempéraments bilieux en sont plus souvent affectés que les autres ; aussi le malade a-t-il presque toujours des vomissements ou des envies de vomir.

L'impression d'un air froid et humide, des rayons du soleil, la suppression d'une hémorrhagie habituelle ou d'un exanthème en sont ordinairement les *causes déterminantes*. L'érysipèle règne quelquefois épidémiquement, surtout au printemps et en automne, époque de l'année où s'observe le plus grand nombre d'affections des voies digestives.

L'érysipèle peut se présenter avec des caractères très-divers : il est simple quand l'inflammation est superficielle ; phlegmoneux, lorsqu'elle se propage aux couches profondes du tissu cellulaire. Il est dit *fixe*, *vague*, *ambulant*, *périodique* ou *habituel*, suivant qu'il se présente avec le caractère se rapportant à chacune de ces épithètes.

Traitement.

Diète, boissons rafraîchissantes, lotions d'eau de guimauve ou de sureau, tous les matins un verre de la médecine du curé de Deuil. (Voyez la recette, p. 27.)

Si l'érysipèle est *ambulant*, il faut le *fixer* en appliquant un vésicatoire sur le lieu qu'il occupe ou sur l'un de ceux qu'il a précédemment occupés.

(*Recettes de M. l'abbé Strobbel, curé de Armbouts-Cappel, par Bergues (Nord).*

Faites bouillir de la crème (provenue du lait reposé), jusqu'à ce qu'elle se transforme en huile, frottez-en légèrement, et à plusieurs reprises, le visage ou le membre sur lequel l'érysipèle commence à faire sentir les premiers picottements, le mal n'ira pas plus loin et disparaîtra entièrement après quelques applications renouvelées du remède.

Ce remède est également un excellent moyen prophylactique de la maladie.

(*Autre.*)

Sulfate de fer. . . . .   30 grammes.

Faites fondre dans un demi-litre d'eau. On trempera une compresse en plusieurs doubles dans cette eau, et on l'appliquera sur la partie déjà enflammée, en ayant soin de la couvrir totalement.

L'état pathologique, qu'on appelle vulgairement *coup de soleil*, outre qu'il peut déterminer des accidents cérébraux fort graves, est fréquemment la cause déterminante de l'érysipèle; aussi nous empressons-nous d'indiquer pour le guérir l'excellente recette de M. l'abbé Petiot, curé de Carenac (Lot).

Prenez une bouteille d'un demi-litre dont le cou soit fort gros et bien large, remplissez-la d'eau de fontaine la plus fraîche que vous pourrez avoir; mettez un linge fin en deux doubles par-dessus l'ouverture de la bouteille; liez bien ce linge, et qu'il soit tellement tendu que l'eau ne se répande point sur le malade. Quand on fera l'opération suivante, qui est bien simple, tenez la bouteille renversée, de façon que le linge soit appuyé contre la tête de la personne qui a eu le coup de soleil; parcourez tout doucement les différentes parties de la tête jusqu'à ce que vous trouviez l'endroit du mal. Quand vous l'aurez trouvé, vous verrez comme bouillir l'eau dans la bouteille; appliquez au même endroit; dès que le bouillonnement cesse, on vient à une autre partie, ainsi successivement. Quand il n'y a plus d'agitation dans l'eau, quelque part que vous appuyiez la bouteille, vous laissez passer quatre à cinq heures, et vous recommencez ensuite l'opération. Je l'ai fait faire jusqu'à trois fois, dit M. l'abbé Valer, curé de Colombès, au diocèse de Vienne, sur une personne qui était dans le délire, et voulant parler, ne rendait que des sons mal articulés ; elle reprit la parole et fut parfaitement guérie au bout de trois jours. Dans nos campagnes, ce remède est fort commun, et on l'emploie avec le plus grand succès. Depuis que je l'ai fait connaître, ajoute le charitable pasteur, il est inouï que quelqu'un soit mort dans nos cantons d'un coup de soleil. Les personnes sujettes aux maux de tête ont trouvé dans ce remède, ou leur guérison, ou du moins leur soulagement. Si le malade qui a reçu le coup de soleil avait beaucoup de cheveux, il faudrait les couper au sommet de la tête : c'est par là qu'on commence l'opération. Comme la douleur change souvent d'endroit, le malade peut indiquer lui-même où il faut appliquer la bouteille. Lorsqu'on l'a ôtée, on doit avoir soin de bien essuyer la tête du malade. Toutes les fois qu'on commence l'opération, il faut se servir d'une nouvelle eau.

49. — FAIBLESSE GÉNÉRALE.

Beaucoup de personnes ne sont pas malades, et pourtant elles ne se portent pas bien. Elles ont peu ou point d'appétit, de l'inaptitude à un travail quelconque ; la marche les fatigue de suite ; elles sont incapables d'une attention soutenue ; il y a chez elles indolence, nonchalance, paresse, propension au sommeil.

La première condition à laquelle il faut souscrire, c'est le changement d'air, l'adoption d'un régime fortifiant par le bon vin et les viandes rôties ; eau ferrée pendant les repas, vin de quinquina ou vin de marrube tous les matins à jeun.

50. — FIÈVRES.

Le mot *fièvre* est un terme générique servant à exprimer certains troubles aigus de la circulation et de la respiration, dans lesquels il y a tantôt une augmentation de chaleur avec accélération du pouls, tantôt des alternatives soit dans la température réelle, soit dans la chaleur et le froid ressentis par le malade. On comprendra la difficulté, l'impossibilité même de donner de la fièvre une définition exacte lorsqu'on saura que *l'accélération du pouls* et *l'augmentation de la chaleur* n'existent pas toujours dans les fièvres. Ainsi, par exemple, la *fièvre typhoïde* présente souvent un pouls assez lent, et les fièvres dites *algides* sont caractérisées par un froid glacial.

La fièvre n'est point une affection *essentielle*. Elle n'est qu'un symptôme indiquant qu'un organe important souffre.

Les fièvres, à proprement parler, sont :
1° Les fièvres continues ;
2° Les fièvres intermittentes.

Les fièvres continues se divisent en :
1° Fièvre éphémère, c'est-à-dire de courte durée, et se terminant toujours par un prompt retour à la santé ;
2° Fièvre typhoïde, c'est-à-dire qui ressemble au typhus ;
3° Fièvres éruptives, ou accompagnées d'éruptions sur la peau.

Fièvre éphémère.

La fièvre éphémère est rarement précédée de malaise. Son début est parfois brusque, un léger frisson, suivi par un mal de tête plus ou moins fort, avec lassitude dans les membres, la perte de l'appétit, s'accompagnant de sécheresse de la bouche, et coloration blanche de la langue, de soif plus ou moins vive, et quelquefois, chez les enfants, de délire. Bientôt une sueur plus ou moins abondante, et aussi un saignement du nez (hémorrhagie nasale) viennent annoncer la fin de la maladie, qui se termine souvent au bout d'un jour ou deux, et persévère rarement trois ou quatre jours au plus.

Traitement : Diète, repos, tisane de fleurs de sureau ou de fleurs pectorales.

Fièvre typhoïde.

Cette fièvre est appelée aussi *putride, maligne, adynamique, ataxique*.

Voici les caractères que lui assigne le docteur Beaugrand : Son début *n'est pas brusque*, il est toujours précédé de symptômes précurseurs appelés *prodromes*, et qui consistent dans l'*abattement*, la perte de l'appétit, des *étourdissements*, de la *faiblesse dans la marche et les mouvements*, de la *diarrhée*, quelquefois des *saignements de nez*, un violent mal de tête; au bout de *trois à huit ou dix jours*, ces accidents augmentent; il y a des *vertiges*, de la *stupeur, affaiblissement de l'intelligence;* les réponses sont lentes, difficiles; le visage est *pâle*, plombé; outre la diarrhée, il y a souvent gonflement du ventre, etc. On voit que ces accidents diffèrent sensiblement de ceux que nous avons mentionnés en parlant de la fièvre éphémère. Cependant il faut être prévenu que, dans certains cas moins communs, la fièvre typhoïde se montre d'abord avec les symptômes de cette dernière, et que c'est seulement au bout de quelques jours qu'elle revêt les caractères qui lui sont propres.

On est loin d'être d'accord sur le traitement qui convient dans la fièvre typhoïde; aussi nous bornerons-nous à rendre compte des résultats dont nous avons été témoin dans plusieurs hôpitaux de Paris.

M. le docteur Becquerel a obtenu de grands succès, à l'hôpital de la Pitié, en appliquant la méthode suivante du professeur Serres, membre de l'Institut :

A l'intérieur : Sulfure noir de mercure 0,60 centig. à 1 gr. 50 centig., selon l'âge et la force du sujet.

On donne ce médicament en deux ou trois fois, incorporé dans un peu de confiture de groseilles.

A l'extérieur : Onguent mercuriel 15 à 25 grammes, en friction sur l'abdomen; en même temps, vastes cataplasmes émollients.

Pour boisson : limonade, sirop de groseilles ou de cerises avec eau de seltz; quelques bains.

On a conseillé le traitement hydrothérapique et l'eau

intus et *extra* en compresses sur toute l'étendue du corps et surtout sur le ventre.

A la suite de toutes les fièvres d'une certaine gravité et principalement à la suite de la fièvre typhoïde, il se forme des plaies au sacrum ; pour les faire cicatriser, voici une recette qui nous a été communiquée par M. l'abbé M... :

Prenez parties égales de jus de navets et de beurre frais, mettez sur le feu, et remuez de manière à bien opérer le mélange. On frotte le dos et les plaies du malade jusqu'à parfaite guérison.

Pour les *fièvres éruptives*, voyez *rougeole, scarlatine, variole*.

Fièvres intermittentes.

Dans l'immense majorité des cas, la fièvre intermittente ne se montre que dans les contrées où existent des marécages ou des grandes masses d'eau, comme aux embouchures des grands fleuves ; ce sont là les causes les plus communes ; cependant on les a vues quelquefois se développer accidentellement et être produites, par exemple, par une pluie froide, le corps étant en transpiration.

Les fièvres intermittentes sont caractérisées par des *accès* ou *stades* composés de trois périodes. La *stade de froid* débute par une lassitude générale, des bâillements, de la céphalalgie ; les frissons commencent dans le dos et ne tardent pas à s'étendre à tout le corps. Pendant ce temps, il y a accélération du pouls avec soif intense et sécheresse de la peau. Cette période, dont la durée et l'intensité varient à l'infini, est remplacée par le *stade chaud*, qui dure jusqu'à ce que se déclare la sueur, qui n'est, comme on l'a fait remarquer avec juste raison, qu'une crise favorable obtenue par la nature.

Les accès se reproduisent tous les jours (*fièvre quotidienne*), ou tous les deux jours (*fièvre tierce*), ou seulement au bout de trois jours révolus (*fièvre quarte*). On donne le nom de *paroxisme* à l'état d'exaspération de la fièvre quand elle est continue.

Un grand nombre de maladies se présentent à l'observation, en revêtant le caractère périodique des fièvres intermittentes, sans présenter les symptômes et les stades dont nous venons de parler.

La migraine, les névralgies et les névroses, par exemple, reviennent fréquemment à des époques déterminées. Toutes les fièvres intermittentes, surtout lorsqu'elles se produisent au milieu d'un pays infesté par les marécages, s'accompagnent ou sont suivies d'engorgements, d'obstructions des organes internes, du foie, de la rate, des intestins et même du poumon.

Traitement.
(Recette de M. l'abbé Vernier, curé à Tauriac-Nancelle, (Aveyron).

Couchez le malade dans un jardin, la bouche placée sur une plante de sauge de manière à ce qu'il en respire l'odeur. Après l'avoir couvert d'une couverture on le laissera dans cette position pendant au moins une demi-heure.

(Recette de M. l'abbé V...)

Quinquina rouge.	60 grammes.
Rhubarbe.	8 —
Sel de tartre.	2 —
Sel d'absinthe.	⎫
Sel de centaurée.	⎬ 4 gr. 25 centigr.
Sel de garnaude.	⎭

Le tout mis dans du sirop d'absinthe pour en composer des pilules, que l'on divisera en quinze doses égales. On en prendra trois doses par jour, de six heures en six heures, et l'on prendra après chaque dose un bouillon ou une infusion de camomille.

(Recette de M. l'abbé X...)

Faites bouillir une forte poignée de chicorée sauvage dans trois quarts de litre d'eau jusqu'à réduction d'un demi-litre; passez à clair et exprimez le marc fortement avec la main; faites dissoudre dans cette eau 30 grammes de sel de *Glauber*; donnez à prendre au malade, en trois verres, de demi-heure en demi-heure, le matin à jeun. Choisissez le jour où l'accès ne doit pas avoir lieu. Le lendemain donnez 0,25 centigrammes de quinine dans un peu de confiture de pomme cuite, et la fièvre disparaîtra pour toujours. Ce remède m'a été indiqué à Livourne en 1829 par un docteur arménien ; j'en ai constamment ordonné l'usage à tous les fiévreux que j'ai rencontrés dans mes nombreuses pérégrinations, et tous ont été immédiatement guéris par ce moyen.

(*Recette de M. l'abbé M...*)

Grains de café vert pris ainsi qu'il est indiqué au mot *anévrisme*.

(*Recette de M. l'abbé T... curé de St-S...*)

Vin blanc sec.	1 litre.
Quinquina jaune pulvérisé.	25 grammes.
Sirop de capillaire.	30 —
Miel blanc.	30 —

Faites infuser le mélange pendant quelques heures, boire le litre pendant les deux jours où la fièvre ne se montre pas, les autres jours en boire un ou deux verres quelques heures avant la fièvre.

PENDANT L'ACCÈS : *stade de froid*: lit chaud, couvertures chaudes, infusions chaudes de tilleul, de thé, de camomille ;

Stade de chaleur : diminuer les couvertures, boissons fraîches, acidules ;

Stade de sueur : revenir aux boissons chaudes, changer de linge, éviter le refroidissement.

Une des conséquences les plus fréquentes des fièvres périodiques est l'engorgement de la rate. On emploiera alors avec succès la recette suivante de M. l'abbé L....

Prenez de la ciguë pilée, pour un emplâtre grand comme la main, 15 grammes de bonne huile et le double de vin blanc, faites chauffer le tout ensemble jusqu'à ce qu'il soit bien mêlé ; frottez-en bien la partie, mettez le reste sur la ciguë avec un blanc d'œuf bien battu ; il faut que l'œuf couvre la ciguë. Pour connaître si c'est la rate, on trouve une dureté au bas des côtes du côté gauche.

Cette recette est également efficace contre toutes les maladies de la rate.

51. — FISTULES.

On appelle *fistule* une plaie étroite à trajet plus ou moins long, disposée en forme de canal cylindrique, pénétrant dans les chairs et ayant une ouverture à ses deux extrémités ou se terminant par un cul-de-sac. Toutes les parties du corps peuvent en être atteintes. Aucune maladie n'est plus difficile à guérir, surtout lorsque la fistule est produite par un abcès scrofuleux ou d'un principe contagieux.

Les principales fistules sont : les *fistules à l'anus* et les *fistules lacrymales*. Pour celles-ci, voir au mot *ophthalmologie*; pour les fistules de l'anus, employer la recette suivante de M. l'abbé C..., curé de... (Ardennes).

Dans 90 grammes de pulpe de casse, on ajoute environ dix grains de scammonée d'Alep, qu'on fait prendre pour purger d'abord. Il faut ensuite dilater la fistule au moyen d'une éponge préparée, c'est-à-dire enduite de bonne huile d'olive : après avoir été suffisamment dilatée, on y fera souvent des injections avec du jus de petite joubarbe, qu'il faut avoir soin d'adoucir avec quantité suffisante de miel.

Après la guérison, il est nécessaire de se purger de nouveau et de la même manière que la première fois.

52. — FLUXIONS.

Engorgement phlegmoneux du tissu cellulaire des joues et des gencives, causé par l'impression d'un air froid, par un coup, par une maladie des dents ou par la pose d'une dent artificielle à pivot. Dans les deux premiers cas, les bains de pieds, les purgatifs, quelquefois des cataplasmes de farine de riz, suffisent pour abréger la durée du mal. Dans les deux autres, l'extraction ou le plombage de la dent malade, l'enlèvement de la pièce artificielle, sont les indications rationnelles du traitement. Dans tous les cas, si l'on n'a pu prévenir la formation d'un abcès, l'ouverture de celui-ci doit être faite le plus tôt possible.

53. — FLUXION DE POITRINE.

Nom vulgairement donné à la *Pneumonie*, c'est-à-dire

à l'inflammation du parenchyme du poumon, dont la cause déterminante est le plus souvent un refroidissement partiel ou général du corps, quoiqu'elle puisse se développer spontanément chez l'individu placé en apparence dans les meilleures conditions, ou bien consécutivement à une bronchite, ou dans le cours d'autres maladies. Elle se déclare souvent au printemps et à l'automne (variations de température).

Symptômes. — Frisson suivi de chaleur, pouls fréquemment dur, sentiment d'ardeur dans la poitrine, douleur profonde, pongitive, mais n'augmentant pas par une forte inspiration, comme dans la pleurésie; difficulté de respirer, toux, expectoration de matières muqueuses, toujours visqueuses, souvent sanguinolentes, d'une couleur de jus de pruneaux, ou purulentes; vive rougeur de la pommette du côté du poumon affecté; décubitus pénible, surtout sur le côté sain; matité à la percussion, râle sous-crépitant; perception du souffle bronchique et de bronchophonie à l'auscultation. Il y a exacerbation vers le soir.

La maladie dure de un à trois septenaires, et se termine le plus fréquemment par résolution, rarement par gangrène, ou bien par suppuration.

Traitement :

(Recette de M. l'abbé X..., curé de R.)

Prenez le premier et le second jour de la crotte, c'est-à-dire des boulettes de brebis ou mieux de chèvre, faites-les cuire, passez le tout à travers un linge, sucrez et faites en prendre au malade une bonne tasse, en guise de café. Il se produira une abondante transpiration qu'il faudra prendre garde d'arrêter.

Quelquefois l'expectoration est arrêtée; il faut s'empresser d'employer la recette suivante de M. l'abbé G..., curé de D.....

Après avoir fait fondre le suif d'une chandelle dans un kilo d'huile d'olive, prenez assez de coton ou d'étoupe pour absorber tout ce liquide, et étendez-le alors, aussi chaud que possible, sur l'estomac et la poitrine du malade.

Potion de Rasori.

Tartre stibié. . . . . 1 gramme.
Eau distillée. . . . . 150 —

Une cuillerée à bouche de quart d'heure en quart d'heure.

Lorsqu'on craint que la maladie ne passe à l'état chronique, on place fréquemment sur les parties voisines du siége du mal des cataplasmes sinapisés, des vésicatoires volants ; le malade doit parler peu, marcher lentement, se garantir du froid et surtout de l'humidité, et porter des vêtements de flanelle sur la peau, se nourrir de laitage, et porter un cautère au bras.

54. — FRACTURES.

Solution de continuité d'un ou de plusieurs os, produite par une cause externe (chute, coup, etc.), ou, quelquefois, par une contraction forte et subite des muscles (en jetant une pierre, par exemple). — Les fractures se reconnaissent à la nature de la cause à laquelle on peut les rapporter ; au changement de forme du membre ; à l'impossibilité, même à la simple difficulté dans laquelle il est d'exécuter ses mouvements ordinaires ; à la crépitation, ou bruit qu'on obtient en frottant l'un contre l'autre les deux bouts de l'os fracturé. Leur traitement se résume, pour les cas ordinaires, dans les indications suivantes : *réduire* les *fragments*, les *maintenir réduits*, *prévenir* ou *combattre les accidents qui peuvent se déclarer.*

Le traitement appartient, du reste, exclusivement au médecin ou au chirurgien.

56. — FURONCLE.

Petite tumeur dure, circonscrite, très-rouge, due à l'inflammation, compliquée d'étranglement d'un ou de plusieurs flocons du tissu cellulaire remplissant les aréoles fibreuses de la peau. Le centre de la tumeur se trouve frappé de gangrène, dès le commencement de la maladie, et l'inflammation paraît avoir pour but l'expulsion de la partie *gangrenée* ou bourbillon.

Des cataplasmes émollients suffisent extérieurement; mais comme un clou n'arrive presque jamais seul, comme il dépend d'un état maladif interne, on fera toujours bien de se purger et de prendre quelques bains.

Dans le cas où la suppuration aurait de la peine à s'établir, on devrait employer une des recettes indiquées au mot *abcès*.

57. — GALE.

Affection contagieuse, caractérisée par une éruption prurigineuse de petites vésicules plus ou moins multipliées, rondes, souvent confluentes, dures à leur base, cristallines à leur sommet, qui contiennent une sérosité d'abord limpide, puis légèrement visqueuse et purulente, et par une vive démangeaison qui augmente vers le soir et surtout pendant la nuit, par la chaleur du lit. La gale siége surtout dans l'intervalle des doigts, aux poignets, à la face interne des membres, aux aisselles, aux jarrets, aux aines. On en reconnaît deux variétés, d'après le volume des pustules : la *grosse gale* et la *gale miliaire*, dite aussi *canine* ou *prurigineuse*, parce qu'elle cause une démangeaison plus vive que l'autre variété. Cette maladie, que l'on attribuait à un virus spécial (*virus psorique*), est due à la présence d'un animalcule du genre acarus nommé par les naturalistes *sarcopte*. Cet animal se creuse sous l'épiderme de petites galeries ou sillons, où il trouve une retraite sûre; on le découvre en déchirant l'épiderme avec la pointe d'une épingle : il s'accroche à l'extrémité de celle-ci, et on peut alors le transporter où l'on veut.

Traitement.
(*Recette de M. l'abbé L....*)

Un quart d'huile d'olive très-bonne, pure, plus une cuillerée de graisse d'oie, le jaune et la coquille d'un œuf cuit à la braise; un verre de vin pur; une poignée de soufre; une poignée de cendre tamisée; le tout bouilli ensemble, et s'en frotter quatre fois le corps, ensuite se baigner et se laver avec du vinaigre pour ne pas sentir et être propre comme avant cette rogne.

(*Recette de M. l'abbé Thomas, curé de Commelles (Isère*).

Doses pour une personne. — Sel de nitre en poudre 21 grammes, soufre en fleurs 19 grammes, brique neuve, qui n'ait pas été mouillée, prise dans le four de la tuilerie pour plus de certitude, pulvérisée et réduite en poudre impalpable, en prendre un volume égal à celui du sel nitré; saindoux, graisse blanche ou de porc, fondue, 90 grammes.

Mélangez d'abord parfaitement le sel de nitre, le soufre et la brique, ayant soin d'écraser et de faire disparaître tous les grumeaux de soufre; ensuite, à l'aide d'un manche de fourchette, pétrissez ce mélange avec le saindoux jusqu'à parfaite incorporation; faites de cette pommade trois parties égales, et trois soirs de suite, immédiatement avant de se mettre au lit, le malade se frictionnera avec une des susdites parties, pendant 7 à 8 minutes, tout le corps, excepté seulement la tête et le visage, ayant soin de répartir également la pommade sur toute la surface de la peau. Il gardera pendant dix jours toutes les parties de l'habillement qui touchent immédiatement la peau, dix jours après la première friction il changera seulement les draps du lit et l'habillement qu'on a recommandé de garder pendant dix jours; ne pas s'inquiéter des boutons qui peuvent se montrer encore quelque temps.

(*Recette de M. l'abbé A..., à Saint-P...*)

Prenez 1° une poignée de racines de parelle réduites en poudre; 2° 35 grammes de beurre frais; 3° un coup de poudre de chasse; 4° 20 grammes de sel de cuisine. Mélanger le tout et se frotter le corps, et surtout les parties où se trouvent les boutons.

(*Recette de M. l'abbé C..., curé de B...*)

Soufre sublimé en poudre	120 grammes.
Savon noir	120 —
Saindoux	360 —
Racine d'ellébore	30 —

Mêlez et frottez-vous exactement bien tout le corps;

restez couché entre deux couvertures de laine pendant 36 heures.

(Autre, du même.)

Le matin, lavez-vous le corps entier avec de l'eau de savon, puis frictionnez-vous surtout aux endroits malades avec le quart de la pommade suivante :

Saindoux.	125 grammes.
Fleur de soufre.	16 —
Sel commun.	4 —

A dix heures, deuxième friction ; à quatre heures, troisième ; à dix heures du soir, quatrième et dernière. Lavez-vous comme en commençant ; mettez vos habits dans un four chaud pour faire mourir l'acarus.

57. — GANGRÈNE.

Altération d'une partie plus ou moins considérable du corps, qui perd la sensibilité et le mouvement : c'est une mort locale. La gangrène reconnaît pour cause une violente inflammation, une contusion, les brûlures, la congélation, la ligature d'un gros tronc artériel, un bandage trop serré, l'action chimique d'un caustique, etc. — Si la partie gangrenée est engorgée de liquides, la gangrène s'appelle *humide*. Dans le cas contraire, elle est dite *sèche ;* telle est ordinairement la gangrène *sénile ;* on l'appelle *sphacèle* quand elle attaque toute l'épaisseur d'un membre ou d'un organe composé de plusieurs tissus. La gangrène des os se nomme *nécrose.* Les caractères auxquels se reconnaît la gangrène *extérieure* sont : la décoloration, l'insensibilité, et une odeur particulière de la partie affectée ; les phénomènes qui la précèdent et l'annoncent sont : diminution de la chaleur, développement de phlyctènes remplies de sérosité sanguinolente, calme trompeur, prostration des forces, froid général ; la partie malade, brunâtre et violacée, se décompose et se convertit en une escarre fétide, qui se détache plus ou moins promptement et laisse à découvert une plaie simple ; mais si cette séparation entre les parties mortifiées et les parties saines n'a pas lieu, la gangrène s'étend toujours et le malade meurt. La gangrène *intérieure*, survenant ordinairement à la suite de l'inflammation d'un viscère, est indiquée par une rémission subite et intempestive des symptômes inflammatoires, cessation brusque de la douleur, etc.; mais ce calme est illusoire, et l'aspect cadavéreux de la face, le froid des extrémités, la petitesse du pouls, etc., annoncent une mort inévitable.

(*Recette de M. l'abbé C..., curé de B...*)

A l'extérieur. Faites un onguent avec un demi-litre de vin blanc que vous ferez bouillir; faites fondre 250 grammes de poix-résine concassée dans ce vin; ajoutez successivement, en faisant fondre préalablement, toutes les substances :

Cire jaune, belle qualité. . . .	125 grammes.
Térébenthine.	125 —
Gomme élémi.	250 —

Mêlez ensuite :

Aristoloche ronde en poudre. . .	15 —
Sang-dragon.	10 —

Lorsque le tout est bien fondu et bien mêlé, passez dans un tamis placé sur un vase de terre rempli d'eau froide; l'onguent étant refroidi, pétrissez-le et mettez en bâton pour l'usage.

Pour s'en servir, il suffit de l'étendre sur un morceau de toile de la grandeur de la plaie gangreneuse et à l'appliquer sur la partie malade.

(*Recette de M. l'abbé F...*)

Laver la plaie avec une décoction de quinquina.

A l'intérieur. On donnera au malade des toniques, du vin, du quinquina en décoction pour tisane; on devra, en un mot, faire tout ce qu'il sera possible pour soutenir les forces du malade.

58. — GASTRALGIE.

Maladie nerveuse que l'on confond bien souvent avec la gastrite ou irritation de l'estomac.

Les jeunes filles qui ne sont pas encore réglées, les jeunes femmes, et, en général, toutes les personnes qui ont éprouvé des fatigues, des privations, des ennuis, ou qui se sont tenues souvent debout, ressentent des gastralgies, c'est-à-dire des goûts dépravés, des douleurs vives au creux de l'estomac, de la nonchalance, de l'inaptitude au travail, une digestion tantôt lente, tantôt excessivement rapide.

Cette maladie est très-commune. Voici comment elle est combattue par les savants docteurs Georget, Fabre et Jolly :

Combattre d'abord l'influence des causes de la maladie. Quand on est parvenu à les détruire en partie ou en totalité, on doit diriger toute son attention sur les modificateurs fonctionnels de l'appareil organique malade, en un mot, sur le régime alimentaire. Une nourriture douce, mais substantielle, plutôt animale que végétale, des viandes rôties, des œufs frais, du laitage, des compotes de fruits, des boissons gazeuses coupées avec le vin de Bordeaux ou tout autre, abondant en arome et en matière tannine, quelquefois même de la bière bien fermentée, doivent avoir les plus heureux résultats, surtout si leur emploi est secondé par un exercice modéré à pied, à cheval ou en voiture, suivant l'état et les habitudes du malade, les exercices manuels, le séjour à la campagne dans un air sec et vif, sur un lieu un peu élevé, mais dont la température soit modérée.

Si la susceptibilité de l'estomac est extrême, on est quelquefois obligé de soumettre les malades, pendant des semaines et même des mois, exclusivement à l'usage du lait d'ânesse ou du lait de vache coupé avec l'eau sucrée ou gommée. Ceux qui éprouvent ce qu'ils appellent des besoins, des tiraillements et des faiblesses d'estomac simulant la faim, ceux mêmes qui sont tourmentés par une faim excessive, feront bien, suivant la judicieuse remarque du dernier auteur que nous venons de citer, de s'abstenir d'ingérer de grandes quantités d'aliments : ce sont là en effet des besoins factices, sans cesse renaissants, qu'il faut tromper et non satisfaire. Les boissons aqueuses, rendues un peu toniques par quelques gouttes d'eau de menthe ou de fleurs d'oranger, suffisent ordinairement à cet effet ; mais, comme la soif est rarement très-prononcée, il est toujours prudent de donner des boissons en quantité modérée, pour ne pas augmenter la tension du ventre et les flatuosités.

Quant aux moyens pharmaceutiques, ce que nous savons de la longueur ordinaire de la maladie et de sa ténacité nous fait de suite prévoir que le nombre de ceux qui ont été préconisés doit être considérable.

La préparation suivante produit ordinairement de très-heureux résultats :

Sous-nitrate de busmuth. : . .   4 grammes.
Succin en poudre. . . . . .   1 —
Colombo en poudre. . . . .   1 —
Extrait gommeux d'opium. . .   0,60 centigr.

Mêlez et divisez en 20 paquets.

A prendre deux paquets par jour. Un à chaque repas dans une cuillerée de soupe ou dans un peu de confiture.

Voir, en outre, les recettes que nous avons données au mot *Coliques* pour les *crampes d'estomac*.

59. — GASTRITE.

Inflammation chronique ou aiguë de la surface interne de l'estomac, donnant lieu aux symptômes les plus variés, les plus nombreux et souvent les plus contradictoires, du moins en apparence.

La *gastrite aiguë* s'annonce ordinairement par de la chaleur, de la soif, de l'inappétence, de la fièvre, de l'insomnie ; bientôt douleur vive à l'épigastre, langue rouge, sèche, jaunâtre, vomissements, hoquets, éructations ; le malade est en proie à une agitation plus ou moins vive, et il demande avec instance des boissons froides et acides.

Voici quels sont les symptômes les plus ordinaires de la gastrite chronique, dont l'existence n'exclut pas une apparence de santé chez les personnes qui en sont atteintes : une sécheresse vraie ou simulée à la bouche, rougeur à la pointe de la langue, soif habituelle, peu ou point d'appétit, sensibilité prononcée au creux de l'estomac, sensation de gonflement à la même région après avoir mangé, digestion lente, difficile, quelquefois douloureuse, constipation habituelle, maux de tête fréquents, lassitude des membres, envies de dormir après le repas, développement de gaz dans les intestins, renvois fréquents, envies de dormir et même vomissements par intervalles. Chez les uns, la langue est chargée d'une couche épaisse de saburres; chez d'autres, elle est nette, mais légèrement jaunâtre.

Traitement de la gastrite aiguë.—Diète absolue, application de sangsues à la région de l'estomac, cataplasmes émollients, tisane de fleurs de mauve, en petite quantité, grands bains.

La *gastrite chronique* exclut tous les moyens thérapeutiques qui viennent d'être indiqués : ici les eaux minérales de *Seltz*, de *Vichy*, surtout d'*Orezza*, ont donné des succès. On doit manger des viandes rôties, boire un peu de vin, varier les aliments et prendre le matin un peu de vin de quinquina (trois à quatre cuillerées à bouche) ou de marrube, dont la recette a déjà été indiquée.

Mais qu'on y prenne garde, ce que bien des médecins appellent encore *gastrite chronique*, par habitude, ou pour se faire comprendre, est bien plus souvent une affection primitive nerveuse de l'estomac (gastralgie) que la suite d'une véritable inflammation.

60. — GERÇURES, CREVASSES.

La cause des gerçures ou des crevasses résulte de la transition brusque et alternative du chaud au froid. Les mains sont atteintes plus particulièrement de ce mal, que l'on observe surtout chez les cuisinières. Les nourrices, particulièrement celles qui donnent le sein pour la première fois, sont souvent très-affectées de crevasses au mamelon.

Pour les gerçures des *mains*, on emploiera du cérat saturné et camphré ; maniluves d'eau vinaigrée.

Aux *lèvres* : cérat à la rose ; miel rosat.

Des bouts de sein :

Beurre de cacao.	15 grammes.
Cire blanche.	15 —

Faire fondre à une douce chaleur, puis ajouter :

Huile d'amandes douces.	30 grammes.
Essence de roses	2 ou 3 gouttes.

Chez les enfants : saupoudrer les plis des aines, des aisselles, du tour du cou et le derrière des oreilles avec le lycopode ou de l'amidon.

60. — GOITRE.

Le goitre est un engorgement de la glande thyroïde, située sur la partie antérieure du larynx et sur les premiers anneaux de la trachée-artère.

Le goitre, qui peut acquérir un volume considérable, affecte souvent les individus lymphatiques et particulièrement les femmes. Il se montre de préférence dans certains pays froids et humides, et est attribué à l'usage des aliments indigestes, des eaux séléniteuses, calcaires, magnésiennes, et en général au défaut de matières iodées. Cette affection est endémique dans les Alpes, la Savoie, le Bas-Valais, etc.

Traitement.

Iodure de potassium.	8 grammes.
Axonge.	60 —

En frictions, trois fois par jour, le plus tôt possible et au début de la maladie.

Sachet.

Iodure de potassium.	10 grammes.
Chlorhydrate d'ammoniaque.	80 —
Poudre d'éponge calcinée.	100 —

L'iodure de potassium et le chlorhydrate d'ammoniaque doivent être réduits en poudre séparément, puis mêlés par trituration. On ajoute ensuite l'éponge calcinée. Le tout doit être renfermé dans un sachet de linge et porté jour et nuit sur le goitre.

Dans les familles où le goitre est une *affection constitutionnelle*, on la détruira en associant l'iode au sel de cuisine dans la proportion de 12 décigrammes d'iode pour 15 kilogrammes de sel pilé.

61. — GOURME.

La gourme est une maladie de l'enfance caractérisée par des croûtes laiteuses qui se développent sur la tête.

Le public est persuadé qu'il y a du danger à faire passer cette maladie. Cette opinion est fondée sous certains rapports; mais, ce que l'on doit bien savoir, c'est que le danger vient presque toujours du traitement mal entendu que l'on emploie. Qu'on remarque en effet que presque tous les enfants qui en sont atteints sont gros, *palus*, pleins d'humeurs, ayant un gros ventre et mangeant considérablement. Beaucoup d'entre eux sont *noués*, et le plus grand nombre présente une constitution plus ou moins scrofuleuse. La gourme n'est qu'un produit de leur tempérament; c'est donc le tempérament qu'il faut modifier pour guérir la gourme radicalement et sans aucun danger.

A l'extérieur, on aura de grands soins de propreté, on coupera les cheveux, on lavera souvent la tête et les autres parties affectées avec de l'eau tiède et un peu de vin, on fera prendre des bains d'eau de son avec deux livres de sel gris.

A l'intérieur, on tonifiera la constitution de l'enfant au moyen des infusions de chicorée, de douce-amère, de quinquina; on donnera de temps en temps, comme léger purgatif, un peu de manne ou de sirop de rhubarbe.

La sécrétion sera entretenue derrière les oreilles au moyen de la *pommade au garou;* mais si, malgré cette précaution, elle venait à se supprimer, il importerait de la rappeler le plus promptement possible au moyen d'un vésicatoire appliqué à la nuque.

62. — GOUTTE.

La goutte est une inflammation spécifique des parties fibreuses et ligamenteuses des petites articulations des pieds et des mains. Elle affecte une marche plus ou moins mobile et attaque rarement avant l'âge de 30 à 40 ans. Son début peut quelquefois être méconnu, mais une fois les symptômes déclarés, le doute n'est plus permis. Ainsi, quand une personne ressent une douleur lancinante, avec *chaleur* portée souvent jusqu'à la sensation de la brûlure, quand il y a *gonflement, rougeur* et *tension de la peau* dans une articulation d'un ou plusieurs doigts des pieds et des mains, vous pouvez hardiment dire : C'est la goutte.

La goutte arrivée, songez que désormais *le meilleur médecin sera vous-même*, car la goutte est une de ces maladies qu'il faut et qu'on peut prévenir mieux que toute autre. C'est à l'hygiène qu'il faut avoir recours. C'est au fort buveur, au gourmand avide de ces mets recherchés, mais dangereux quand ils sont pris trop souvent, qu'il appartiendra de se guérir en renonçant aux excès du vin, des liqueurs et des excitants généraux, comme le café, le poivre en excès, les truffes, le caviar, les viandes de chevreuil, lièvre et autre gibier, les homards, les viandes et les poissons fumés.

La bière, l'eau rougie ou légèrement mêlée d'eau-de-vie, le cidre, le poiré, etc., voilà les boissons permises en quantité suffisante pour apaiser la soif. Les viandes bouillies, les viandes blanches, même rôties, les poissons frais, les légumes, etc., voilà la nourriture saine et convenable.

Avant d'indiquer le traitement médical, nous devons dire qu'il existe entre la goutte et certains rhumatismes chroniques, des rapports symptomatologiques si intimes, que l'on peut, sans témérité, avancer que ces affections sont tout au moins de la même famille. Aussi les remèdes conseillés pour l'un l'ont-ils été également pour l'autre.

Traitement.

En 1814, les médecins anglais signalèrent au monde médical l'efficacité du *colchique* d'automne; des expériences du plus haut intérêt furent faites par les praticiens les plus éminents, et le triomphe du colchique fut complet. Scudamore, les professeurs Trousseau et Bouchardat en font, dans leurs traités, l'éloge le plus absolu; aussi croyons-nous devoir indiquer d'abord les recettes dans lesquelles entre cette substance.

Potion antigoutteuse.

Vin de colchique.	30 grammes.
Infusion de camomille	125 —
Eau de laurier cerise.	5 —
Sirop de sucre.	30 —

Une cuillerée toutes les trois heures dans la goutte aiguë.

Vin antigoutteux du docteur d'Anduran.

Bulbes de colchique.	30 grammes.
Feuilles de frêne.	30 —
Vin de Malaga.	500 —

Faites macérer pendant huit jours, filtrez et ajoutez :

Teinture d'aconit.	8 grammes.
Teinture de digitale.	8 —

A prendre une cuillerée à café matin et soir dans une tasse de thé.

Vin de colchique du docteur Williams. — (Recette communiquée par M. l'abbé C..., curé de B...)

Prenez 60 grammes de semences de colchique desséchées, mettez-les dans 500 grammes de vin de Xérès ; faites digérer, pendant dix jours, dans un vase bien clos, en agitant de temps en temps ; filtrez et conservez.

A prendre deux ou trois cuillerées à café dans une tasse d'infusion de violettes, en se couchant.

(Recette de M. l'abbé X...)

Prendre trois à quatre fois par jour, à distances égales, une tasse de tisane composée d'une infusion de feuilles de chêne, dans laquelle on met une pincée de bi-carbonate de soude. On peut sucrer à volonté.

(Recette de M. l'abbé V..., curé ...).

Infusion de feuilles de frêne.

On peut employer indifféremment les feuilles fraîches ou sèches, mais ces dernières doivent être pulvérisées.

Voici le mode d'administrer :

On fait infuser chaque prise de poudre, pendant trois heures, dans deux tasses d'eau bouillante.

Avant de prendre l'infusion, on peut édulcorer à volonté après avoir passé à travers un linge.

En cas de goutte aiguë, et au commencement surtout de l'attaque, avec ou sans fièvre, on fera infuser deux prises de feuilles réduites en poudre, dans trois tasses d'eau que l'on prendra, l'une le soir, l'autre le matin au lit, et la troisième au milieu de la journée entre les deux repas.

Il est prudent de continuer cette boisson pendant une huitaine de jours, après toute disparition des symptômes précités. A la dose d'une seule prise de poudre pour deux tasses d'infusion dans la goutte chronique, on peut se contenter de deux tasses d'infusion par jour, une le matin et une autre le soir ; mais le traitement doit être continué pendant plus de temps. Ce traitement agit avec le même succès pour les rhumatismes.

(*Traitement du docteur Marc, communiqué par M. l'abbé C..., curé de B...*)

Prendre deux ou trois fois par mois 15 grammes de magnésie calcinée dans un peu d'eau ; boire par-dessus un demi-verre de limonade ; lorsque les accès persistent, prendre la même dose chaque jour, et, s'il y a douleur, tuméfaction d'une région correspondante à une articulation, envelopper la partie malade d'un morceau de flanelle saupoudré de carbonate de chaux et enveloppé de taffetas gommé.

Chocolat antigoutteux. — (*Remède américain, communiqué par M. l'abbé C...*)

Cacao caraque.	5 kilogrammes.
Quinquina jaune en poudre. . .	150 grammes.
Sucre blanc.	5 kilogr.

Pilez, broyez et mélangez très-exactement.

Tous les matins on prend une tasse de ce chocolat faite avec 30 grammes de cette poudre. On peut manger, dans ce chocolat, du pain grillé ou ordinaire, et l'on avale par-dessus un grand verre d'eau fraîche.

Lorsque la goutte déplacée spontanément ou par quelque application imprudente se porte sur les viscères, on se sert le plus souvent, pour la rappeler à son siége primitif, des pédiluves sinapisés et des sinapismes ; on emploie en même temps avec succès l'éther sulfurique donné à la dose de 2 à 4 grammes dans une infusion *aromatique* édulcorée avec un sirop ; cette potion, prise à temps, suffit souvent pour empêcher le développement intérieur de l'affection goutteuse.

(Autre recette.)

Prenez une poignée de chiendent, une poignée d'avoine, trois racines de scorsonère, faites bouillir ensemble dans un pot de terre neuf, avec suffisante quantité d'eau que vous ferez réduire à deux bonnes tasses et que vous prendrez l'une le matin et l'autre le soir, avec une cuillerée à café de magnésie calcinée. La magnésie le matin seulement. On continue jusqu'à parfaite guérison. — (Doublet.)

63. — GRAVELLE.

Cette maladie, très-commune parmi les personnes sédentaires, n'a pas la gravité que présente *la pierre*, mais elle fait bien souffrir. Les graviers que l'on rend, dans la gravelle, proviennent des reins ; ils sont bruns ou blanchâtres, d'où l'on a distingué la gravelle en gravelle *blanche* et gravelle *rouge*. L'acide urique fait la base de cette dernière, le phosphate de chaux caractérise la gravelle blanche. On a remarqué que les personnes qui vivent de végétaux, de viandes blanches, de laitage, d'aliments féculents, sont plus communément exposées à la gravelle rouge que celles qui se nourrissent de substances fortement azotées. En conséquence, on prescrit aux malades atteints de cette espèce de gravelle une alimentation conforme, et de plus on leur prescrit des boissons de chicorée, de queue de cerises, de pariétaire, de chiendent ; on leur donne de la bière, du bicarbonate de soude (10 à 20 décigr. par litre de boisson), les eaux de Vichy, Vittel, Contrexeville, Luxeuil, etc. Au contraire, dans la gravelle blanche, ce sont les eaux carbonisées, comme l'eau de Seltz, qui conviennent.

(Recette de M. l'abbé X...)

Réduisez en poudre très-fine, à dose d'une cuillerée,

de la plante *virga aurea*; incorporez dans un œuf frais cuit mollet, et faites-le boire au malade le matin pour son déjeuner, sans prendre d'autre aliment qu'au moins quatre heures après ; les urines couleront deux heures après au plus tard. Si l'on continue d'en prendre pendant dix à douze jours avec la même précaution, le malade rendra la gravelle sans douleur, et ce médicament fera rompre la pierre.

(*Recette de M. l'abbé C..., curé de M...*)

Tisane à prendre dans la journée, faite avec l'infusion de la soie ou barbe de maïs ou blé de Turquie. Une pincée pour deux tasses d'eau bouillante. Filtrez.

(*Recette de M. l'abbé C..., curé de B...*)

Faites bouillir 15 grammes des racines suivantes :

> Pareira brava.
> Fraisier.
> Chiendent.
> Anis ou arrête-bœuf.
> Houx.
> Tiges de douce-amère.

Après un quart d'heure d'ébullition, ajoutez une pincée de chacune des substances suivantes :

> Serpolet.
> Busserolle ou raisin d'ours.
> Fleurs ou feuilles de mauves.
> Lierre terrestre.
> Zestes de noix.
> Siliques sèches des haricots.

Toutes ces racines, feuilles ou fleurs doivent être préalablement réduites en poudre grossière.

Quand les graviers sont évacués avec difficulté et que leur présence détermine une irritation des reins, appelée *accès* ou *colique néphrétique*, on boit, à différents intervalles, de cette tisane.

Lorsqu'on se sent incommodé par la gravelle ou qu'on remarque au fond du vase un sédiment rougeâtre, on prend de cette tisane, pendant quelques jours de suite, de la manière suivante : Un verre à jeun, un second deux heures après le repas, et un troisième en se couchant. On peut sucrer.

64. — HÉMATURIE.

L'*hématurie* ou *pissement de sang* reconnaît des causes nombreuses et multiples, ce sont : un âge avancé, l'équitation trop fréquente, une vie constamment sédentaire ; l'usage des cantharides, de la térébenthine, de la scille, de la sabine, etc.; des contusions sur les lombes et dans les régions correspondantes à la vessie ; un effort pour soulever des fardeaux ; la suppression d'un flux hémorrhoïdal habituel.

Pour le *traitement*, on devra prendre les mêmes précautions et employer les mêmes moyens thérapeutiques qui seront indiqués au mot *hémoptysie*.

La recette suivante, de Doublet, est spécialement appliquée à l'*hématurie* :

Prenez sous-carbonate de fer 4 grammes, divisez en douze prises. On en prend deux par jour, le matin et le soir, en mangeant, soit dans la soupe, soit dans du bouillon. On peut mettre le tout dans la première cuillerée, puis continuer à manger.

65. — HÉMOPTYSIE, CRACHEMENT DE SANG.

« Hémorrhagie de la membrane muqueuse pulmonaire, caractérisée par l'expectoration d'une quantité plus ou moins grande d'un sang vermeil et écumeux.

» Les causes de cette affection sont les compressions habituelles de la poitrine et du ventre (corsets chez les femmes) ; les coups sur la poitrine, les plaies pénétrantes, la lecture à haute voix et la déclamation, le chant, les cris et la toux violente, le jeu des instruments à vent, les maladies chroniques des poumons ou du cœur. »

Traitement. — Repos absolu, diète, air frais et pur, sinapismes aux jambes et aux cuisses.

Tisane avec :

Écorce de ratanhia.	15 grammes.
Eau.	1/2 litre.

Faites bouillir pendant un quart d'heure, passez et édulcorez. A boire par tasses dans la journée.
Potion avec :

Perchlorure de fer liquide . . .	25 gouttes.
Eau.	150 grammes.

Une cuillerée à bouche de demi-heure en demi-heure jusqu'à ce que l'hémoptysie se soit arrêtée.

Les crachements de sang sont souvent les signes précurseurs de la phthisie, aussi ne saurions-nous trop recommander de surveiller attentivement les personnes chez lesquelles cet accident se serait présenté plusieurs fois.

66. — HÉMORRHAGIE.

Écoulement d'une quantité notable de sang, soit par la rupture de quelques vaisseaux, soit par voie d'exhalation. Les hémorrhagies sont *actives* si elles dépendent d'une exaltation de l'action organique, ou *passives* si elles tiennent à une débilité générale.

HÉMORRHAGIES ACTIVES. *Causes.* —Tempérament sanguin, la jeunesse, la pléthore, une constitution irritable, le défaut d'exercice, les excès dans les travaux de cabinet, une disposition héréditaire ; le printemps, l'automne, un temps sec et froid, un air chaud, une nourriture succulente ; l'usage des excitants, des substances alcooliques ; la suppression des menstrues, des hémorrhoïdes, d'une autre hémorrhagie ou d'une saignée habituelle ; des passions violentes.

Les hémorrhagies générales et actives renferment six variétés prises de leur siége, ce sont : *l'épistaxis, l'hémoptysie, l'hématémèse, le flux hémorrhoïdal, l'hématurie et l'hémorrhagie utérine.*

L'ÉPITAXIS OU SAIGNEMENT DE NEZ, reconnaît pour causes ordinaires un exercice immodéré du corps, l'application à l'étude, l'exposition prolongée au soleil, l'irritation locale de la membrane muqueuse du nez, l'éternuement, etc.

Traitement. — Appliquer sur la tête des compresses d'eau très-froide ou de vinaigre ; entourer le cou avec des compresses mouillées de même ; faire lever le bras du côté par où le sang sort. Si ces moyens ne réussissent pas, on fera respirer *de l'eau aussi chaude que possible*, et, en désespoir de cause, *on remplira la narine*, par où le sang s'écoule, *avec de la ouate bien fine* (ouate cardée), et qu'on aura le soin de bien enfoncer jusqu'au fond du nez, au moyen d'un petit bâton rond. Le sang se coagulera dans chaque brin de la ouate, et formera un tampon qui déterminera la cicatrisation de la déchirure de la veine.

(*Recette de M. l'abbé P..., curé à... (Manche.)*

Mettez au-dessous de la langue un morceau de papier blanc, grand comme une pièce de 1 franc. Si bizarre que paraisse ce remède, le sang ne s'arrête pas moins à la minute; mille expériences sur diverses personnes ont été faites avec succès.

Si la personne est sujette à ces pertes de sang, il faut qu'elle suive un régime doux, nourriture légère, peu de viandes rôties. Elle devra se nourrir de viandes blanches, de poissons, de légumes, ne boire que peu ou pas de vin pur, s'abstenir de liqueurs et de café ; tenir surtout le corps libre, la constipation étant souvent l'unique cause de l'afflux du sang au cerveau.

HÉMOPTYSIE. (Voyez le mot.)

HÉMATÉMÈSE ou HÉMORRHAGIE GASTRO-INTESTINALE. *Causes.* — Chute ou coup sur l'épigastre, action d'une substance délétère prise à l'intérieur, usage contr'indiqué d'un vomitif, un accès de colère, une affection morale vive.

Symptômes. — Douleur profonde et pongitive dans l'hypocondre gauche, sentiment d'oppression à l'estomac, syncope, vertiges, décoloration de la face ; le sang est quelquefois rejeté en même temps par les selles ; il est ordinairement mêlé avec les matières alimentaires et les déjections alvines.

Le traitement est le même que celui de l'hémoptysie.

LE FLUX HÉMORRHOIDAL. (Voyez le mot *hémorrhoïdes*).

HÉMATURIE. (Voyez le mot.)

HÉMORRHAGIE UTÉRINE. L'hémorrhagie utérine ou métrorrhagie peut affecter indifféremment les femmes enceintes et celles qui sont en couches, de même que celles qui ne sont ni grosses, ni nouvellement accouchées.

Le *Traitement* que nous allons indiquer, convient également à tous les cas :

Placer le malade dans un lieu frais et dans une position horizontale, sur un lit dur de crin ou de paille, repos absolu, boissons rafraîchissantes, sinapismes aux membres inférieurs, aspersions d'eau froide sur l'abdomen et la région hypogastrique.

(*Recette de M. l'abbé F…*)

Sang-dragon en poudre. . . .	5 grammes.
Cire d'Espagne en poudre. . .	4 —

Incorporez dans un œuf frais cuit mollet, et faites prendre à la malade le matin à jeûn. Une heure après un bouillon d'herbes, et au bout de trois à quatre heures, déjeuner comme à l'ordinaire.

(*Recette de M. l'abbé M…*)

Cueillir une forte poignée d'ortie blanche, la mettre dans un vase avec un ou deux morceaux de fer, et répandre dessus de l'eau bouillante.

Quand cette eau sera froide, en prendre un demi-verre matin et soir pendant trois, quatre ou six jours.

On renouvelle les orties tous les jours ou tous les deux jours au plus tard.

(*Recette de M. l'abbé Lacroix, curé de Cottenchy.*
Secret de famille.)

Trois ou quatre gouttes d'eau de javelle étendues dans un verre d'eau. En prendre trois verres par jour, une heure avant le repas, pendant huit jours.

(*Recette de M. l'abbé J…, curé de L…*)

Faites une rondelle de toiles d'araignée, grande comme environ une pièce de cinq francs en argent, tant en surface qu'en épaisseur; faites frire cette toile d'araignée dans une poêle bien propre avec un plein verre de bon vinaigre jusqu'à ce que celui-ci soit entièrement consommé, et appliquez aussi chaudement que possible sur la région malade.

La potion au *perchlorure de fer liquide,* indiquée au mot *hémoptysie,* réussit également bien.

67. — HÉMORRHOIDES.

Nous n'avons pas besoin de définir et de décrire les symptômes des hémorrhoïdes; tout le monde est à ce sujet aussi instruit que nous.

Fréquentes chez les hommes sédentaires, les gens de bureau, les magistrats et chez les femmes qui ont eu des enfants, les hémorrhoïdes ne sont autre chose qu'une dilatation des veines du gros intestin, lesquelles se boursoufflent au voisinage du fondement et causent des douleurs quelquefois intolérables. On peut se débarrasser des hémorrhoïdes par l'usage fréquemment répété de lavements à l'eau froide, par des bains de siége froids et par l'application d'onguent *populeum* sur les tumeurs hémorrhoïdales. Pour éviter leur retour, il faudrait avoir soin de ne demeurer jamais constipé, et de faciliter, pendant quelque temps, la sortie des matières fécales au moyen d'un lavement préalable.

(Recette de M. l'abbé G.,...)

Frotter fortement avec une poignée d'oseille un vase de cuivre, et le laisser dans cet état jusqu'à ce qu'il soit fortement chargé de vert de gris, ce qui a lieu au bout de dix à douze heures. Cela fait, on remplira le vase d'eau de fontaine la plus vive possible qu'on laissera séjourner pendant vingt-quatre heures. On retire alors cette eau dont on lave la partie malade toutes les heures; au bout de deux jours, les hémorrhoïdes ont disparu. Une seule fois, dit M. l'abbé G..., ce remède m'a fait défaut, celui qui suit a alors triomphé parfaitement.

Noix de galle.	2 grammes.
Axonge balsamique..	10 —

On prendra de cette pommade gros comme une noisette, dont on enduira la partie malade toutes les six ou huit heures.

(*Recette communiquée par M. l'abbé O...*).

Beurre de cacao..	15 grammes.
Huile d'amandes douces . . .	60 —
Cire blanche..	15 —
Extrait de belladone.	0,50 centigr.

Mêlez. En frictions sur les tumeurs hémorrhoïdales.

(*Pommade du Dr Lunel*).

Noix de galle.	2 grammes.
Teinture d'opium	2 —
Camphre..	1 —
Cire blanche.	8 —

Contre les hémorrhoïdes fluentes.

Lorsqu'il y a un flux hémorrhoïdal abondant, on parvient à le modérer par le repos absolu, la diète, la position horizontale, des boissons froides et acidulées, des bains de siége froids, des injections froides, acidulées; et, dans les cas extrêmes, par le tamponnement du rectum.

68. — HERNIE.

Il y a hernie chaque fois qu'un organe sort de la cavité naturelle; mais, dans le sens ordinaire du mot, on ne donne le nom de hernie qu'à la sortie anormale des viscères abdominaux par l'arcade crurale et les anneaux inguinal et ombilical.

Symptômes.— « On aperçoit à l'ombilic, à l'aine, etc., une grosseur plus ou moins volumineuse, molle, circonscrite, sans changement de couleur à la peau, insensible, augmentant par la toux, la position verticale et la marche. La hernie intestinale se reconnaît particulièrement à son élasticité, au *gargouillement* qu'elle fait entendre lorsqu'on veut la faire rentrer, gargouillement causé par le déplacement des gaz et des matières contenues dans l'intestin. Une hernie abandonnée à elle-même expose à des conséquences fâcheuses : outre qu'elle augmente toujours avec le temps et gêne en marchant, elle occasionne fréquemment des nausées, des vomissements, des indigestions, des coliques, des constipations opiniâtres, etc. Quand les hernies peuvent être repoussées dans leur cavité naturelle à l'aide d'une pression méthodique, appelé *taxis*, on dit qu'elle sont *réductibles* ; elle sont dites, au contraire, *irréductibles* quand des adhérences ou le volume de la tumeur s'opposent à leur rentrée. Lorsque l'ouverture qui a livré passage à la partie herniée vient se resserrer de manière à y produire une constriction plus ou moins forte, il y a *étranglement de la hernie*, et si l'on ne se hâte de *débrider* la tumeur, il survient une constipation complète, des hoquets, des vomissements stercoraux et tous les signes d'une inflammation violente, promptement suivie d'une gangrène mortelle. Après la réduction des hernies qui sont susceptibles d'être réduites, on doit empêcher, au moyen d'un bandage herniaire à pelote convexe, qu'elles ne sortent de nouveau. Les hernies irréductibles doivent être seulement soutenues par un bandage à pelote concave, qui n'exerce qu'une pression douce et constante, et qui s'oppose à leur accroissement. »

(*Recette de M. l'abbé P..., curé à ... (Loiret)*.

Elle consiste à prendre un bain de siége à l'eau chaude simplement, aussitôt qu'on se sent atteint de la hernie ; en moins d'un quart d'heure la hernie est rentrée pour toujours.

(*Recette pour faire rentrer une hernie, de M. l'abbé Haubout, curé de Garges.*)

Ecorces de grenade..	15 grammes.
Sumac concassé..	40 —
Fleurs de roses de Provins. . .	40 décigr.
Sel ammoniac.	40 décigr.
Vin de Roussillon	une bouteille.

Faites bouillir le vin, puis mettez-y les objets ci-indiqués, fermez hermétiquement et laissez infuser pendant deux ou trois jours ; après ce temps, trempez des linges compresses dans cette infusion, appliquez et renouvelez soir et matin jusqu'à disparition de la hernie, chose qui se produit toujours après huit ou dix jours de traitement.

(Recette pour la hernie étranglée.)

Voici l'extrait d'une observation de M. le docteur CZERNICKI : Le patient accusait des douleurs insupportables dans l'abdomen ; une tumeur dure, renitente, de la grosseur d'un œuf de poule, occupait l'aine droite ; les vomissements se répétaient avec une fréquence inquiétante ; les matières fécales commençaient même à apparaître ; le pouls était fréquent et petit.

Avant d'employer d'autres médications, j'ai procédé au taxis ; mais après plusieurs tentatives infructueuses, qui ont occasionné beaucoup de douleurs au malade, j'ai suspendu toutes manœuvres, en recommandant toutefois de prendre chaque quart d'heure une tasse de café très concentré. Je promis au malade de revenir dans une heure.

Dans ma seconde visite, les vomissements avaient un peu diminué, mais les douleurs étaient les mêmes. Cependant, les borborygmes commençaient à disparaître ; je prescrivis de nouveau le café, et à ma troisième visite, qui eut lieu une heure plus tard, la hernie rentra facilement sous la plus légère pression.

69. — HOQUET.

Contraction spasmodique et subite du diaphragme, qui détermine une secousse brusque des cavités de la poitrine et du bas-ventre, accompagnée d'un bruit rauque tout particulier et d'un resserrement subit du larynx. Dans l'état de santé, le hoquet peut être occasionné par l'ingestion brusque d'aliments pesants et compactes, par celle de liquides spiritueux pris avec excès, ou par le brusque passage d'un lieu chaud à un lieu froid. Il se produit encore dans certaines maladies nerveuses ou abdominales, et, dans ce cas, c'est un signe funeste. Enfin, on l'observe aussi fort souvent chez les agonisants : c'est ce qu'on nomme le *hoquet de la mort*. Le plus ordinairement le hoquet est une indisposition insignifiante, qu'on dissipe par quelques gorgées d'eau froide, par une surprise, ou en retenant sa respiration ; on en a vu cependant persister pendant plusieurs jours et devenir une véritable maladie : on le combat alors à l'aide de boissons glacées et par l'application d'irritants très-actifs sur le creux de l'estomac, ou par l'un des moyens suivants.

(Recette de M. l'abbé Blondet, curé à Frevin-Capelle, par Aubigny (Pas de Calais.)

Boire seulement un verre d'eau, en prenant soin de se boucher en même temps hermétiquement les deux oreilles avec les doigts. Si la personne ne peut seule tenir ce vase avec les dents, une autre évidemment lui donne la boisson.

(Recette de M. l'abbé A. S..., curé de X.)

Il suffit d'écraser sous la dent quelques grains de gros poivre.

(Recette du Dr Rostan.)

Croquer du sucre.

70. — HYDROCÈLE.

Tumeur formée dans le scrotum par un amas de sérosité. L'équitation, les coups, les chutes sur les bourses prédisposent à cette maladie ou la déterminent. La marche de l'hydrocèle est généralement assez lente. Lorsqu'elle est arrivée à un certain développement, elle reste stationnaire pendant plusieurs années ; cela ne constitue alors qu'une infirmité ; mais si la tumeur devient plus volumineuse, il faut se hâter de recourir à la ponction, ce qui ne peut être fait que par un chirurgien habile.

Voir en outre les traitements que nous indiquons au mot *hydropisie* pour les différentes espèces d'épanchement.

71. — HYDROPHOBIE, RAGE.

Maladie des plus graves qui peut se développer soit

spontanément (fait très-rare chez l'homme), soit par communication, chez divers animaux.

La rage se développe spontanément chez le chien, le loup, le renard et le chat; le plus souvent à la suite des chaleurs excessives ou des froids rigoureux qui les privent de l'eau qui leur est nécessaire; les passions violentes dans le temps du rut sont capables aussi de la déterminer. Le virus est transmis par la salive. — Les syptômes du mal sont : une douleur vive dans la partie mordue, une violente céphalalgie avec excitation des facultés intellectuelles et des organes des sens, des désordres variés des fonctions digestives, une soif brûlante et en même temps une invincible aversion pour l'eau et les liquides, un sentiment de constriction extrême à la gorge, enfin une bave écumante.

Le nombre de recettes employées dans le traitement de l'hydrophobie est grand; nous allons donner les principales, celles avec lesquelles on nous paraît avoir obtenu les plus heureux résultats.

(Recette de Doublet.)

Faites bouillir dans un litre de lait une grande tasse de feuilles de rue, une tasse de feuilles de buis, et neuf feuilles de sauge. Cette boisson cause des malaises, des vertiges, des tremblements, et provoque une sueur froide de deux à trois heures, après laquelle le malade est guéri.

(Recette du P. Legrand, missionnaire en Chine.)

Prendre chez le pharmacien trois pincées de datura stramonium; le faire bouillir dans un litre d'eau jusqu'à réduction de moitié, puis faire prendre tout d'une fois cette boisson au malade, qui tombera de suite dans une grande prostration, qui transpirera extraordinairement, mais qui sera sauvé.

(Recette de M. l'abbé Mitton, curé de Messemi, par Landon (Vienne); secret de famille qu'il a bien voulu nous offrir.)

Prendre de la racine d'églantier, la sécher lentement au four, la pulvériser ensuite pour la garder indéfiniment prête au besoin. La dose à employer se mesure dans la coquille d'un œuf, dont le contenu vidé et battu avec la poudre, devra faire une omelette à l'huile d'olive ou de noix ; répéter la dose plusieurs jours et nuits, et faire extrême diligence pour commencer le traitement dès le début de l'inoculation du mal.

(Recettes communiquées par M. l'abbé C...., curé de B...)

Prenez une poignée de rue ou de sauge des jardins, une de trèfle blanc ; broyez ces herbes dans un mortier, ajoutez-y 5 clous de girofle pilés et une pincée d'écorce d'orange amère rapée, enfin une poignée de sel gris ; versez sur le tout un verre de vin rouge et faites infuser sur les cendres chaudes pendant une heure ; passez et exprimez fortement.

Ce remède doit être pris avant le premier accès ; il se boit le matin à jeun. Ne rien prendre que trois heures après. Le malade se tiendra debout, se promènera une ou deux heures. On met sur les plaies, en cataplasme, le marc de ce breuvage. L'efficacité de ce traitement a été constatée en Bresse.

(*Remède anglais.*)

Aussitôt qu'on a été mordu par un animal enragé, il faut faire une espèce de pâte avec une ou deux cuillerées de bon sel détrempé dans quelques gouttes d'eau. On frottera à l'instant la place au point qu'elle en soit bien pénétrée. Cette friction se répétera pendant huit à dix jours, quatre à cinq fois par jour. On tient sur la plaie une compresse de la même pâte.

Autre.

Pendant trois jours, pansement des plaies avec l'alcali, que l'on fera pénétrer le plus profondément possible dans les solutions de continuité. Les jours suivants et pendant une huitaine, couper l'alcali avec parties égales d'eau, enfin laisser cicatriser.

A l'intérieur. — Alcali volatil — 10, 15, 20 gouttes matin et soir dans un demi-verre d'eau. Cette dose variera suivant l'âge, la constitution du sujet et la gravité des blessures.

(Recette du prieur de Châteauneuf.)

Prenez le poids de deux liards de vermoulu de chêne sec et bien tamisé, et quatre œufs dont on ôte exactement le germe. On bat le tout ensemble pour en faire une omelette. On fricasse cette omelette dans de la bonne huile de noix, et on la fait manger à la personne ou à l'animal qui a été mordu. Si la personne est un enfant, proportionnez la dose à la faiblesse. Il faut faire suer abondamment le malade.

72. — HYDROPISIE.

C'est un épanchement d'eau dans les grandes cavités du corps ou dans le tissu cellulaire, qui prend des noms différents suivant la cause qui l'a produit et la région dans laquelle il a lieu, suivant qu'il est local ou général. Ainsi l'épanchement séreux dans le tissu cellulaire souscutané est une *anasarque*, un *œdème*; dans la poitrine, un *hydrothorax*; dans le cerveau, un *hydrocéphale*; dans la cavité de la membrane graisseuse, qui enveloppe le cœur, une *hydropéricardite*; dans le bas-ventre, une *ascite*; dans les testicules, une *hydrocèle*, etc.

Les causes de l'hydropisie sont ou un affaiblissement des vaisseaux absorbants ou lymphatiques, ou une maladie grave du cœur ou du foie, ou la suppression d'une sécrétion ou d'une excrétion, de la transpiration cutanée, par exemple, ou une compression mécanique exercée par quelque obstacle interne sur les vaisseaux lymphatiques et les veines, tels que des tumeurs, ou enfin la nature aqueuse du sang, sa tendance à se décomposer.

(Recette communiquée par M. l'abbé C..., curé de B.)

Infusion de reine des prés, une poignée pour un litre d'eau bouillante. En prendre trois tasses par jour.

(Recette de M. l'abbé ***.)

Une boisson de poiré ou cidre de poiré suffit quelquefois à la guérison; plus il est vieux, mieux il opère; il est préférable au vin blanc, il réussit mieux.

On emploie aussi le poiré dans lequel on met infuser pendant trois ou quatre jours des pousses de genêt, et une autre fois des feuilles de houx; une tisane de valériane, prise une semaine après; cet ensemble de recettes fait des cures admirables.

(Recette du père De Breyne, trappiste.)

Digitale.	12 grammes.
Scammonée	6 —
Scille.	6 —
Extrait de genièvre.	Q. S. pour faire 120 pilules.

En prendre quatre par jour.

(Recette du curé de Chancé.)

Rhubarbe.	4 grammes.
Jalap.	2 —
Iris.	4 —
Diagrède.	4 —
Sucre candi.	60 —
Eau-de-vie.	500 —

Laissez macérer pendant quatre jours, filtrez et conservez pour l'usage.

En prendre tous les matins à jeun, un petit verre.

(Recette de M. Langevin, curé de Ticheville.)

Oignons blancs cuits, écrasés, étendus sur de la laine ou de la flanelle, saupoudrés de poudre à canon; enveloppez-en les membres et restez au lit très chaudement.

Les oignons doivent être appliqués très chauds. Cette recette est employée dans l'anasarque.

(Recette de M. Chapot, curé de Royères à St-Léonard.)

Faites prendre au malade, trois fois par jour au moins un bol d'urine de vache, mélangée par moitié avec le lait de la bête. Il importe de prendre des précautions pour que le malade ignore la nature de ce breuvage.

Quand les hydropisies s'accompagnent d'un état de

débilité et de prostration, on devra combattre ces symptômes par des toniques et surtout par une *alimentation réconfortante*.

Enfin quand les moyens que nous venons d'indiquer n'ont pas été suffisants pour obtenir l'évacuation ou la résorption du liquide épanché, il faut lui ouvrir une issue ; pour cela, on a recours à diverses opérations chirurgicales, qui varient selon le siége de l'épanchement : pour l'anasarque, ce sont de simples *mouchetures*; on emploie la *ponction* pour l'ascite, pour l'hydrocèle, l'hydrothorax et quelquefois l'hydrocéphale. Ce soulagement n'est le plus souvent que momentané; ordinairement les eaux se reproduisent avec rapidité, et il faut recommencer l'opération.

73. — HYGIÈNE.

L'hygiène est la partie de la médecine qui a pour objet de conserver la santé et de prévenir les maladies.

L'homme, dit le docteur Deslandes, est entouré d'une foule de choses, soumis à une multitude d'influences plus ou moins favorables ou nuisibles à sa santé, plus ou moins essentielles à son existence ou menaçantes pour elle. Parmi ces influences, il en est dont il ne saurait se passer, auxquelles il ne pourrait se soustraire sans perdre la vie; tels sont l'air, les aliments, etc., etc. Il en est d'autres qui, sans être aussi indispensables, sont cependant de la plus grande utilité; la vie pourrait à la rigueur exister sans elles ; mais, par leur influence, elle est à la fois plus assurée et plus agréable. Dans cette classe nous trouvons les bains, le vêtement, les soins de propreté, les travaux de l'esprit, les exercices du corps, etc., etc. Certes, il serait possible, à la rigueur, qu'on continuât à vivre, même en bonne santé, malgré la privation plus ou moins complète d'une de ces choses; mais le plus souvent cette privation exposerait à une foule d'inconvénients et même à des dangers. Enfin, il est des influences qui sont essentiellement nuisibles ou délétères, par les sensations douloureuses qu'elles causent, le désordre qu'elles apportent dans nos fonctions, et les altérations qu'elles font subir à nos organes : tels sont les miasmes, les poisons, les venins, les virus contagieux, etc., etc.; tels sont encore les abus que nous pouvons faire de nos facultés et des choses dont l'usage bien réglé n'a pas d'inconvénient, ou même a des avantages plus ou moins notables pour la santé. Toutes ces influences sont du domaine de l'hygiène. Par cette science, on apprend à connaître celles qu'il faut fuir, celles qu'il faut rechercher, comment on se rend plus favorables les autres, comment on peut se soustraire à l'action de celles-ci, comment on peut profiter des effets avantageux de celles-là. L'hygiène est donc une science toute pratique, une science que tous les hommes ont besoin de connaître, puisqu'ils sont appelés à en faire l'application dans un intérêt qui est le premier de tous, celui de la conservation de la santé et de la vie.

Au commencement de ce livre, on trouvera un long article sur l'hygiène du curé de campagne; nous n'avons rien à y ajouter.

74. — HYPOCONDRIE.

L'hypocondrie a pour cause une disposition particulière qui est quelquefois héréditaire, l'âge adulte, le sexe masculin, des excès répétés d'intempérance, l'abus des médicaments, le passage brusque d'une vie active et agitée au calme et au repos, des travaux excessifs de cabinet, des affections morales vives, des suppressions d'hémorrhagies, l'affection organique d'un ou de plusieurs viscères abdominaux.

L'hypocondrie présente des *dérangements de la digestion* et d'autres lésions fugaces du système nerveux, telles que palpitations du cœur, vertiges, inquiétudes, céphalalgie, anxiétés, tristesse profonde, inégalité de caractère, etc.

Traitement. — Éloigner et combattre les causes, séjour à la campagne, vie sobre et réglée, abstinence de liqueurs alcooliques, exercice, voyages, distractions, les médicaments ne doivent être que rarement employés; cependant, quand il y aura constipation on devra donner quelques légers purgatifs.

75. — HYSTÉRIE.

L'hystérie est une affection particulière aux femmes, qui prend sa source dans un état anormal de la sensibilité des organes du bas-ventre. La matrice, organe creux, dans lequel est contenu l'enfant pendant la grossesse, exerce une influence prodigieuse, en santé comme en maladie, sur le physique et le moral de la femme. Cette influence nerveuse de la matrice donne lieu aux symptômes les plus bizarres, les plus extraordinaires et souvent les plus inexplicables. L'action sympathique de sa vitalité spéciale imprime à certaines femmes un caractère exceptionnel, leur inspire les idées les plus singulières, les excentricités d'humeur, de sensations et de langage les plus curieuses. Tantôt c'est une joie habituellement folle, extravagante, que rien ne justifie; tantôt une tristesse, une mélancolie, ou une irritabilité de caractère qu'on ne sait expliquer, et auxquelles on ne peut assigner aucune cause appréciable. Chez les unes, la sensibilité des sens est exaltée outre mesure, le moindre bruit les fait tressaillir, le moindre son leur cause une douleur aiguë; la moindre contrariété, le moindre reproche les fait pleurer.

Quelquefois l'hystérie se produit sous forme d'attaque. L'attaque est alors tantôt subite, tantôt précédée des phénomènes dont nous venons de parler. Elle est, dit le docteur Bossu, souvent caractérisée par la sensation d'un corps rond, d'une boule qui, partant de l'hypogastre, remonte à l'estomac, où elle produit de la suffocation, puis au cou, où elle provoque un sentiment de constriction très-pénible. La respiration est haute, rapide; il y a des palpitations, des vertiges, du météorisme, et dégagement de gaz inodores par la bouche; la sensibilité est plus ou moins altérée, ainsi que la connaissance. Dans les fortes attaques, les mouvements sont désordonnés; les malades, privés de connaissance, poussent des cris, quelquefois se frappent; les organes génitaux, dit-on, sont dans un état d'éréthisme, le clitoris serait développé, et la vulve s'humecterait d'un mucus exhalé dans le vagin (hystérie libidineuse). Quelle que soit sa forme, l'accès se calme peu à peu.

Alors il y a quelquefois explosion de pleurs. Dans d'autres cas, ce n'est qu'une rémission suivie de nouveaux accidents. Quelques femmes se plaignent d'une douleur vive, circonscrite dans un point du corps: c'est ce qu'on appelle *clou hystérique;* d'autres perdent pendant l'attaque l'usage d'un ou de plusieurs sens; elles sont momentanément aveugles, sourdes ou sans voix. Les hystériques, d'ailleurs, sont habituellement mélancoliques, ou bien elles se livrent à une gaieté folle et passent rapidement de la joie à la tristesse; elles sont sujettes à la migraine, aux palpitations, aux irrésolutions, à une espèce d'agacement nerveux et à l'impatience; elles souffrent souvent de douleurs gastralgiques et autres névralgies. Leurs menstrues sont généralement difficiles et irrégulières, etc.

Potion anti-hystérique.

Eau de tilleul.	100 grammes.
Sirop d'éther.	20 —
Eau de fleurs d'oranger.	20 —

Une cuillerée à bouche chaque demi-heure.

(*Recette du docteur Lomet.*)

Extrait de valériane.	2 grammes.
— de digitale.	1 —
Thridace.	1 —
Teinture de musc.	30 gouttes.
Camphre.	0,50 centigr.

F. S. A. 20 pilules.
De deux à quatre par jour.

(*Recette du père De Breyne, trappiste.*)

Extrait de belladone.	0,50 centigr.
— de digitale.	0,50 —
— de valériane.	3 grammes.
Cyanure de potassium.	0,25 centigr.

F. S. A. 24 pilules.
De deux à quatre par jour.

Lavement anti-hystérique.

Assa fœtida.	5 grammes.
Jaune d'œuf.	1 —
Décoction de guimauve. . . .	250 —

76. — ICTÈRE, JAUNISSE.

Maladie caractérisée par la coloration jaune de la peau, des conjectives et de l'urine. Il y a deux espèces de jaunisse : l'une qui n'est qu'accidentelle, qui survient après une colère, après un chagrin violent, après une secousse morale vive, qui se développe de préférence au commencement de l'hiver et dans les pays chauds ; l'autre jaunisse, qui annonce et caractérise certaines affections du foie, de l'estomac ou des intestins.

Nous n'avons à nous occuper que de la première.

(Recette de M. l'abbé S...)

Prenez une demi-pinte de bon lait, ou bien une demi-pinte de petit-lait ou lait clair, les écailles de quatre œufs. Faites bouillir le tout ensemble, passez, ajoutez-y un seul jaune d'œuf débattu ; prenez le tout le soir en vous couchant et bien chaud.

(Recette de M. l'abbé P., curé à.. (Manche.)

M. l'abbé P... nous écrivait en nous envoyant cette recette :

« Je puis vous la donner avec d'autant plus de confiance, que j'en ai fait l'application à une de mes sœurs ; elle avait la peau aussi jaune qu'un citron, je lui mis autour du cou *une anguille vivante*, que j'avais fait coudre aux deux bouts afin qu'elle enveloppât bien le cou. Au bout de vingt-quatre heures, l'anguille avait puisé toutes les humeurs et était devenue toute jaune, la guérison était complète. »

77. — INCONTINENCE D'URINE.

« Ecoulement involontaire et ordinairement non douloureux de l'urine par les voies naturelles. Chez l'adulte et surtout chez les vieillards, cette infirmité n'est qu'un symptôme d'autres maladies (affection de la vessie, du canal de l'urètre, du cerveau, etc.). Chez les enfants, il est quelquefois difficile de découvrir l'origine de l'incontinence d'urine; elle dépend souvent d'une atonie du col de la vessie. Plus commune chez les garçons que chez les filles, elle s'observe particulièrement chez les enfants faibles et mal constitués. On doit la combattre par une nourriture substantielle et stimulante, par les bains froids, la gymnastique, un lit un peu ferme, des frictions toniques avec le vin aromatique ou avec l'eau-de-vie. La guérison survient presque toujours à l'époque de la puberté. »

(*Recette du père De Breyne, trappiste*).

Extrait de belladone. . . . . . 0,20 centigr.
Racine.   — . . . . . 0,40 —

Faites 40 pilules.

Donner une pilule le soir pendant une semaine. Si le mal ne cesse pas, donner 2, 3 pilules et même plus si l'enfant est déjà grand, jusqu'à ce qu'on obtienne un résultat marqué ou un grand trouble dans la vue. Dès que 8 jours se sont écoulés sans accidents, on cesse pendant 3 à 4 jours, puis on reprend pendant une semaine pour cesser 8 jours encore. Enfin tous les mois, durant au moins un an, il faut prendre pendant 8 jours de suite une ou 2 doses de belladone; sans cette précaution la maladie ne tarderait pas à reparaître.

78. — INDIGESTION.

Une digestion bonne et facile se caractérise par un sentiment de bien-être et de gaieté, par un accroissement d'énergie. Une mauvaise digestion, au contraire, s'annonce par de la fatigue, de l'abattement, de la somnolence et de la tristesse. On a des aigreurs, des renvois, des vents, une mauvaise bouche; on éprouve des envies de vomir, de la pesanteur de tête, des douleurs au creux de l'estomac, des frissons, une lassitude générale. Tant qu'on n'a point vomi, ou que l'indigestion n'est point résolue par les selles, on se trouve en proie au plus grand malaise.

L'indigestion est la suite d'une mauvaise disposition, autant et souvent plus que de la quantité des mets absorbés par l'estomac. Elle résulte aussi parfois de l'ingestion de mets de difficile digestion, les pâtés, homards, viandes rôties, surtout le gibier, ou encore de crudités comme la salade de céleri, etc. Souvent le froid aux pieds en est la cause, comme aussi l'ingestion de glaces après le repas.

(Recette de M. l'abbé T..., curé de Saint-S...)

Traitement. — Concassez des coquilles d'amandes, versez dessus de l'eau bouillante et laissez infuser pendant 10 minutes ou un quart d'heure.

En boire une, deux et trois tasses à un quart d'heure d'intervalle.

(Recette de M. l'abbé C..., curé de B...)

Prendre trois grains entiers de poivre noir et les avaler comme on avalerait des pilules. Ne rien prendre que trois ou quatre heures après.

79. — INSOMNIE.

L'insomnie est l'impossibilité de dormir, sans maladie, sans cause apparente. Elle peut devenir un mal très-pénible, qui dure des mois, des années, et qui finisse par amener une grande faiblesse, un amaigrissement progressif, le trouble de toutes les fonctions et même des facultés intellectuelles.

Cette grave incommodité peut avoir deux causes différentes, ou un état habituel d'excitation nerveuse agissant directement sur le cerveau, telles que de vives préoccupations, des chagrins, des peines morales, ou des affections des organes abdominaux qui réagissent sympathiquement sur le centre du système nerveux.

Dans le premier cas, c'est cet état moral qu'il faudra combattre par les *moyens moraux:* distraction, voyages, grand air, etc.; dans le second on s'adressera surtout à l'alimentation: ne prendre qu'une nourriture d'une digestion très-facile, manger peu le soir, s'abstenir de café, de cidre, d'alcooliques, etc., enfin ne se coucher qu'après une longue promenade et lorsque la digestion est complétement faite.

80. — LAIT.
Moyen de le rendre plus digestible.

Afin de faciliter la digestion du lait, aussi bien chez les enfants, dont il est la nourriture habituelle, que chez les adultes, le docteur Gumprecht conseille d'y associer une petite quantité de sel de cuisine. Par cette addition, la caséine se dissout mieux dans les liquides de l'estomac, et le lait est digéré plus facilement, et exerce une action plus bienfaisante sur la masse sanguine. Le lait, chez les adultes, provoque assez souvent une sensation de pesanteur à l'estomac, des aigreurs et même de la diarrhée. Pour obvier à cet inconvénient, M. Gumprecht conseille de saupoudrer de cannelle le lait préalablement bouilli, et d'y ajouter une quantité suffisante de sel de cuisine et de sucre pour obtenir un goût agréable, légèrement piquant. Dans le traitement par la diète lactée, on se trouvera également bien de cette addition de sel et de sucre.

81. — LÈPRES.

On comprend sous cette dénomination l'*yaws*, l'*éléphantiasis des Grecs* et *celui des Arabes*.

L'*yaws* se manifeste par une éruption cutanée de boutons qui présentent quelque analogie avec les framboises.

L'*éléphantiasis des Grecs* par la difformité de la face, la chute des poils, des cheveux; par le derme squirrheux avec des tubercules durs, inégaux, enfin par la diminution progressive de l'action des sens, lassitude, voix faible, haleine fétide, respiration difficile.

L'*éléphantiasis des Arabes* présente deux degrés, le premier caractérisé par un gonflement des pieds, des ulcérations aux bras, aux cuisses, le second par des tubercules durs et insensibles, avec volume énorme et informe des pieds et des jambes.

Les lèpres ne s'observent jamais en France; aussi nou

bornerons-nous, pour le traitement, à conseiller les *bains de guano*, indiqués au mot dartres.

82. — LOUPES.

Tumeurs circonscrites, molles, sans douleur, sans chaleur, sans changement de couleur à la peau, plus ou moins volumineuses, et de forme variable. Les loupes sont *enkystées* ou *non enkystées* : les premières surviennent sans cause apparente; les secondes, au contraire, sont fréquemment déterminées par une cause externe, comme un coup, une meurtrissure. *Dans les loupes enkystées*, il y a sécrétion d'une humeur nouvelle qui a plus ou moins de consistance, tantôt celle du miel (*mélliceris*), tantôt celle du suif (*athérome*). *Dans les loupes non enkystées*, la tumeur est formée par le tissu adipeux, dans lequel la graisse est accumulée en plus grande quantité que dans l'état naturel; c'est une sorte d'obésité circonscrite, ce qui lui a fait donner le nom de *stéatome* ou de *lipome*. Les tumeurs avec kyste présentent une fluctuation plus ou moins obscure, selon la nature de l'humeur qu'elles renferment; elles sont plus ou moins élastiques, et ne parviennent jamais à la grosseur du *stéatome* : celui-ci est moins mobile sous la peau, moins dur, doux au toucher; la partie du tégument qui le couvre est un peu lâche, et sa surface quelquefois inégale; il est ordinairement plus gros que les loupes enkystées, et susceptible d'acquérir un volume énorme, lorsqu'il a son siége dans le tronc. — En général, les loupes sont des affections peu dangereuses; on peut les porter durant un grand nombre d'années, et même pendant toute sa vie; elles n'incommodent que par leur difformité lorsqu'elles sont au visage, par leur poids, quand elles ont un volume considérable, ou par la gêne qu'elles peuvent apporter aux fonctions des organes sur lesquels elles sont situées.

(*Recette de M. l'abbé C..., curé de B...*)

Mettez dans un pot de grès neuf, une chopine de vinaigre fort (de vin blanc), puis ajoutez cinq œufs frais entiers; bouchez bien. Après quatre ou cinq heures débouchez et remuez fortement avec un petit bâton. Pour s'en servir on imbibe dans ce liniment, un linge qu'on plie en quatre et qu'on applique sur la loupe deux ou trois fois par jour.

(Autre recette.)

Prenez de la pâte préparée pour faire le pain, en quantité suffisante pour couvrir la loupe, dont vous prenez l'empreinte avec cette pâte; faites cuire la pâte à demi, remplissez la cavité qui correspond à la tumeur avec du miel, appliquez sur la loupe, maintenez avec un bandage contentif; la loupe ne tardera pas à se détacher. Alors vous panserez la plaie avec un emplâtre d'onguent de la mère.

(Autre recette de M. l'abbé......)

Frictionner matin et soir la loupe avec sa propre salive.

83. — LOMBAGO.

Outre les rhumatismes articulaires, il est une forme de ces inflammations qui se rapproche beaucoup de la névralgie pure; c'est ce que l'on a appelé le rhumatisme musculaire, lequel peut se rencontrer dans toutes les parties du corps, mais dont le type, et comme intensité et comme fréquence, est certainement le lombago, *rhumatisme lombaire*. C'est donc au mot *rhumatisme* que le lecteur trouvera de plus longs détails sur la symptomatologie et le traitement de cette affection.

84. — MENSTRUATIONS, MENSTRUES, RÈGLES.

Évacuation sanguine et périodique de l'utérus chez la femme pubère, c'est-à-dire âgée de treize à quinze ans; cette éruption mensuelle cesse ordinairement vers l'âge de quarante-cinq ans.

L'apparition des règles peut être retardée pour deux

causes : « parce que l'économie manque du degré de vitalité, d'énergie, nécessaire à l'accomplissement de cette fonction, qui est généralement le thermomètre de la santé des femmes, ou bien parce qu'il y a excès de cette vitalité, et que, trop disséminée, elle ne se concentre pas suffisamment sur les organes voulus. » Le premier état constitue la *chlorose*, ou les *pâles couleurs* ; le second se reconnaît à la coloration habituelle de la face, à un sentiment d'étouffement ou de gêne dans la respiration, à des coliques intenses, à de fréquents maux de tête, et à des saignements de nez.

L'absence des règles chez une femme en âge de les avoir, a reçu, en médecine, le nom d'*aménorrhée*. Leur difficulté, celui de *dysménorrhée*.

Une fois bien établies, les règles sont sujettes à se supprimer, ou à couler trop abondamment.

Leur suppression peut tenir à la grossesse, et dans ce cas, on se gardera bien de rien faire. Quant à l'écoulement immodérée, il constitue les pertes passives dont nous avons parlé au mot *hémorrhagie*.

AMÉNORRHÉE. — (*Recette de M. l'abbé X...*)

Une pincée de fleurs d'arnica montana pour deux verres d'eau, faire l'infusion à la manière du thé. En prendre deux verres ou deux petites tasses à café par jour, pendant une semaine.

DYSMÉNORRHÉE. —(*Recette de M. Doublet.*)

Faites prendre la teinture d'iode à doses répétées depuis cinq jusqu'à trente gouttes, selon l'âge et la constitution de la malade.

Dans la dysménorrhée, l'infusion de fleurs d'arnica convient également. Quant à l'aménorrhée avec chlorose, voyez le mot *pâles couleurs*.

85. — MIGRAINE.

Mal de tête caractérisé par des douleurs lancinantes

vives, superficielles ou profondes, n'occupant le plus souvent qu'*un côté de la tête*, sujet à des retours périodiques réguliers, et souvent sympathique d'un embarras des voies digestives.

Le tempérament nerveux, les affections tristes, l'application profonde ou prématurée à l'étude, les veilles, l'action du grand air chez les personnes qui n'y sont point habituées, le retour périodique chez les femmes, l'hérédité, en sont les causes les plus ordinaires. Tissot l'attribuait à des lésions de l'estomac; Hoffmann, à un vice de la circulation; d'autres médecins, à une affection rhumatismale : c'est simplement une névralgie. Les femmes y sont beaucoup plus sujettes que les hommes.

Symptômes. — Le début de la migraine est souvent brusque : la douleur commence à se faire sentir au front, vers l'angle interne des yeux, et, delà, envahit une partie du crâne (*hémicranie*); chez d'autres sujets, le début est précédé de courbature, de bâillements, quelques-uns ont des nausées, des vomissements même. Bientôt les douleurs deviennent vives, lancinantes, gravatives, les malades éprouvent un malaise extrême, leurs idées sont confuses, leur mémoire presque nulle; enfin ils ne peuvent se livrer à aucune occupation; après huit à vingt heures, tous ces symptômes disparaissent ordinairement.

(*Recette de l'abbé D..., curé à... (Seine-Inférieure.*)

Dans les grands maux de tête et lorsque le sang menace de congestionner le cerveau, il faut de suite avoir recours à des lotions faites sur la tête avec l'eau sédative, dont nous donnons la formule plus loin.

Poudre hémicranienne du docteur Lunel.

Valérianate de quinine.	1 grammes.
Poudre d'ellébore noir..	2 —
Poudre de stramoine	0,03 centig.
Tabac en poudre.	30 grammes.

Mêlez.
Une prise toutes les demi-heures pendant la **migraine**.

Frontal hypnotique de Bouchardat.

Poudre de jusquiame.	30 grammes.
— de morelle.	30 —
Opium brut.	0,60 centigr.

Vinaigre, quantité suffisante pour faire une espèce de pâte, qu'on renferme entre deux linges et qu'on applique sur le front.

(*Recette de M. l'abbé C..., curé de B...*)

Faites brûler légèrement des grains d'orge et de seigle, de manière à en faire évaporer l'huile essentielle et le sel volatil, mettez-les en poudre et prenez avec ou sans sucre, comme on fait pour le café.

(*Autre Recette.*)

Prenez des marrons d'Inde rôtis et réduits en poudre, en guise de tabac, une prise matin et soir.

86. — MORT.

Cessation de l'existence dans les corps organisés. (Voy. *Agonie*).

Le corps de l'homme a à peine cessé de vivre, qu'il prend le nom de *cadavre*. La question des signes de la mort se place alors naturellement ici :

Malgré la réunion des signes suivants de la mort : absence de circulation et de respiration, raideur cadavérique, front ridé, yeux caves, nez pointu, lèvres pendantes, putréfaction, qu'il fallait distinguer avec soin de la gangrène, etc., l'expert ne pouvait se prononcer qu'avec réserve. La question des signes de la mort a fait un pas important depuis la publication du beau rapport de M. Rayer sur un mémoire de M. Bouchut ; voici une partie des conclusions de ce rapport :

1° La cessation définitive des battements du cœur, indiqués par la cessation des bruits cardiaques, est un signe immédiat et certain de la mort ;

2° La rigidité cadavérique est également un signe certain de la mort ;

3° Le défaut de contractilité musculaire sous l'influence de l'électricité ou du galvanisme est un troisième signe certain de la mort.

D'après cela, il n'est pas nécessaire d'attendre la putréfaction générale pour déclarer le décès.

87. — MUGUET, BLANCHET.

« On appelle ainsi une inflammation épidémique et contagieuse de la surface interne de la bouche et de la gorge, qui s'étend assez fréquemment le long de l'œsophage et d'autres parties de l'appareil digestif.

» Cette inflammation est d'une nature toute particulière et donne lieu au développement d'une infinité de petites plaies ou aphthes dans l'intérieur de la bouche, sur les amygdales, le voile du palais et sur toutes les autres parties de la bouche, et à la formation d'une membrane couenneuse, épaisse, grisâtre, qui tapisse tous les organes dont nous venons de parler.

» Cette maladie n'atteint en général que les enfants en bas âge. Nous avons dit qu'elle est contagieuse ; par conséquent, il faut avoir soin d'isoler les enfants malades et d'éloigner ceux qui se portent bien. A son début, on combattra l'inflammation par des boissons émollientes et l'application de deux ou trois sangsues à l'anus, ou au cou, ou sur l'estomac; à la seconde période de la maladie, c'est-à-dire lorsque les concrétions couenneuses sont formées : on emploiera le traitement suivant.

Si le mal est peu intense (*muguet benin*), il cède à l'emploi de boissons mucilagineuses et gommées ; mais lorsque les aphthes sont nombreux (*confluents*), qu'ils l'accompagnent de fièvre, de diarrhée (*muguet grave*), l'enfant meurt le plus souvent. On prescrit encore des bains, des fomentations émollientes sur le ventre, de petits lavements, en même temps qu'on promène, plusieurs fois par jour, dans l'intérieur de la bouche, un petit pinceau trempé dans du vinaigre ou du jus de citron étendu d'eau.

88. — NÉVRALGIES.

Les affections douloureuses locales désignées et classées sous le nom de *névralgies*, appartiennent à la lésion de la sensibilité des nerfs.

Causes. — Impression du froid, suppression d'une hémorrhagie habituelle, d'un écoulement, d'une ancienne fistule, d'une éruption cutanée, lésion ou contusion d'un filet nerveux.

Symptômes. — Douleur vive, déchirante, souvent avec pulsation, élancements et tiraillements successifs, sans rougeur, sans chaleur, sans tension ni gonflement apparent de la partie : cette douleur, qui revient par accès plus ou moins rapprochés, est souvent irrégulière et fixée sur un tronc ou une branche de nerf ; dans le temps du paroxisme, elle se propage et s'élance du point primitivement affecté sur toutes les ramifications, les parcourt jusque dans leurs dernières extrémités, les suit dans leurs diverses connexions et les affecte toutes ensemble, ou successivement ; d'autre fois, elle se borne plus particulièrement à un ou deux filaments nerveux.

(Recette du père De Breyne, trappiste.)

Extrait de belladone	12 grammes.
Axonge	15 —
Opium en poudre	2 —

Frictionnez avec un morceau de flanelle les parties affectées pendant cinq ou six minutes, avec gros comme une noisette. On prend en même temps un peu de salive pour mieux faire pénétrer cette pommade.

(Recette de M. l'abbé C..., curé de B...)

Essence de térébenthine	de 4 à 8 grammes.
Miel	de 30 à 60 gramm.

Remuez et battez de façon à mélanger parfaitement ; on en donne une cuillerée à bouche matin et soir.

Quand la névralgie est périodique, on obtient de très bons effets de l'usage des pilules suivantes :

Extrait gommeux d'opium	0,05 centigr.
Acétate de morphine	0,03 —
Valériane	0,40 —

Mêlez et faites huit pilules. En prendre une toutes les cinq heures.

Pour guérir les névralgies faciales, il faut appliquer une mouche au bras; on l'enlève vingt heures après; on la panse avec 0,05 centigrammes acétate de morphine, dont on saupoudre la feuille qu'on applique dessus.

89. — NÉVROSES.

Nom générique des *maladies nerveuses* dont les caractères les plus ordinaires sont d'être de longue durée, intermittentes, sans fièvre, sans lésion appréciable, et de ne laisser aucune trace après la mort. A cette classe appartiennent la *chorée*, les *convulsions*, l'*épilepsie*, l'*hystérie*, etc., etc. — Les névroses se manifestent, en général, par des troubles graves, effrayants même, qui peuvent atteindre *séparément, simultanément* ou *successivement* les parties du système nerveux affectées au sentiment, à l'intelligence et au mouvement, mais qui ne sont le plus souvent que peu dangereux.

(*Recette du père De Breyne, trappiste.*)

Camphre.	6 grammes.
Assa fœtida.	6 —
Extrait de belladone.	2 —
Extrait aqueux thébaïque. . .	2 —
Sirop de gomme.	Q. S. pour 60 pilules.

Prenez une pilule le premier jour, deux le deuxième, augmentez chaque jour d'une pilule, si cela est nécessaire jusqu'à six dans les vingt-quatre heures. Il est souvent inutile d'aller jusqu'à cette dose, et l'on peut s'arrêter à deux, trois ou quatre, si l'amélioration se prononce et continue et s'il survient beaucoup de trouble dans la vue. Ce trouble n'est jamais du reste à craindre et disparaît toujours quand on cesse l'usage de la belladone.

(*Recette de M. l'abbé..., curé à... (Charente.)*)

Faites cuire dans vingt onces d'eau de pluie soixante grammes de feuilles d'oranger pendant deux ou trois heures dans un vase clos. Passez ensuite au travers d'un linge fin; ajoutez deux litres de bon vin rouge et sucrez cette boisson. Le malade en usera trois ou quatre fois dans la journée à la dose de soixante à quatre-vingt-dix grammes.

90. — NOSTALGIE, MAL DU PAYS.

État moral caractérisé par la tristesse que causent l'éloignement du pays natal et le désir d'y revenir. La nostalgie est classée parmi les névroses cérébrales. Le docteur Morin la définit avec plus de justesse : « Regret du sol, ou regret des mœurs, des usages, des lois, des institutions, du ciel même, mais le plus souvent regret de la famille absente. » La nostalgie est rare dans l'enfance et chez le vieillard, et peu commune chez l'adulte doué d'une certaine force morale; l'adolescence, impressionnable aux émotions de tout genre, est facilement victime de cette affection au sortir du toit paternel. Les distractions, les voyages et surtout le retour dans le pays où résident nos affections sont le remède le plus sûr contre la nostalgie.

91. — ONGLE INCARNÉ.

Disposition de l'ongle des gros orteils, qui, en entrant trop avant dans les chairs, sur les côtés, produit une inflammation. L'habitude de porter des chaussures étroites ou de couper en rond les ongles du pied, sont les causes ordinaires de cette affection.

Symptômes. — Les chairs collatérales et surtout celles qui se trouvent au côté interne de l'ongle, sont rabattues sur lui, et tendent à le recouvrir, tandis que son bord interne s'enfonce dans leur épaisseur, les entame et détermine une suppuration opiniâtre.

(*Traitement de M. Gaultier.*)

Soulevez légèrement avec une spatule le bord de l'ongle, et glissez sous son tranchant quelques brins de charpie pour l'isoler de la plaie. Si la suppuration est abondante, s'il y a des bourgeons charnus, on peut, dès lors ou plus tard, saupoudrer avec une poudre astringente, de l'alun, par exemple; cautériser avec le nitrate d'argent ou mieux avec le nitrate acide de mercure. Après cela, on fait un petit rouleau de toile ou de sparadrap de la grosseur d'une plume de corbeau, dépassant en longueur de un à deux millimètres la totalité du bord latéral de l'ongle, qu'on applique avec soin sur le bourrelet, de manière à le comprimer, à l'affaisser. De petites bandelettes de sparadrap, de trois à quatre millimètres de largeur, servent à fixer ce petit rouleau et à comprimer le bourrelet, et une petite bande de toile, enveloppant le tout, régularise et complète la compression nécessaire.

Dès les premiers pansements, qui seront peu renouvelés, il sera presque toujours possible au malade d'aller et de venir, et, s'il n'y a ni tuméfaction considérable de l'orteil ni forte douleur, il ne devra pas garder un repos absolu.

Pour modifier la forme de l'ongle et lutter contre la reproduction du mal, on peut employer le procédé qui consiste à racler longitudinalement l'ongle avec un morceau de verre, de manière à rendre plus facile le soulèvement de ses bords.

La petite mèche introduite dans le sillon latéral sera chaque jour augmentée de volume, et le bourrelet comprimé de plus avec les précautions déjà indiquées.

92. — OPHTHALMOLOGIE.

Sous le nom d'*ophthalmologie*, nous comprenons et nous allons décrire toutes les affections dont le globe oculaire et ses annexes peuvent être atteints.

Maladies des parties externes de l'œil.

ORGELET : petit furoncle du bord libre des paupières qui dépend souvent de l'embarras des organes gastriques. Un *purgatif* et des lotions journalières avec de l'eau dans laquelle on ajoutera quelques gouttes de *sous-acétate de plomb liquide* (extrait de saturne) triomphent promptement de cette légère affection.

TUMEUR ET FISTULE LACRYMALE : engorgement ou oblitération des conduits lacrymaux et du canal nasal. Dans ces cas, les larmes apportées au sac lacrymal par les conduits lacrymaux, ne pouvant descendre dans les fosses nasales, s'accumulent dans ce sac, le gonflent, le distendent et forment une tumeur oblongue, indolente, circonscrite, plus volumineuse le matin que le soir, disparaissant et se vidant au moyen de la compression qui fait ressortir les larmes par les points lacrymaux.

Avec le temps, cette tumeur lacrymale devient douloureuse, rougit, s'enflamme souvent et finit par s'ouvrir, s'ulcérer et donner passage aux larmes mêlées de pus qui s'écoulent continuellement sur la joue ; c'est ainsi qu'à la tumeur lacrymale succède une véritable fistule aussi lacrymale.

Causes. — Rhumatismes, catarrhes, scrofules, syphilis, répercussion de maladies cutanées, coups, blessures.

Traitement. — Combattre la cause ; laver les yeux, matin et soir, avec le collyre suivant :

Teinture de benjoin.	4 grammes.
Borate de soude.	1 —
Eau de roses.	150 —

Mêlez.

Pansement tous les soirs avec la poudre suivante :

Iodure de plomb.	0,30 centigr.
Calomel.	0,30 centigr.
Chlorate de potasse.	0,30 centigr.
Sucre.	4 grammes.

Pulvérisez très-finement et mêlez toutes ces substances.

On s'en sert à l'aide d'un pinceau, qu'on humecte très-légèrement d'eau et qu'on porte chargé de poudre dans l'ouverture lacrymale (tumeur et fistule) aussi profondément que possible.

BLÉPHARITE, ou inflammation des paupières, qui disparaît assez promptement en employant une des deux recettes suivantes :

Alun.	0,50 centigr.
Eau de roses.	30 grammes.

Mêlez en ajoutant un blanc d'œuf. — Pour se laver soir et matin.

Précipité blanc.	0,3 décigr.
Axonge.	4 grammes.

Mêlez.

On en met gros comme une lentille sur la partie malade.

Enfin, quand la blépharite résiste à ces moyens, on cautérise les petits boutons qui se sont formés, avec un morceau de sulfate de cuivre (vitriol bleu).—Cette cautérisation doit être très-légère et n'être faite qu'une fois tous les deux jours.

Maladies du globe de l'œil.

OPHTHALMIE. — Terme générique par lequel on désigne toutes les affections inflammatoires du globe oculaire.

Causes. — Vent froid ou chargé de poussière, exposition à une lumière trop vive, directe ou réfléchie par des matières blanches et polies, application sur l'œil de substances très-chaudes ou très-froides, de matières trop astringentes; diathèse scrofuleuse, scorbutique ou dartreuse. On voit quelquefois l'ophthalmie régner épidémiquement; c'est probablement la constitution froide et humide de l'air qui en est alors la cause. On a pensé, enfin, qu'en certains cas elle pouvait être contagieuse.

Les principales inflammations de l'œil sont:

I. LA CONJONCTIVITE, inflammation de la muqueuse du globe oculaire. L'œil est rouge; les vaisseaux injectés de sang produisent la *sensation de grains de sable* dans l'œil; l'organe est sensible à la lumière (photophobie); il y a du larmoiement (épiphora). La membrane muqueuse malade répand un pus clair, âcre, puis épais, jaunâtre, collant les paupières pendant la nuit. Quelquefois l'inflammation de l'œil fait élever le blanc au-dessus du noir (chémosis). Ce n'est encore que la conjonctivite *simple* ou *catarrhale*, mais elle peut être *purulente*; alors sa marche est très-rapide et des symptômes locaux et généraux graves l'accompagnent; elle peut obscurcir, ramollir et perforer la cornée en peu de temps. — On reconnaît trois espèces, toutes contagieuses, de conjonctivites purulentes:

1° *L'ophthalmie des nouveau-nés :* c'est la moins grave; elle atteint les enfants à la mamelle placés dans des conditions hygiéniques défavorables (encombrement, action du froid);

2° *L'ophthalmie blennorrhagique*, due au contact du pus blennorrhagique porté involontairement par les doigts sur la muqueuse de l'œil; c'est l'espèce la plus grave de l'ophthalmie purulente;

3° *L'ophthalmie d'Egypte*, qui règne accidentellement dans certaines contrées de l'Orient sous l'influence de conditions météorologiques mal connues : elle sévit quelquefois sur les armées.

II. L'IRITIS, ou inflammation de la membrane iris; le symptôme principal est la *déformation de la pupille*, qui peut se remplir de dépôts opaques et s'oblitérer (fausse cataracte); il y a en même temps douleurs orbitaires profondes, impression pénible de la lumière, larmoiement et réaction fébrile.

III. LA KÉRATITE, ou inflammation de la cornée : son caractère spécial est le dépoli, l'opacité de cette membrane transparente.

Traitement des ophthalmies.

(*Recette de M. l'abbé C..., curé de... (Vaucluse.)*)

Faire dissoudre dans un verre d'eau naturelle un morceau de sulfate de zinc, gros comme un pois chiche, et, pendant la nuit, se bien humecter les paupières en tenant les yeux fermés. Le lendemain on trouvera grande amélioration.

(*Recette de M. l'abbé X...*)

Sulfate de zinc.	4 grammes.
Sulfate de cuivre.	1,20 centigr.
Safran gatinais.	1,20 —
Camphre.	0,60 —

Faites infuser pendant vingt-quatre heures dans une bouteille d'eau ordinaire, passez à travers un linge et ajoutez un demi verre d'eau-de-vie de marc. On se lave les yeux, matin et soir, avec un linge imbibé de cette eau.

(*Recette du Dˣ Tavignot.*)

Sel de cuisine, une cuillerée à bouche dans un grand

verre d'eau ; faites dissoudre et instillez matin et soir quelques gouttes entre les paupières.

Collyre très-efficace :

Sulfate d'alumine.	0,60 centigr.
Borate de soude.	0,60 —
Laudanum de Sydenham.	2 grammes.
Eau de roses.	150 —

En instiller dans les yeux quelques gouttes, trois à quatre fois par jour.

Le traitement général ne devra point être oublié, et souvent un purgatif administré au début de la maladie fait promptement avorter tous les symptômes.

TAIES DE LA CORNÉE appelées aussi *albugo, leucoma*, taches blanches, irrégulières plus ou moins étendues, qui viennent ordinairement à la suite d'une inflammation violente de l'œil et qui dépendent d'une lymphe douce et concrescible entre les lames de la cornée transparente.

Les collyres astringents provoquent ordinairement l'absorption de cette lymphe ; quand cela n'aura pas eu lieu, on devra faire usage des poudres suivantes :

(*Recette de M. l'abbé Morin, curé à Chatelus, par Saint-Martin-d'Estreux (Allier).*

Réduire en poudre très fine du sucre cristallisé, et bien frotter avec le pouce, dans une cuillière d'étain, jusqu'à ce que la poudre ait pris la couleur de la cuillère ; il faut ensuite en introduire une prise dans un petit tuyau de plume que l'on approche de l'œil, et on souffle avec la bouche cette poudre sur la tache de l'œil, trois frois par jour.

(Autre.)

Calomel.	10 grammes.
Tuthie.	1 —
Sucre candi.	2 —

Insufflez sur le devant du globe de l'œil, à l'aide d'un tuyau de plume, d'un petit tube quelconque.

(Pommade du Dr Desmarres.)

Beurre frais lavé.	8 grammes.
Précipité rouge.	1 décigr.
Camphre.	15 décigr.

Appliquer sur le bord libre des paupières, le soir, gros comme un grain de blé.

Pour fortifier la vue.

(Recette de M. l'abbé C.., curé de B...)

Faire griller sur une chaufferette du foie de bœuf, incliner la tête sur cette chaufferette, en ayant soin de retenir la fumée au moyen d'un mouchoir.

(Autre.)

Acétate de zinc.	0,40 centigr.
Eau distillée.	60 grammes.

Faites dissoudre et ajoutez :

Laudanum de Sydenham. . .	13 gouttes.

Trempez un linge mouillé de cette eau, appliquez sur l'œil et renouvelez toutes les fois que le linge est chaud.

(Autre.)

Teinture de benjoin.	2 grammes.
Baume de Florovanti	4 —
Eau de roses.	125 —

Se laver les yeux avec cette eau, matin et soir.

Nous n'avons à nous occuper ni de l'amaurose, ni de la cataracte; la première de ces affections étant le plus souvent au-dessus des ressources de l'art, la seconde ne pouvant se guérir que par l'opération.

93. — OREILLES (Maladies des).

Otite. — Inflammation de la membrane muqueuse de l'oreille, reconnaissant pour causes particulières la présence d'un corps étranger, des coups sur l'oreille, l'endurcissement du cérumen, la crise de quelque maladie aiguë.

Combattre la cause par un des moyens suivants :

Manière d'expulser les corps étrangers qui se sont introduits dans les oreilles. Si c'est un insecte, mettez le malade dans une position telle, qu'il présente en haut l'ouverture de l'oreille malade, et versez dans l'oreille une quantité suffisante d'huile d'olive. L'animal, à moitié asphyxié, vient se débattre à la surface du liquide, et vous le saisissez sans peine avec des pinces. Si c'est un liquide, il suffira de l'aspirer avec une petite seringue. Enfin, si c'est une substance dure, le cure-oreille seul peut la faire sortir, et on ne doit pas hésiter, pour éviter de graves complications, à se servir largement de cet instrument.

Pour détruire l'endurcissement du cérumen : — Instillez tous les soirs dans l'oreille deux à trois gouttes d'huile d'amandes amères, jusqu'à parfaite guérison. Ce remède fait sortir la pourriture qui obstrue la membrane du tympan, et le rétablit dans son état normal.

Quand les douleurs sont vives :
Faites fondre dans la bouche du sel de cuisine, inclinez la tête du malade tantôt d'un côté, tantôt de l'autre ; instillez dans les oreilles votre salive salée ; le malade rendra alors par les oreilles et par le nez une quantité de matières qui le soulageront tout de suite.

Pour l'écoulement purulent des oreilles : instillez dans l'oreille purulente de l'urine chaude d'un enfant.

(Autre.)

Appliquez sur l'oreille une pomme mûre cuite et un peu ouverte à son sommet, le soir en vous couchant.

(Autre.)

Chlorhydrate d'ammoniaque. . . 4 grammes.
Eau. . . . . 125 —

Mêlez.
Faites des injections dans l'oreille matin et soir, au moyen d'une petite seringue en verre.

Surdité. — Abolition ou affaiblissement du sens de l'ouïe.

(Traitement de Mlle Cleret.)

Instillations dans les oreilles, matin et soir, de quatre à cinq gouttes éther sulfurique ; le continuer jusqu'à parfaite guérison.

(Autre.)

Éther sulfurique . . . . 4 grammes.
Glycérine . . . . 2 —

Mêlez et faites des instillations, huit à dix gouttes matin et soir.

Employez en même temps les purgatifs fréquemment répétés, si le malade est fort, robuste, pléthorique ; l'électricité est souvent un moyen très efficace.

Pour la surdité survenue par accident (*Doublet*). — Mettez sur le feu du bois de frêne vert, appliquez-le de manière que vous puissiez mettre, sous chacune de ses extrémités, un vase pour recevoir l'eau qui en découlera pendant qu'il brûlera. Mêlez cette eau avec autant de jus de rue ; imbibez de ce mélange un peu de coton, que vous introduirez dans l'oreille, après y avoir instillé quelques gouttes du remède.

64. — OREILLONS, PAROTIDES.

Gonflement inflammatoire du tissu cellulaire qui entoure la parotide, glande salivaire située au-dessous de l'oreille.

Cette maladie affecte le plus souvent l'enfance et la jeunesse, rarement elle a lieu deux fois sur la même personne ; les variations de température la produisent. Quelquefois elle survient aussi dans le cours du typhus et des fièvres graves. Elle s'annonce par des symptômes fébriles suivis de tuméfaction sous l'une et quelquefois sous les deux oreilles, avec chaleur, douleur, tension et fièvre légère : ordinairement cet état augmente jusqu'au quatrième jour, diminue ensuite et disparaît entièrement les jours suivants ; quelquefois la maladie se termine par suppuration ou par induration, plus souvent par une métastase sur les testicules chez les hommes, sur les mamelles chez les femmes, ou sur d'autres organes essentiels de la vie ; lorsque cette métastase a lieu, elle paraît produite par le froid, l'humidité de l'atmosphère, les purgatifs violents, etc.

Le repos, les boissons délayantes et le soin de se garantir du froid les parties affectées suffisent, la plupart du temps, pour amener la guérison.

Lorsque l'engorgement persiste et passe à l'état chronique, faire des frictions avec la *teinture d'iode*.

95. — PALES COULEURS, CHLOROSE.

Maladie caractérisée par la décoloration, la pâleur excessive de la peau, surtout celle de la face, la flaccidité des chairs, un état de langueur et de faiblesse générale avec dépravation des fonctions digestives, palpitations, tristesse, etc.

Causes. — Constitution faible, lymphatique, vie sédentaire, habitation des grandes villes, excès de sommeil ou de veille, mauvaise alimentation, amour contrarié, nostalgie, troubles de la menstruation, abus de certains plaisirs. La chlorose se manifeste surtout chez les jeunes filles à l'époque de la puberté.

Symptômes. — Ils sont exposés en partie dans la définition que nous avons donnée de cette maladie. Ajoutons-en un des plus remarquables : c'est la vibration que rendent sous le stéthoscope les artères carotides et sous-clavières (*bruits carotidiens, de soufflets, de ronflement, de diable, etc.*). On entend ces bruits divers en appliquant l'oreille à la base du cou, au-dessus de la clavicule ; ils sont continus et non intermittents.

1° *Traitement hygiénique.* — Séjour à la campagne, habitation dans des lieux élevés, exposés au soleil, air sec, exercice à pied, à cheval, en voiture ; jardinage, travail de ménage ; vêtement de flanelle sur la peau ; frictions sèches, aromatiques, sur tout le corps ; électricité ; régime tonique, chocolat ferrugineux.

2° *Traitement pharmaceutique.*

(*Recette de M. l'abbé L..., curé de L... (Vienne.)*)

Il faut se procurer du sulfate de fer (couperose verte), qui coûte de 30 à 40 centimes le kilogramme ; on le broie, puis on l'expose un peu au soleil ou au feu pour le faire sécher, et on le renferme ensuite dans un vase bien bouché, où on le conserve.

Le traitement commence par une tisane faite d'infusion d'absinthe, ou, à son défaut, d'armoise ou de petite sauge, ou, enfin, de mélisse (4 grammes pour un litre d'eau), à boire dans la journée pendant une semaine, afin de préparer l'estomac. Il faut ensuite prendre du vin, n'importe lequel, celui que préférera la malade, dans lequel on mettra 2 grammes de sulfate de fer apprêté comme il est dit plus haut, pour un premier litre de vin. Ce sulfate sera dissous au moyen d'un peu d'eau bouillante. Pour le second litre de vin et les suivants, jusqu'à parfaite guérison, on portera la dose jusqu'à 4 et 5 grammes de sulfate, suivant la force du tempérament de la malade qui boira de ce vin un bon verre à tous les repas, qui seront, autant que faire se pourra, composés d'une bonne nourriture, de viandes ou grillées ou rôties. Il ne faut jamais cesser, pendant tout le cours du traitement, d'user de l'infusion indiquée en premier lieu.

Il arrive, quoique bien rarement, à quelques personnes de vomir après le premier verre de vin; il ne faut pas s'en effrayer, et ne pas pour cela discontinuer, car l'estomac est bientôt fait au remède, qui est souverain, et que son auteur a toujours conseillé avec un plein succès.

96. — PALPITATIONS.

Pour les palpitations dépendantes d'une maladie du cœur, on devra consulter l'article *Anévrisme*. Nous ne voulons parler ici que des palpitations nerveuses ou anormales, irrégulières, auxquelles beaucoup de personnes sont sujettes, sans être atteintes d'une lésion des organes de la circulation du sang.

Ces sortes de palpitations sont le produit ou d'une susceptibilité particulière du système nerveux, ou d'une influence hystérique chez les femmes, ou d'un trouble dans les fonctions des organes digestifs, tel qu'une digestion trop active ou difficile, d'une constipation opiniâtre, etc.

Quelle que soit la cause de ces palpitations, qui constituent plutôt une infirmité qu'une véritable maladie, et qui sont accompagnées souvent d'oppression et de tournoiements de tête, quelquefois de menace de défaillance, elles disparaîtront promptement en employant soit le *sirop de digitale*, soit les *grains de café vert*, recette indiquée au mot *Anévrisme*.

97. — PANARIS.

Inflammation phlegmoneuse des doigts, produite quelquefois par un coup, une piqûre, ou par l'arrachement de ces pellicules appelées *envies*.

Le panaris est caractérisé par une douleur profonde, par des symptômes inflammatoires intenses; il en résulte des suppurations profondes, des caries, si l'on ne se hâte d'employer un traitement efficace.

(*Recette de M. l'abbé T..., curé de S...*)

Mettre sur le doigt atteint, de l'ordure de cochon mâle, et renouveler cette opération soir et matin pendant deux ou trois jours.

(*Recette de M. Chaput, curé de Royères.*)

Baigner tout simplement la partie affectée dans un flacon d'éther à large ouverture.

Recettes communiquées par M. l'abbé C..., curé de B.)

Prendre un œuf frais, casser la coque par l'un de ses bouts, mettre le doigt malade au milieu du jaune, renouveler de temps en temps jusqu'à guérison.

(*Autre.*)

Piler une poignée de feuilles et fleurs de gallium, faire fondre 30 grammes de beurre frais, y ajouter un jaune d'œuf, mêler le tout ensemble, et appliquer en suffisante quantité sur le mal. — Avant cette application, on doit faire une incision légère sur la peau, afin que le remède pénètre plus profondément.

(*Autre.*)

Envelopper le mal avec un ver de terre vivant que vous laisserez jusqu'à ce qu'il soit entièrement desséché, et le mal sera guéri. On peut recouvrir le ver avec un peu d'onguent de la mère.

(*Recette de M. l'abbé Ferère, vicaire à Fréchaudets, par Bagnères-de-Bigorre (Hautes-Pyrénées.*)

Huile d'olive.	125 grammes.
Blanc d'œuf.	deux.
Chaux vive.	60 grammes.

Faire dissoudre la chaux dans de l'eau naturelle pendant plusieurs heures.

Mélange : L'huile, les blancs d'œufs, et trois cuillerées environ de cette eau de chaux seront mêlés et battus ensemble pendant assez de temps pour que le tout arrive à la consistance de pommade peu épaisse. Cette pommade est alors étendue sur la partie affectée, et on renouvelle l'application toutes les fois que la douleur se fait sentir.

Ce même remède peut être employé très-efficacement pour la cicatrisation des plaies.

(*Recette de M. l'abbé P..., curé à... (Manche.)*)

Prendre la racine de la plante appelée le *Sceau de Salomon*, qu'on fera bouillir ; on trempera le panaris dans la décoction de cette racine, à la température la plus élevée possible, et cela pendant quinze à vingt minutes. On aura soin d'écraser cette racine ainsi bouillie, comme on l'indique, puis on enveloppera le panaris avec cette pâte.

96. — PARALYSIE.

« Diminution plus ou moins marquée ou abolition du mouvement volontaire, par le défaut de contractilité de certains muscles. Les parties affectées peuvent être dans un état de relâchement, de tremblement ou de contraction ; tantôt la sensibilité y est perdue, tantôt elle y est conservée, quelquefois même augmentée : cette affection peut avoir lieu dans tout un côté du corps (*hémiplégie*) ; dans sa partie inférieure (*paraplégie*) ; ou se borner à quelques muscles comme, par exemple, à ceux de la face, des bras, etc.; ou même à un seul, comme lorsque le sterno-cleido-mastoïdien (muscle du cou) d'un côté devenant paralysé, la tête est inclinée sur l'épaule opposée par le relâchement de ce muscle et la contraction de son antagoniste. La *débilité* ou l'*atonie musculaire* est fréquemment le premier degré de la paralysie; cette débilité se manifeste le plus souvent par le tremblement.

Les causes les plus ordinaires de la paralysie sont : un état de pléthore, le refroidissement subit, l'interruption d'une hémorrhagie habituelle, d'un émonctoire quelconque, d'un ulcère, de la sueur; les narcotiques, l'habitude de l'ivresse; des coups sur la tête; des travaux excessifs; des courses à cheval; une terreur, surtout durant la menstruation; des chagrins profonds; un emportement de colère; la tristesse; des travaux dans les mines de plomb et de mercure, l'usage excessif de ces deux métaux; des évacuations abondantes; l'inanition; le défaut de sommeil; la vieillesse; un état de convalescence; la suppression des rhumatismes, de la goutte, des dartres ou de quelque autre éruption cutanée. »

Traitement. — Prendre de la bonne eau-de-vie et du savon à laver; il faut faire chauffer l'eau-de-vie et en bien laver les articulations et la partie paralysée, et frotter avec du savon jusqu'à ce que cette partie soit couverte d'une mousse savonneuse; on trempe ensuite une flanelle dans cette eau-de-vie, qu'on applique et qu'on renouvelle souvent jusqu'à guérison.
(Doublet.)

(Recette de M. l'abbé L...)

Faire prendre au malade une forte infusion de feuilles de mélisse et de petite sauge, trois ou quatre tasses par jour, prendre un purgatif, soit de la même infusion, soit deux verres d'eau de Sedlitz tous les cinq ou six jours, pendant le traitement, qui doit opérer la guérison dans l'espace de quinze jours à un mois.

Autre, du même, qui ajoute :

« Chez une personne qui avait éprouvé les effets d'un froid si rigoureux qu'il s'en était suivi une paralysie des jambes et de toute la partie inférieure du corps, la guérison par mon remède s'est opérée en quelques jours, et cela par deux fois. »

Une infusion de bourrache et de sureau ; deux litres bus ont amené une transpiration abondante, qui a procuré au malade une guérison complète en peu de jours.

Enfin l'*électricité* est évidemment de tous les moyens le plus efficace.

99. — PHTHISIE.

Affection déterminée par la présence dans les poumons d'un produit accidentel appelé *tubercule*. On reconnaît la maladie aux caractères suivants : *toux, difficulté de la respiration marasme, fièvre continue, quelquefois expectorations purulentes.*

Cette affection, dit le docteur Lunel, peut affecter tous les âges, quoique cependant elle soit plus commune depuis la quinzième année jusqu'à la cinquantième : elle exerce également ses ravages sur les deux sexes, et conduit à la mort dans toutes les saisons ; sa durée est très-variable, certains individus mourant au bout de quelques semaines (25 jours, etc.), d'autres vivant plusieurs années (30 ou 40 ans), quoique la durée la plus ordinaire ait été de 3 à 22 mois.

Causes. — Après la prédisposition, qui est *nécessaire* en quelque sorte, le séjour habituel dans un air froid et humide, ou dans un lieu où l'air n'est pas suffisamment renouvelé, une alimentation insuffisante ou de mauvaise qualité, le défaut d'exercice, et surtout les excès ; l'abus de la parole, le chant, le jeu des instruments à vent, sont regardés comme pouvant être, dans certains cas, des causes occasionnelles de cette maladie.

MARCHE GÉNÉRALE DE LA MALADIE. — 1re *Période.* (Tubercules crus.) Rien ne décèle la lésion du poumon ; aucun symptôme ne fait craindre la phthisie. — Plus tard, divers symptômes, tels que la toux, un malaise universel, des mouvements fébriles, etc., font soupçonner l'existence de la phthisie, ou la décèlent d'une manière manifeste. — 2e *Période.* (Tubercules ramollis.) Les signes de la maladie sont bien apparents : la gêne de la poitrine, la toux et la fièvre hectique ne laissent aucun doute; l'amaigrissement a déjà fait des progrès sensibles. — 3e *Période.* (Élimination des tubercules, cavernes.) Le malade, épuisé, est parvenu à son dernier degré de marasme; il est tourmenté par la toux, la fièvre hectique, les sueurs nocturnes, le dévoiement, les aphthes ou tout autre symptôme.

Ce n'est qu'à l'aide de l'auscultation et de la percussion de la poitrine que l'on peut suivre les diverses phases de la phthisie pulmonaire au début; une oreille exercée entend un peu de rudesse pendant l'expiration; lorsque les tubercules sont développés et agglomérés au sommet du poumon, la résonnance est moindre et inégale à la partie antérieure supérieure de la poitrine jusqu'au niveau de la quatrième côte; une bronchophonie diffuse (résonnance de la voix dans les bronches) se fait entendre au-dessous de la clavicule, de la droite surtout, dans la fosse sous-épineuse et sous l'aisselle, du côté droit principalement. Lorsque les tubercules sont ramollis, il se forme bientôt dans les poumons une ou plusieurs excavations, qu'on nomme cavernes; la respiration prend un caractère particulier : il y a pectoriloquie, c'est-à-dire que la voix du malade semble sortir de la poitrine à travers ses parois et arriver tout entière à l'oreille de celui qui ausculte.

La mort est l'issue presque constante de la phthisie pulmonaire; cependant, les tubercules subissent parfois la transformation crétacée ou calcaire, et les cavernes sont susceptibles de cicatrisation; c'est ce que prouve l'autopsie de personnes mortes d'autres affections dans les hôpitaux.

(Recettes de M. l'abbé Gaudin.)

Traitement. — Bouillon d'escargot, deux à trois tasses par jour.

(Autre.)

Prendre deux fortes poignées de cresson de fontaine qui ne soit pas monté à graines et une poignée de cerfeuil; piler le tout dans un mortier, en exprimer le jus à travers un linge, puis mêler avec égale quantité de lait tout frais tiré de la vache, et en faire boire tous les matins au malade un bon verre pendant trente à trente-cinq jours. Il faut que le mélange soit tiède. Après avoir pris ce remède, le malade se promènera, et pourra déjeuner deux ou trois heures après.

Des malades condamnés comme poitrinaires et abandonnés des médecins, ont été guéris par l'usage de ce remède.

(Recette de M. l'abbé C..., curé de B...)

On prend trente gros limaçons, quatre verres de lait, 133 grammes de sucre; après avoir nettoyé les limaçons, on fait bouillir jusqu'à réduction de moitié.

Prendre de cette liqueur un verre matin et soir.

(Recette de M. l'abbé V...)

Faites dissoudre 15 grammes de baume de benjoin dans 20 grammes d'éther sulfurique; mettez dans un flacon à large ouverture, auquel vous aurez préalablement adapté une vessie, de manière à ce que le malade puisse introduire dans cette vessie la partie inférieure du visage et respirer les vapeurs balsamiques. Renouveler ces inspirations matin et soir pendant deux à trois minutes *au plus*.

100. — PITUITE.

Bien des personnes, douées d'ailleurs de toutes les apparences de la santé, sont tourmentées, chaque matin, par une salivation abondante, accompagnée d'une pesanteur d'estomac, de dégoût, de nausées, quelquefois même de vomissements glaireux. Cette incommodité se lie très-souvent, soit à un tempérament lymphatique, mou, sans énergie, à une obésité progressive, à l'habitation de localités humides, à l'action de pluies ou d'inondations considérables, à l'usage d'une nourriture peu animalisée, soit à l'abus des boissons alcooliques ou de mets trop succulents. Dans le premier cas, il faut se soustraire aux causes nuisibles et prendre un régime tonique. Dans le second cas, il importe de renoncer aux excès et d'adopter le régime végétal. La magnésie ordinaire, prise le matin et le soir; le kermès, l'ipécacuanha, les pilules de camphre, le fumage d'une pipe chaque matin réussissent parfaitement contre la pituite.

101. — PLAIES.

Traitement :

Diachylon	330 grammes
Poix résine blanche	190 —
Beurre sans sel	500 —
Cire jaune	250 —

Il faut faire fondre dans une écuelle de terre :
1° Le beurre (il est nécessaire que le beurre n'ait jamais été salé) ;
2° La cire, qu'il faut couper en petits morceaux ;
3° Le diachylon, qu'il faut aussi couper ;
4° La poix résine blanche.

Toujours mêler avec un bâton, et ne mettre la cire que quand le beurre est fondu, et ainsi de suite pour les autres choses. Quand le tout est fondu, on retire du feu et on continue de mêler jusqu'à ce que l'onguent commence à se fixer. On doit éviter de laisser bouillir parce que l'onguent pourrait s'enflammer.

Voici l'emploi de cet onguent :

Il faut l'étendre sur un morceau de toile assez grand pour couvrir la partie malade; il est bon de faire dans la toile quelques petites fentes ou coupures afin de faciliter la sortie de l'humeur. Cet emplâtre doit-être renouvelé tous les jours. Il est bon de mettre au-dessus de l'emplâtre un cataplasme de graines de lin.

(Onguent divin du missionnaire P. G., contre toute espèce de plaies.)

Prenez une demi-livre de bonne huile d'olive, un quart de minium ou mine de plomb rouge en poudre une once de cire jaune bien pure, mettez le tout dans un pot neuf vernissé et faites cuire sur un feu lent en remuant avec une baguette de noisetier vert jusqu'à ce qu'il soit un peu noir. Mettez-le en bâton dans des cornets de papier lorsqu'il sera un peu refroidi. Ensuite, tenez la plaie très-propre sans la laver ni racler, en l'essuyant; mettez l'onguent sur de la peau blanche coupée de la largeur du mal et du côté bourru, appliquez-le sur la plaie matin et soir. Ne buvez ni vin, ni liqueur, ne fatiguez pas la partie malade, et dans deux ou trois semaines la guérison est assurée.

(Onguent de feu M. de Belleau, de Courson, pour la guérison parfaite des plaies chroniques invétérées et arrivées à l'état gangréneux.)

1° 500 grammes huile d'olive d'Aix très-pure, qu'on fera bouillir dans un vase de terre neuf et bien vernissé, sur un feu ardent, jusqu'à ce qu'elle rancisse;

2° Faire fondre dans cette huile 350 grammes de blanc de plomb-céruse très-blanc, faire bien fondre dans l'huile jusqu'à ce que vous retiriez des gouttelettes blanches;

3° Ajoutez 500 grammes de cire blanche du Mans, par petites parties, mêlez bien le tout jusqu'à ce que ce mélange ait obtenu une teinte brune;

4° Retirez du feu, et ajoutez aussitôt 30 grammes de camphre par morceaux, si vous faites cet onguent pour des plaies ordinaires, et 45 grammes s'il s'agit de plaies invétérées ou gangréneuses.

Cet onguent peut se conserver pendant plusieurs années, en observant toutefois de le tenir en lieu sec. Il est bien de le former en bâtons, ou en boules de la grosseur d'un œuf, lorsqu'il est refroidi.

(Autre.)

M. Castex, chirurgien à l'armée d'Afrique, assure se trouver très-bien de l'emploi topique de l'iodure d'amidon dans le traitement des plaies ulcérées, de vieux ulcères, etc. Voici comment on peut préparer et appliquer le médicament : on fait de l'empois avec 30 grammes d'amidon et 90 grammes d'eau, et l'on y mêle à froid 8 grammes de teinture d'iode, en remuant jusqu'à combinaison complète. L'emplastique, ni trop liquide, ni trop épais qu'on obtient ainsi, est mis en couche assez épaisse sur des gâteaux de charpie et appliqué sur les plaies, convenablement nettoyées et séchées. L'appareil ainsi appliqué doit être pressé un peu, pour qu'il soit bien en contact avec la surface malade.

Il peut rester en place plusieurs jours et, lorsqu'on juge convenable de le lever, il est nécessaire de le **ramollir à grande eau**, pour empêcher la lacération des bourgeons charnus qui peuvent y adhérer.

(Pour souder en quelques jours un doigt presque séparé de la main. Recette de M. l'abbé Morin.)

On couvre la blessure, après l'avoir faite bien joindre, avec une pellicule d'un œuf frais, c'est-à-dire avec la peau qui se trouve entre l'œuf et la coquille ; il faut avoir soin de mettre sur la blessure la partie humide qui se trouve du côté de l'œuf.

Voyez en outre les mots *blessures, contusions.*

102. — PLEURÉSIE.

Inflammation de la plèvre (membrane qui recouvre les côtes), reconnaissant pour causes le froid, l'ingestion d'une boisson froide après un exercice violent, le rhumatisme articulaire, etc. La maladie est *aiguë* ou *chronique.*

Les symptômes de la pleurésie sont, dit le docteur Bossu : douleur pongitive dans un des côtés de la poitrine, augmentant durant l'inspiration, par les efforts de la toux et par la pression ; respiration difficile ; inspiration courte et fréquente, toux sèche avec un peu d'expectoration ; il est impossible de se tenir couché sur le côté douloureux ; le pouls est fébrile, tantôt dur et développé, tantôt petit et concentré ; il y a un paroxisme le soir. Lorsqu'il s'est fait un épanchement dans la cavité des plèvres, on observe de l'égophonie (voix de chèvre) et de la matité. Cette maladie dure de quinze à vingt jours ; elle se termine soit par gangrène ou par suppuration.

(Recette de M. l'abbé...)

Traitement. — On fera prendre au malade un verre de suc de bourrache, et on le couvrira bien afin de provoquer une forte transpiration.

(Recette de M. l'abbé D...)

Prendre un verre de bonne huile d'olive, qu'on fait

tiédir au bain-marie; cette huile ainsi préparée sera donnée au malade, qui la boira en trois ou quatre fois. Après trois jours de ce traitement répété, toutes les vingt-quatre heures, le malade sera sur pied.

On donnera moitié d'un verre pour un enfant.

M. l'abbé D... nous écrit : « Je suis heureux de vous envoyer la recette on ne peut plus simple avec laquelle j'ai guéri plus de quatre cents malades atteints de pleurésies ou de fluxions de poitrine. »

Autre.

Faites bouillir ensemble, jusqu'à réduction de moitié, un verre de bon vin rouge et un verre d'huile de noix fraîche, et faites-le boire au malade.

103. — PLEURODYNIE.

Cette affection, appelée aussi *fausse pleurésie*, pleurésie rhumatismale ou simplement *point de côté*, est une douleur rhumatismale qui a son siège dans les muscles intercostaux, qui augmente par la respiration, la toux, les efforts, et qui est ordinairement sans fièvre. Les toniques chauds et émollients composent le traitement de cette affection douloureuse, mais ordinairement de peu de durée; si elle persiste, un vésicatoire volant en triomphe généralement.

104. — RÉTENTION D'URINE.

Accumulation de l'urine dans la vessie avec émission impossible ou difficile.

La rétention d'urine offre plusieurs degrés : il y a *dysurie* si le malade n'éprouve qu'une simple difficulté d'uriner; *strangurie* quand l'urine sort goutte à goutte; *ischurie* si l'émission n'a plus lieu du tout. Dans ce dernier cas, la vessie se distend nécessairement; l'urine continuant de s'y verser, la distension n'a de bornes que celles de l'extensibilité des fibres de la vessie.

(Recette pour la guérir promptement.)

Faites un cataplasme de queues de poireaux bouillies dans du lait; appliquez-le sur le bas-ventre et faites boire au malade une tisane de blancs de poireaux et de persil. (Doublet.)

105. — RHUMATISME.

Écoutons le professeur Grisolle au sujet de cette affection :

« Lorsqu'on étudie, dit-il, les différentes formes sous lesquelles se présente à nous l'affection rhumatismale, on trouve d'abord entre elles tant de dissemblances, qu'on serait tenté d'y voir tous autres états morbides distincts les uns des autres. Que de différences n'y a-t-il pas, par exemple, entre les douleurs erratiques mobiles des muscles et le rhumatisme articulaire aigu ! Cependant, il est facile de reconnaître que ces maladies, en apparence si distinctes, ne diffèrent que par la forme ; elles coexistent entre elles, se remplacent, alternent les unes avec les autres ; elles surviennent sous l'influence des mêmes causes et dépendent d'une même diathèse. Eu égard à son siége spécial, comme à l'état symptomatique qui l'accompagne, on peut diviser l'affection rhumatismale en deux grands groupes, suivant qu'elle siége dans les muscles ou dans les articulations. De là la division du rhumatisme en *musculaire* et en *articulaire*. On a aussi établi un troisième ordre, comprenant les rhumatismes *viscéraux*; on ne possède encore sur ces derniers que des renseignements peu précis. Il est d'ailleurs certain que, sous la dénomination de rhumatismes viscéraux, on a confondu des affections très-dissemblables.

« Les causes des rhumatismes sont la prédisposition, l'habitation des lieux bas et humides, les refroidissements, l'intempérance, la suppression d'évacuations habituelles, etc. Il peut affecter tous les âges, mais surtout les adultes et les vieillards.

« Le rhumatisme est *articulaire* ou *musculaire;* la maladie est aussi *aiguë* ou *chronique.*

« Le *rhumatisme articulaire aigu* est souvent précédé de symptômes généraux, tels qu'un malaise et une fièvre plus ou moins vive. Au bout de vingt-quatre à quarante-huit heures, une ou plusieurs articulations deviennent douloureuses et se tuméfient; il s'y développe de la chaleur et une teinte rosée. La durée de cette affection varie depuis quelques jours jusqu'à deux et trois mois. Souvent elle se porte d'une articulation à une autre, et parcourt successivement les principales articulations; les douleurs sont plus atroces dans l'articulation qui commence à être entreprise que dans celle qui l'est déjà depuis quelque temps. Le plus ordinairement la maladie se termine par résolution, sans laisser de traces, mais elle est très-sujette à récidive. — Le *rhumatisme articulaire chronique* succède quelquefois à l'état aigu. Les articulations sont douloureuses et comme empâtées; les mouvements deviennent difficiles et très-bornés; la rougeur et la chaleur locales sont peu intenses; le gonflement articulaire est ordinairement très-lent. Il y a rarement un mouvement fébrile, mais seulement perte de l'appétit, et quelquefois privation de sommeil; les membres maigrissent, s'atrophient, et restent dans un état de demi-flexion ou de contraction. Quelquefois la maladie, après avoir disparu presque complétement, reparaît, soit spontanément, soit sous l'influence d'une impression de froid. Souvent elle laisse des dépôts de matière gélatino-albumineuse ou des concrétions tophacées : dans ce dernier cas, le rhumatisme prend le nom de *rhumatisme goutteux*, et est assez difficile à distinguer de la *goutte* proprement dite.

« Le rhumatisme articulaire se complique assez souvent d'inflammation des plèvres et des membranes qui enveloppent le cœur; ces complications, qui constituent, pour ainsi dire, la gravité de cette espèce de rhumatisme, sont loin, selon nous, d'être aussi communes que le pense le professeur Bouillaud, à qui revient l'honneur d'avoir fixé sur elles l'attention des médecins.

« Le *rhumatisme musculaire* diffère du rhumatisme articulaire en ce qu'il se manifeste dans la continuité des membres, et que, quelque vive que soit la douleur, la partie affectée n'offre extérieurement ni rougeur, ni tuméfaction, ni chaleur, ni réaction fébrile. Il peut attaquer toutes les parties du corps. On en distingue, selon le siége qu'occupe la douleur, plusieurs variétés, qui, pour la plupart, ont reçu les noms particuliers de *torticolis* (rhumatisme du cou), de *lombago* (rhumatisme des reins), de *pleurodynie*. (Voy. ces mots.) »

Traitement.
(Recette de M. Langevin, curé à Ticheville.)

Faites chauffer de l'eau-de-vie de lavande, trempez dans ce liquide un linge en double ou en triple et appliquez sur l'endroit où l'on souffre le plus; le mettre le plus chaud possible; renouveler trois à quatre fois par jour ou au moins tous les soirs pendant quatre à cinq jours.

(Recette de M. l'abbé F...)

Prenez une once de fleurs de camomille romaine que vous mettrez bien en poudre, une once de camphre réduit en poudre, enfin une once de tabac à fumer bien sec qu'on réduit encore en poudre. Mêlez bien ces trois poudres; faites asseoir le malade sur une chaise non empaillée, afin que la fumée puisse circuler facilement: placez sous la chaise un réchaud ardent, faites asseoir votre malade, qui a dû préalablement quitter tous ses vêtements, et qui sera enveloppé d'une couverture de laine jusqu'au-dessus du menton; vous poudrez le feu de temps en temps avec la poudre ci-dessus, de sorte que le malade en reçoive toute la fumée, surtout aux parties affectées; bien entendu qu'il faut que la couverture enveloppe le malade et sa chaise. Pendant cette opération, on fera bouillir, dans une cafetière neuve, une grande tasse de bon vin généreux avec un fort morceau de sucre, le malade le boira, aussi chaud qu'il pourra, après la fumigation, puis on le place dans un lit bien bassiné et bien couvert; il transpirera fortement, et, infailliblement, il sera guéri du premier coup.

(Autre.)

M. Landerer, docteur célèbre d'Athènes, donne comme remède souverain le composé suivant, toujours employé avec grand succès dans tout l'Orient.

Huile d'ail anti-rhumatismale qui se prépare ainsi :

Les aulx, complétement dépouillés de leur enveloppe, sont mis dans un linge, et suspendus ainsi dans un vase, dans le fond duquel est contenu un peu d'eau, de manière que ces aulx ne puissent bouillir que dans la vapeur que produit cette eau exposée au feu. Après plusieurs heures, les aulx s'emplissent et forment une pâte qu'on retire alors et qu'on comprime fortement. Le jus qui en est exprimé est l'huile d'ail, qui possède une telle force, que les parties du corps qu'on frictionne avec deviennent rouges et se couvrent d'ampoules. Son action sur les rhumatismes est généralement remarquable.

(Autre.)

Suc de citron. — Il faut commencer par 20 grammes par jour, donnés par cuillerées à café dans de l'eau sucrée, puis on élève bientôt la dose à 180 et même à 200 grammes. L'amélioration se déclare après trois à quatre jours; huit jours après, le soulagement est très sensible, et, à part quelques récidives légères et peu fréquentes, la convalescence ne tarde pas à s'établir; la guérison est définitive après la troisième semaine.

La chaleur et la fréquence du pouls diminuent rapidement, la sueur seule continue quelques semaines encore; il s'est montré bien peu de cas rebelles. Le suc de citron a, sur le nitre, l'avantage d'une administration plus agréable, et, sur le sulfate de quinine, celui de l'économie et de l'inocuité.

Pour guérir les rhumatismes chroniques, prenez des feuilles de fougère de quoi faire un matelas, faites-les sécher au four, faites-en faire un matelas sur lequel vous vous coucherez jusqu'à votre guérison, qui ne se fera pas longtemps attendre.

(Remède prophylactique, recette de M. l'abbé S..., curé de V...)

Portez toujours sur vous une pierre d'alun.

(Contre la faiblesse des articulations, suite de rhumatismes, recette de M. l'abbé C...., curé de.... (Allier.)

Faites une sorte de décoction de romarin dans suffisante quantité de vin rouge, ajoutez-y du suif de mouton ; quand ce suif est fondu, passez le tout au travers d'un linge, et pendant que votre remède est encore chaud, imbibez une compresse de flanelle avec laquelle vous envelopperez la partie malade. Cet excellent remède fortifie les nerfs et les muscles. L'effet sera très prompt.

106. — ROUGEOLE.

La rougeole est une fièvre éruptive : on la reconnaît facilement à l'aspect qu'offre la peau, sur laquelle sont disséminés, en plus ou moins grand nombre, de petites taches, tantôt isolées, tantôt réunies, et généralement en si grande quantité, qu'elles forment comme une plaque rouge avec saillie sur la peau.

La rougeole débute ordinairement assez brusquement, par une fièvre assez forte ; la peau est sèche et chaude. Mal à la tête. La toux survient, sèche, dure, par quintes. Parfois respiration pénible et sensation d'une barre sur la poitrine. Un signe particulier, qui manque bien rarement, est *la présence de larmes dans les yeux*, surtout au moment de la toux. L'enfant éternue souvent, il est courbaturé et comme brisé de fatigue. La langue est blanche, large, humide. Chez les tout jeunes enfants, il survient parfois des convulsions qui cessent alors qu'apparaît l'éruption des taches circulaires.

Ne confondez pas la rougeole avec la scarlatine ou fièvre rouge. Dans cette dernière maladie, toute la peau prend uniformément cette teinte éclatante. Il y a fièvre et abattement considérable.

Traitement. — Il est des plus simples : tenir le malade au lit chaudement, mais sans le charger de couvertures, lui faire prendre des tisanes émollientes chaudes, et le mettre à la diète. Si la toux est très intense, on pourrait mettre dans chaque verre de tisane une cuillerée à bouche de sirop de pavots blancs, et, si l'éruption se supprimait, il serait urgent de la rappeler par des boissons sudorifiques, par un bain de vapeurs ou par des cataplasmes légèrement sinapisés.

107. — SANGSUES.

Annélides suceurs de l'ordre des hirudinés, dont on compte plus de 50 espèces, vivant les unes dans les eaux douces, les autres dans la mer; toutes carnassières, mais se nourrissant les unes du sang des animaux, les autres de lombrics, de vers, de larves, de mollusques, etc. La plus intéressante de toutes ces espèces est la *sangsue médicinale*, que l'on emploie pour les *saignées locales*, et que tout le monde connait.

Moyen de les faire prendre.

Les sangsues de bonne qualité doivent toutes prendre, si on les place convenablement. Quand on veut s'en servir, il faut d'abord bien laver et essuyer la partie sur laquelle elles doivent être posées; les excrétions propres à certaines maladies et les médicaments précédemment employés les empêchant souvent d'agir. De plus, si la peau est trop chaude par suite de fièvre, si elle est trop dure, comme à la paume des mains ou à la plante des pieds, un bain tiède, un cataplasme émollient, sont d'excellentes précautions. Il convient encore que les mains des personnes qui doivent appliquer les sangsues soient propres et exemptes d'odeur. Enfin, il ne faut pas que ces annélides soient maniés, et, si on les sort de l'eau, on doit les bien essuyer avec une serviette. Ces préparatifs terminés, on met tout ou partie des sangsues à la fois dans un petit pot en faïence ou un petit verre à liqueur, et on renverse le vase sur la partie malade, de manière que son ouverture s'applique exactement sur la peau. Pour les exciter à mordre, on peut, avant de les y introduire, rincer le pot ou le verre avec du vin, que l'on fait immédiatement égoutter; on peut aussi frotter la peau avec de la viande fraîche ou du saindoux; mais il ne faut pas imiter ceux qui, dans le même but, se servent de lait, de sucre et de quelque autre substance douce. Un autre moyen, plus efficace encore que les précédents, consiste à mettre un petit sinapisme à l'endroit même où les sangsues doivent être appliquées. Aussitôt que la peau est devenue rouge, c'est-à-dire au bout de quelques minutes, on enlève le sinapisme, on lave bien la plaie, et on pose les annélides. Si la disposition de la partie malade ne permet par l'emploi d'un pot ou d'un verre, il faut appliquer les sangsues en les mettant dans un linge humide ou dans un petit tube de verre. C'est ce dernier moyen que l'on emploi quand il s'agit de poser une sangsue sur une gencive. Le tube dont on se sert est effilé par un bout ; on fait entrer l'animal par l'extrémité la plus large, et on le force à sortir la tête par la partie la plus étroite en le poussant avec une baguette de verre ou de bois. — 2° *Moyen de faire servir les sangsues plusieurs fois.* Ce moyen, qui a été indiqué par l'administration de la guerre, consiste à jeter les sangsues, aussitôt qu'elles sont tombées, dans un mélange de huit parties d'eau et d'une partie de vin à la température de 10 à 20 degrés. Au bout de quelques instants, on les retire du bain, et, pendant qu'on les tient de la main gauche, on les passe entre le pouce et l'index de la main droite, sans les allonger, par une série de pressions modérées qui vont de la partie postérieure à la partie inférieure. On refoule aussi vers la bouche tout le sang qui a été ingurgité et qui se trouve ainsi rejeté. Quand le dégorgement est achevé, on lave l'animal à deux reprises dans l'eau ordinaire, puis on le met dans un vase de terre ou de verre plein d'eau, dont on ferme l'ouverture avec un canevas, et que l'on place dans un lieu abrité de la lumière et de la chaleur. Si l'opération est faite avec soin, elle ne cause aucun dérangement à la sangsue, qui peut servir cinq jours après et être traitée deux ou trois fois de la même manière. — 3° *Moyen d'arrêter les hémorrhagies occasionnées par la piqûre des sangsues.* Ces hémorragies sont quelquefois difficiles à arrêter. Le moyen suivant, qui est dû au docteur Loewendal, a toujours réussi : il suffit de pincer les lèvres de chaque petite plaie, afin de les rapprocher, de les traverser peu profondément avec une aiguille pourvue d'un fil, et de fixer la ligature à l'aide d'un nœud simple qui maintient parfaitement les différentes parties de la piqûre. Le sang cesse aussitôt de couler ; la plaie se cicatrise, et, au bout de quelques jours, le fil tombe de lui-même.

108. — SCARLATINE.

La scarlatine débute ordinairement par un mal de gorge plus ou moins violent, et qu'accompagne le mal de tête ; parfois frissons, fièvre et saignement par le nez. Fréquentes envies de vomir, douleurs dans les reins, courbature. Quelquefois l'invasion de l'éruption a lieu tout à coup, par des taches rouges, *sans élevures au-dessus de la peau*, et qui disparaissent sous la pression légère du doigt, pour reparaître presque aussitôt le doigt retiré.

Le traitement ordinaire est celui de la rougeole.

(Recette de M. l'abbé X...)

Extrait de belladone	0,60 centigr.
Eau de cannelle	10 grammes.

La dose à prendre est de trois gouttes, le matin à jeun, pour les enfants d'un an ; on ajoute une goutte de plus par chaque année, sans toutefois dépasser la dose de neuf gouttes.

Les résultats de cette médecine *préservatrice* sont tellement avantageux, que pas un des enfants qui en font usage ne sont attaqués de cette maladie, lors même qu'ils couchent avec ceux qui en sont atteints.

109. — SCIATIQUE.

Douleur nerveuse fort vive qui se fixe principalement à la hanche (origine du nerf sciatique) à l'emboîture des cuisses, et se fait quelquefois sentir jusqu'à l'extrémité du trajet du nerf sciatique, c'est-à-dire sur le dos du pied. Les douleurs sont quelquefois intolérables, et beaucoup de malades ne peuvent rester dans leur lit ni nuit ni jour. Les principales causes de cette affection sont : le refroidissement des membres inférieurs ; la suppression de la transpiration ; les personnes qui couchent dans des lieux bas et humides, les bateliers, les blanchisseuses, tous ceux qui sont obligés de travailler les jambes dans l'eau ; même dans les froids rigoureux, y sont très-exposés ; le virus scorbutique, syphilitique, etc., peuvent aussi la produire ; les accès sont fort longs, ils durent souvent plusieurs mois de suite; la maladie passe quelquefois à l'état chronique.

(Recette de M. l'abbé Migne.)

Nous rapportons textuellement la lettre qu'a bien voulu nous écrire ce savant ecclésiastique.

Traitement. — Ayant cruellement souffert d'une sciatique, je suis heureux de vous indiquer le remède qui m'a radicalement guéri. Je me suis appliqué à la fois et en les laissant vingt-quatre heures, cinq forts vésicatoires volants, depuis le haut de la hanche jusqu'à la cheville du pied inclusivement. Bien qu'assez intense, c'est une douleur que tout le monde peut supporter. Je n'ai plus rien ressenti depuis cinq ans. Avant d'avoir eu recours au remède, j'avais vainement épuisé la série des autres, sans peut-être en excepter un seul. D'autres que moi ont, depuis, été guéris de la même manière. Après guérison, on doit mettre du papier *Fayard*, toutes les fois que et partout où l'on croit sentir quelque signe de récidive, alors on est assuré de ne plus retomber.

(Recette de M. l'abbé Laroche, curé de Vaugon.)

Prendre une poignée d'orties et s'en frictionner la cuisse ou toute autre partie affectée.

(Recettes du père De Breyne, trappiste.)

A *l'intérieur* :

Eau de laitue.	180 grammes.
Gomme arabique.	15 —
Huile de térébenthine	25 —
Sirop simple	60 —

En prendre trois cuillerées à bouche par jour.

En frictions : Trois fois par jour.

Huile volatile de thérébenthine .	60 grammes.
Eau-de-vie camphrée	30 —
Ammoniaque liquide	5 —
Axonge.	5 —

Mêlez.

110. — SCORBUT.

Maladie qui affecte particulièrement les marins, surtout dans les voyages de long cours, et qui est caractérisée par un état général d'engourdissement et de débilité, par des taches livides répandues sur différentes partes du corps, et surtout par la rougeur, la mollesse, la tuméfaction des gencives, par la fétidité de l'haleine, avec disposition aux hémorrhagies passives et aux ulcérations fongueuses.

Causes. — Une température froide et humide, le défaut de propreté et de renouvellement de l'atmosphère, la disette, l'usage d'aliments peu nourrissants ou tendant à la putréfaction, des fatigues excessives ou une inaction prolongée; des affections morales tristes. Le scorbut n'est pas contagieux.

Symptômes. — *Premier degré.* Gencives rouges, molles, tuméfiées, saignant par le moindre frottement; haleine fétide; taches rouges bleuâtres, noirâtres et livides sur la peau; face pâle, livide, bouffie; lassitudes générales, aversion pour l'exercice, fatigue au moindre mouvement, état de tristesse.

Deuxième degré. Gencives fongueuses, très-fétides; tendance à des hémorrhagies passives par les membranes muqueuses du nez, des bronches, de l'estomac, des intestins, de l'utérus; par les reins, par la vessie; induration et enflure des membres inférieurs; ulcères fongueux, dont les bords sont livides, boursouflés ou durs, et qui rejettent un liquide noirâtre, fétide, sanguinolent; impossibilité de marcher, contracture des muscles fléchisseurs de la jambe.

Troisième degré. Ulcérations fongueuses très-fétides, hémorrhagies passives excessives, dyspnée, syncopes fréquentes au moindre mouvement, et quelquefois par la seule exposition au contact de l'air; hydropisie; découragement porté à l'excès, hypocondrie; mort.

Cette maladie est devenue beaucoup plus rare chez les marins depuis qu'on fait usage de conserves alimentaires, et que les progrès de la marine, et surtout l'introduction de la vapeur, ont abrégé la durée des traversées.

(Recette de M. l'abbé Biga, curé de Saint-Sulpice, de Faleyrez (Gironde).)

Bonne eau-de-vie	1 cuillerée.
Vinaigre	1 —
Bonne huile d'olive	1 —
Eau de savon	1 —

Mélangez bien le tout et frottez-en deux à trois fois par jour la partie affectée.

(Recette de M. l'abbé B..., curé à... (Charente).

Poudre pentagogue	0,15 centigr.
Manne	30 grammes.

Faites prendre le tout au malade, le matin à jeun dans un bouillon : réitérez cette purgation tous les huit jours. Dans cet intervalle, on fera usage tous les matins d'un verre de petite joubarde édulcorée avec du miel ou du sirop de capillaire. Il faut en même temps se laver et se gargariser la bouche trois ou quatre fois le jour avec le jus de cette même plante, et s'il est possible, en appliquer le marc sur la partie malade.

111. — SCROFULES, RACHITISME.

La maladie scrofuleuse appelée aussi *strumes*, écrouelles, humeurs froides, est une affection tuberculeuse qui consiste en un engorgement des ganglions lymphatiques avec altération des fluides qui les pénétrent.

Les enfants qui en sont atteints se reconnaissent aux symptômes suivants : la figure est bouffie ; la lèvre supérieure est plus épaisse que la lèvre inférieure ; la taille est ordinairement courte ; le ventre est bombé, large, saillant ; les chairs sont molles, flasques et comme spongieuses. Les enfants scrofuleux sont prédisposés aux affections vermineuses ; la dentition et la faculté de marcher arrivent toujours tardivement ; leur esprit est vif et précoce, mais le développement physique est toujours en retard.

Les écrouelles, manifestation la plus fréquente de la scrofule, sont des tumeurs situées sous la peau ; les glandes en sont ordinairement le siège, ou plutôt ce sont des glandes elles-mêmes qui se trouvent grossies et enflées par le séjour de la lymphe. Les glandes des aisselles, et surtout du cou, sont les premières affectées; mais quelquefois elles se propagent rapidement à celles des aines et du corps tout entier.

Ces tumeurs glandulaires sont tantôt molles, indolentes, mobiles, et peuvent rester telles pendant plusieurs années; tantôt elles augmentent de volume, se ramollissent; du pus se forme dans leur intérieur; la peau qui les recouvre, d'abord luisante, prend une couleur bleuâtre, puis rougeâtre et azurée; l'abcès s'ouvre, une suppuration abondante s'établit, et, quand elle cesse, ce n'est qu'au prix d'une cicatrisation difforme, déprimée à son centre et d'un aspect très désagréable. Il est rare que les personnes atteintes de cette forme de la scrofule ne soient pas en même temps affectées de tubercules des organes internes, tels que les poumons, le foie et le mésentère.

Le rachitisme, sans être une des manifestations pathologiques de la maladie scrofuleuse, n'en a pas moins avec celle-ci des rapports très intimes. En effet, presque toujours, elle se développe chez les enfants lymphatiques et scrofuleux, ou du moins nés de parents scrofuleux. Les sujets atteints de rachitisme présentent, eux aussi, une face pleine, la tête grosse, la peau colorée; l'appétit et les digestions sont faciles; mais ils sont maigres et comme desséchés. L'épine dorsale est courbée, les os sont mous, les articulations gonflées, et la poitrine applatie forme ce qu'on appelle poitrine de pigeon.

Le scrofule peut encore se manifester par des ophthalmies qui deviennent promptement chroniques, et dont la guérison est longue et difficile; par des otites ou écoulements purulents des oreilles; chez les jeunes filles, par des flueurs blanches très abondantes; enfin, par le goître, l'engorgement lymphatique des articulations, la carie des os et l'une de ces conséquences les plus graves, les abcès par congestion.

Le scrofule est peut-être de tous les états pathologiques celui qui est la source du plus grand nombre d'affections, et sans contredit des plus graves. C'est constamment une maladie constitutionnelle inhérente au tempérament et à l'organisation de l'individu. Le traitement que nous allons conseiller devra donc être suivi, non-seulement avec patience, mais encore avec persévérance et courage. Modifier des fonctions digestives, ramener la circulation lymphatique à son état normal, corriger l'altération des humeurs, changer leur cours, fortifier les organes détruire, les engorgements dont ils pourraient être le siége, refaire, en un mot, l'individu, tel est le résultat auquel la guérison doit conduire, et il est facile de comprendre que ce n'est pas en quelques jours qu'il sera possible d'y arriver.

Traitement. — Le traitement sera avant tout hygiénique : air pur, sec et chaud ; vêtements de laine ; exercice journalier en plein air et en plein soleil ; régime fortifiant ; viandes rôties ; vins généreux.

(Recette de M. l'abbé A...)

Prenez chardons, chicorée sauvage, fumeterre, gentiane, quassia amara, pareira brava, de chaque une forte pincée ; mettez dans un litre et demi d'eau qu'on fera réduire par l'ébullition à trois quarts de litre. — A prendre tous les jours jusqu'à guérison.

(Recette de M. l'abbé P... curé à..., (Loiret.)

Pilez et pressurez dans un linge, la feuille du souci champêtre. Versez dans un verre un pouce de ce suc. Ajoutez un demi pouce de vin blanc ou de sirop antiscorbutique. Après avoir bu cette dose, il faudra mordre dans un citron, en sucer un peu, puis dormir.

A défaut de citron ou de sirop on peut user du cresson.

A tous les repas on mangera du bœuf grillé ; il faut manger peu et plusieurs fois le jour. Ce régime doit durer trois semaines, non pas de suite, mais en mettant une semaine d'intervalle, après une semaine de médication, ce qui fera en tout cinq semaines.

On ne doit prendre ce remède que le matin en se levant ; s'il survient des vomissements, on ne répétera pas la dose le jour suivant.

L'effet de cette médication est souverain ; au bout de quelque temps une ouverture se fait à l'endroit où les humeurs se sont le plus accumulées, et elles coulent avec abondance jusqu'à parfaite guérison.

Cependant, pour plus de sureté, on fait bien de répéter ce traitement un mois après guérison.

(*Recettes de M. l'abbé Pipon.*)

Glands de chêne, torréfiés et pulvérisés	15 grammes
Eau	1 litre.

Faites bouillir, passez et ajoutez :

Sirop de gentiane	60 grammes.

A prendre tous les jours.

(*Recette de M. l'abbé C..., curé de B....*)

Catholicum double	30 grammes.
Jalap	30 —
Scammonée	30 —
Roses ou fleurs de pêcher . . .	4 pincées.

Pilez, tamisez et ajoutez :

Mercure cru	100 grammes.

Etendre et mêler de miel, *dans lequel il doit être parfaitement incorporé.* La quantité de miel doit être considérable. Mêlez le tout ensemble. On administre cet opiat en forme de boulettes de la grosseur d'une balle de fusil, et on en fait prendre le soir en se couchant, une aux petits enfants, deux aux grandes personnes ; il faut mettre entre chaque prise plusieurs jours d'intervalle.

(*Autre recette du même abbé.*)

Prenez égales parties de feuilles de plantain, de fleurs de souci jaune ; pilez le tout ensemble, retirez le jus et mélangez-le avec une égale quantité de vin blanc ordinaire. On en prend un verre tous les matins à jeun. On applique le marc sur la plaie, mélangé avec l'onguent de la mère. — Ce traitement doit durer trente jours.

112. — SYNCOPE, DÉFAILLANCES.

On appelle ainsi la suspension subite et momentanée

du sentiment et du mouvement de la respiration et de la circulation du sang. Suivant le degré de l'accident, on lui a donné différents noms: *défaillance, évanouissement, lipothymie, syncope.*

La syncope est due à la cessation momentanée des battements du cœur; le cerveau ne recevant plus la quantité du sang qui est nécessaire à la vitalité s'anéantit, et les sensations qui sont sous sa dépendance se trouvent nécessairement interrompues.

Une grande course, une trop forte chaleur, une abstinence trop prolongée, une perte abondante de sang sont les causes ordinaires de la syncope. Elle peut n'être que passagère et ne jamais se reproduire, mais il y a des personnes qui y sont sujettes par le fait même de leur constitution ou par suite d'une maladie interne, telles sont celles du cœur et des gros vaisseaux artériels et plusieurs affections cérébrales et pulmonaires.

Le traitement consistera à diminuer la longueur et la gravité de la syncope et puis à empêcher qu'elle ne récidive. On exposera au grand air les individus qui en seront frappés; on desserrera leurs vêtements pour rendre la circulation plus libre, et ils seront couchés verticalement pour activer l'arrivée du sang au cerveau; on fera en même temps quelques aspersions sur le visage, secondées par des inspirations de vinaigre, de sels, d'éther et, au besoin, d'ammoniaque liquide étendue d'eau. Enfin, dès que la déglutition sera devenue facile on fera avaler quelques cuillerées de bon vin.

113. — TEIGNE.

La teigne qu'il faut bien se garder de confondre avec la fausse teigne, dite *gourme, croûtes faveuses*, est une affection qui paraît avoir spécialement son siége dans le bulbe des cheveux et qui est caractérisée par des croutes sèches, d'une couleur jaune pâle, et présente, par la dépression qu'elles offrent à la surface, une certaine ressemblance avec les alvéoles d'une ruche à miel. Elle atteint principalement les enfants en bas âge de six à dix ans; les adultes en sont cependant quelquefois attaqués.. La teigne est contagieuse, c'est aujourd'hui un fait incontestable; elle se communique par le contact médiat ou immédiat.

Comme le favus, la teigne est le produit d'une constitution scrofuleuse, rachitique : aussi la rencontre-t-on très fréquemment chez les crétins du Valais et de la Savoie. Elle est l'indice d'une altération profonde du sang et des humeurs.

Lorsque la teigne est récente, les soins de propreté sont quelquefois suffisants pour la faire disparaître; mais quand elle est ancienne, quand elle a atteint le cuir chevelu à une grande profondeur, la guérison est plus longue et plus difficile à obtenir. Autrefois on avait recours au moyen barbare de la *calotte*, qui consistait à recouvrir la tête d'une calotte de toile enduite de poix, à l'appliquer sur la partie malade et puis à l'arracher violemment de manière à enlever l'épiderme en même temps que les cheveux. Voici des moyens moins douloureux et surtout moins difficiles à mettre en pratique et tout aussi efficaces:

(*Recette de M. L. Delatour à Courdimanche.*)

1° Couper les cheveux bien ras; 2° prendre du cresson de fontaine, le faire frire à moitié dans une poêle avec du saindoux; 3° l'appliquer aussi chaud que possible sur la partie de la tête dépourvue de cheveux; 4° répéter cette opération deux fois par jour, matin et soir et avoir le soin chaque fois de laver la tête avec de l'urine de garçon.

Pendant tout le temps que durera le traitement, boire de la tisane de chicorée ou de chiendent.

(*Recette de M. l'abbé C.... curé de B...*)

Faites couper préalablement les cheveux, et lotionnez trois fois par jour la tête avec une forte décoction de suie brillante pulvérisée; saupoudrez la tête encore humide avec de la poudre de charbon de bois.

A l'intérieur on administrera en même temps le sirop *fuligineux* qui se prépare en ajoutant quantité suffisante de sucre, à une décoction de suie (60 grammes pour 500) d'eau. En prendre deux cuillerées à bouche par jour.

114. — TORTICOLIS.

On donne le nom de *torticolis* à une douleur plus ou moins vive ayant son siège à un des côtés du cou et qui oblige de tenir la tête inclinée pour empêcher le tiraillement du muscle affecté.

Pour le traitement, voyez le mot *rhumatisme*.

115. — URTICAIRE.

L'urticaire est une affection ainsi nommée parce que la peau se couvre de plaques qui ressemblent aux piqûres faites par les orties. Ces plaques sont larges, élevées, plus pâles que la peau; quelquefois le centre en est rouge. Elles sont dures, bosselées, et souvent très-douloureuses.

La maladie débute par du frisson, de la fatigue, un malaise général, des crampes, de l'oppression. Le malade est agité, a des envies de vomir, parfois suivies de vomissements.

Si le malade a mangé des moules, des écrevisses, ne cherchez pas une autre cause à la maladie, et faites-lui boire de l'eau vinaigrée, après l'avoir fait vomir, ce qui est la première chose à faire. Quelques tasses d'infusion de thé ou de tilleul achèveront la guérison.

Si on est sujet à cette maladie, on fera bien de se purger assez fréquemment; c'est le plus efficace de tous les moyens prophylactiques.

116. — VARICOCÈLE.

Dilatation des veines du scrotum. On appelle *cirsocèle*, la dilatation des veines du cordon spermatique. Ces deux maladies sont assez fréquentes, parce que le sang qui revient par les veines spermatiques est obligé de remonter contre son propre poids, parce que ces veines sont mal soutenues par les parties environnantes, enfin parce que leurs parois ont peu d'épaisseur.

Traitement.— Le varicocèle est une maladie dont on ne guérit jamais: toutes les incommodités qu'il produit disparaissent cependant, par l'usage habituel du suspensoir; c'est le seul moyen proposable dans cette maladie.

117. — VARICES.

Tumeurs oblongues, molles, noueuses, bleuâtres, élastiques, aux jambes et aux cuisses; elles sont compressibles, et l'on n'y sent pas de battements; en général, elles diminuent pendant la nuit, par la position horizontale; quand elles sont très-anciennes, elles donnent lieu à un empâtement du tissu cellulaire, à un engourdissement, à un sentiment de pesanteur dans les parties voisines. Elles sont la suite de la transformation des veines en cylindres inégaux, bosselés, qui se replient sur eux-mêmes, s'enroulent, forment des pelotons.

Les varices existent quelquefois dès l'enfance, mais le plus souvent elles se développent chez les femmes qui ont eu des enfants, chez les hommes qui font de longues courses, qui montent à cheval. Elles sont sujettes à s'enflammer et à se rompre. Dans le premier cas, qui est caractérisé par des battements et de la douleur, une chaleur brûlante, etc., repos, repos absolu au lit, application de cataplasmes, etc.

« Dans le cas de rupture, il y a une hémorrhagie, quelquefois considérable; il faut alors ôter tout ce qui recouvre le membre, et, surtout, tout ce qui est susceptible de le serrer. On plonge le membre dans un seau d'eau glacée, on le couvre de neige, de glace pilée, de compresses imbibées d'eau vinaigrée, acidulée, etc., etc. Quelquefois il suffira de tenir pendant quelque temps sur le lieu de la rupture un morceau d'amadou. Repos absolu, en ayant bien soin de tenir le membre plus élevé que le reste du corps, au moyen de quelques oreillers placés dessous. De toute manière on devra porter un bandage lacé, disposé pour serrer le membre bien convenablement. »

Le docteur Allix prétend avoir guéri les varices par l'emploi du collodion, dont on recouvre le membre variqueux, et nous avons vu d'assez bons résultats obtenus au moyen d'applications journalières de pâte d'*Iodure d'amidon* dont le mode de préparation a été indiqué au mot *plaies*.

118. — VACCINE, VARIOLE, PETITE VÉROLE.

Avant de parler de la variole nous croyons devoir dire quelques mots de la vaccine, maladie propre à la vache et qui, transmise à l'homme (vaccination), le préserve de la variole.

Depuis quelques années, on a prétendu que la vaccine perdait son influence préservatrice au bout d'un certain temps, et l'on en a conclu la nécessité de soumettre à une nouvelle vaccination les individus déjà vaccinés; cependant la nécessité de la *revaccination* ne paraît pas encore suffisamment établie, et, dans un excellent ouvrage sur la vaccine, publié par M. Adde-Margras, ce savant médecin, après avoir passé en revue la variole, l'inoculation, la vaccination et la revaccination, conclut, avec toute l'énergie d'un esprit profondément convaincu :

1° Que la variole est une maladie meurtrière, et qu'il faut tout entreprendre pour s'en préserver ;

2° Que l'inoculation, considérée comme préservatif de la variole, doit être rejetée comme plus dangereuse que le mal lui-même, puisque partout où elle a été importée elle a donné naissance à des épidémies de variole qui ont détruit des populations entières;

3° Que l'inoculation est dangereuse ; mais que la Providence a mis entre nos mains un préservatif doux, humain, qui ne peut, même dans les plus mauvaises circonstances, avoir la plus petite influence défavorable sur l'économie. Oui, la vaccine est venue, comme un bon génie, interposer sa toute-puissance entre l'homme et la variole, pour le sauver des attaques du mauvais et impitoyable génie du mal, c'est-à-dire de la variole ;

4° Que l'on doit pratiquer la vaccination de préférence à toute autre méthode;

5° Que la vaccine jouit d'une propriété préservative absolue chez *presque* tous les sujets qui l'ont eue régulièrement.

Nous n'avons pas besoin de dire comment s'opère la vaccination, tout le monde le sait aussi bien que nous; nous devons cependant ajouter qu'on ne doit point tenir au nombre des boutons; un seul peut suffire pour préserver, s'il est bon.

Les praticiens en obtiennent ainsi la certitude: supposons que, sur quatre piqûres faites aux deux bras de l'enfant, une seule donne naissance à un bouton; eh bien, on n'aura qu'à inoculer un nouveau vaccin. Si cette seconde inoculation réussit, c'est que le premier bouton ne valait rien; si elle ne réussit pas, c'est une preuve que le sujet était réellement *préservé*.

Variole.

Fièvre éruptive produite par un virus particulier (*virus variolique*), qui se communique par contact médiat ou immédiat, et qui est caractérisée par une éruption générale, ayant lieu sur la peau, par des pustules déprimées à leur centre, remplies d'un liquide d'abord transparent, puis trouble et purulent, qui, après s'être desséchées, laissent des cicatrices plus ou moins durables.

La variole débute par les accidents ordinaires de la fièvre; il s'y joint, comme symptômes spéciaux, des *douleurs vives dans les reins et dans le dos*, parfois même dans les articulations; un mal de tête très-violent, des vomissements pendant le frisson qui marque le début. Cet état dure pendant trois ou quatre jours. Il s'y joint souvent alors de l'assoupissement, une sorte de stupeur, analogue à celle de la fièvre typhoïde, et, chez les enfants, il peut y avoir du délire ou des convulsions. Bientôt (4° jour) apparaît l'éruption, qui est *discrète* ou *confluente*.

La *varioloïde* est un diminutif de la variole; elle débute à peu près de la même manière, seulement les accidents sont moins graves; elle est contagieuse. La *varicelle* ou *petite vérole volante* se manifeste par un peu de fièvre, dans certains cas même par l'éruption de petits boutons remplis de sérosité et se desséchant au bout de quelques jours, et cela sans que la santé soit manifestement troublée.

Traitement. — Boissons sudorifiques et adoucissantes, lavements émollients, bains de pieds sinapisés, diète.

pour faire sortir la petite-vérole.
(*Recette de M. l'abbé...*)

Faites une forte infusion de sureau, dans laquelle vous ferez fondre un morceau de beurre frais, donnez-la au malade. Une seule fois suffit.

(*Guérison sans laisser de traces sur le visage; recette de M. l'abbé D...*)

Cire blanche	25 grammes.
Blanc de baleine.	10 —
Eau de roses	15 gouttes.
Baume de tolu	10 —

On fera fondre au bain-marie la cire et le blanc de baleine, et on y ajoutera ensuite l'eau de rose et le baume. Le soir en se couchant, on étend sur le visage, et le lendemain matin on essuie légèrement. Quinze jours de ce traitement suffisent pour qu'aucune marque ne reste sur le visage.

110. — VERS INTESTINAUX.

Symptomes. — Dégoûts, vomissements, coliques, augmentation d'appétit, pupilles dilatées, démangeaisons au nez, sommeil agité, mauvaise haleine.

Les principales espèces de vers intestinaux sont :

1° Les *ascarides lombricoïdes*, semblables aux vers de terre, souvent blancs ;

2° Les *ascarides vermiculaires*, qui siégent au pourtour de l'anus, où ils causent souvent une démangeaison insupportable ;

3° Le *tœnia* ou *ver solitaire*, qui détermine une pesanteur dans l'abdomen, avec coliques, gonflement et affaissement successifs du ventre, très-grand appétit et expulsion par les selles de fragments de ce ver, qui est aplati et blanchâtre.

(*Recette de M. l'abbé A. S...*)

Traitement contre les *lombricoïdes :*

Bon encens	4 grammes.
Aloès	4 —
Myrrhe.	4 —

Le tout bien pulvérisé, et ensuite en prendre une partie qu'on délaye dans de bonne eau-de-vie ; prendre ensuite de la toile forte, réduisez-la en forme circulaire et d'un diamètre d'une pièce de cinq francs ; étendez sur cette toile, en forme d'onguent, cette poudre délayée comme il a été dit, et appliquez enfin cet emplâtre sur le nombril. Si *vers* il y a, l'emplâtre se fixera et ne se détachera que lorsque les vers auront disparu.

Ce remède, employé sur un très-grand nombre d'enfants, a toujours été couronné de succès.

(Recette de M. l'abbé D...)

Faites une infusion de mousse de Corse, environ 100 grammes, ajoutez-y une cuillerée à café d'écorces en poudre ou bien rapée fine d'oranges amères, et faites prendre le matin à jeun, deux à trois verres, de demi-heure en demi-heure.

Contre les *ascarides* on emploiera de plus la pommade suivante :

(Recette de M. l'abbé V..., curé de S...)

Calomel	4 grammes.
Axonge.	30 —

En frictions tous les soirs au pourtour de l'anus.

Contre le *tænia :*

Pendant deux jours, le malade ne se nourrira que d'une petite quantité de soupe claire ; le troisième jour, le matin, dans l'espace d'une ou deux heures, il boira abondamment d'une décoction d'écorce fraîche de racines de grenadier dans deux livres d'eau réduites à une livre.

(Autre.)

Prendre, dès les six heures du matin, la moitié de la poudre suivante :

Limaille d'étain.	1,50 centig..
Tannin pur	50 grammes.
Gomme gutte.	50 —
Oleo-saccharum de cajeput.	0,25 centig.

Mêlez. Faites une poudre et divisez en deux paquets

égaux. Une demi-heure après avoir pris le premier, le malade prend le second ; si le volume de la poudre paraissait trop considérable, on pourrait, sans inconvénient, supprimer l'oléo-saccharum. Le malade prend, après chaque paquet de poudre, deux tasses de café très-fort sans sucre ; s'il survient des nausées, on lui donne quelques gouttes d'éther acétique.

Au bout de deux heures, arrivent des tranchées pendant lesquelles le ver est expulsé ordinairement sans être divisé en plusieurs parties. Le malade doit prendre de nouveau du café noir très-fort aussitôt qu'il ressent des tranchées.

(Autre.)

Extrait éthéré de racine de fougère mâle	4 grammes.
Poudre de la racine de fougère mâle	Q. S.

En huit bols ; deux bols à la fois de quart d'heure en quart d'heure ; la veille, à dîner, le malade n'aura pris qu'un potage, et le soir une tasse d'infusion de camomille. — Deux heures après les deux derniers bols, 60 grammes de sirop d'éther ; deux heures plus tard encore, looch avec deux gouttes d'huile de croton tiglium. — Réitérer cette médication au bout de quatre jours si le tænia n'a pas été expulsé.

(Autre.)

Écorce de racine fraîche de grenadier.	60 grammes.
Eau.	700 —

Faites réduire à 500 grammes par l'ébullition.
A prendre en trois fois.

121. — VERRUES.

(Recette de M. l'abbé P..., curé à ... (Manche.)

Il faut faire saigner la verrue à l'aide d'un canif ou d'un rasoir, puis exprimer dessus, et à plusieurs fois, du lait d'euphorbe blanche.

(*Recette de M. l'abbé Gaudin, curé de Froges (Isère).*)

Prenez de l'osier en branches que vous couperez de manière à pouvoir l'introduire dans une cafetière, faites-le bien bouillir dans de l'eau, et de cette eau, lavez-vous, et frottez fortement les verrues deux ou trois fois par jour les mains et les parties affectées ; après quelques jours, elles deviendront jaunes et disparaîtront sans douleur.

Quelquefois les verrues deviennent *chancreuses;* on doit alors employer la *recette* suivante :

(*Recette de M. l'abbé Quillery, curé de Boissy-sans-Avoir (Seine-et-Oise.)*

Prenez une limace jaune, posez-la sur une tuile neuve, couvrez-la de sel de cuisine et exposez-la à un soleil ardent ou devant le feu. Ainsi exposée, elle meurt en rendant un liquide visqueux qui, en dissolvant le sel, forme une espèce d'onguent, avec lequel vous graissez la verrue trois à quatre fois par jour, jusqu'à parfaite guérison.

122. — VIPÈRE (Morsure de la).

(*Recette de M. l'abbé Morin.*)

Prenez deux centilitres d'eau-de-vie, un jaune d'œuf frais, une cuillerée de poudre à canon et deux cuillerées de lait ; il faut battre le tout ensemble, puis on trempe un petit linge dans ce mélange et on l'applique sur la morsure, le mal n'aura pas plus de suite que si l'on s'était blessé avec un couteau.

DEUXIÈME PARTIE

1. — ABEILLES (Liqueur propre à remplacer le miel pour la nourriture des).

On met dans un pot de terre neuf, deux litres d'eau de fontaine et un demi kilo de sucre qu'on fait bouillir à petit feu en écumant avec soin. On colle avec un blanc d'œuf qu'on retire au bout d'un quart d'heure ; on écume de nouveau avec soin pendant une demi-heure, puis on passe au papier-joseph cette eau sucrée, qu'ensuite on met en bouteilles, et qui approche parfaitement du suc des fleurs. On la donne froide aux abeilles. *(Lunel)*.

Moyen de les changer de ruches.

Le chloroforme stupéfiant les abeilles, on peut, à l'aide de ce précieux agent, les changer de ruches, lors de la récolte du miel. Il suffit pour cela de diriger dans la ruche, à l'aide d'un appareil quelconque, des vapeurs de chloroforme ; le liquide se volatilise et se mêle ainsi à l'air respiré par les abeilles.

2. — ABRICOTS (Conservation des).

Couper les fruits en deux, enlever les noyaux dont

on extrait les amandes que l'on monde de leur pellicule en les faisant blanchir à l'eau bouillante ; on les place avec les fruits dans des bouteilles qu'on remplit de sirop de sucre à 20 degrés; on bouche et l'on donne 4 minutes seulement d'ébullition au bain-marie.

Gelée d'abricots.

On procède exactement comme pour les abricots entiers; on verse le tout sur un tamis, puis on met le jus qui s'en échappe dans les pots. Cette gelée est magnifique et délicieuse; les abricots qui ont servi à la faire peuvent se manger de suite comme compote ou se conserver dans des pots. Ces abricots, qui se dessèchent un peu, ressemblent à une conserve : ils durcissent en vieillissant.

3. — ABSINTHE (Liqueur).

Essence d'absinthe	4 grammes.
Essence d'anis	3 —
Essence de badiane.	3 —
Essence de fenouil	1 —
Eau de roses.	16 —

Faites dissoudre dans :

Esprit de vin rectifié à 40°. . .	10 grammes.

Ajoutez :

Esprit 3/6 de Montpellier. . . .	2500 grammes.
Eau de fontaine	1000 —

Filtrer et mettre en bouteilles.

Observation. La teinte verte peut être donnée avec quelques gouttes de décoction de safranum.

4. — ABSINTHE SUISSE (Liqueur).

En allemand Vermouth.

Sucre blanc	2500 grammes.

Faites fondre sur le feu dans :

Eau.	5 litres 1/4

Ajoutez :

Alcool à 33°.	5 litres 1/2

Puis :

Essence d'absinthe	2 grammes.
— d'anis	3 —
— de badiane.	1 —
— de fenouil	6 gouttes.

Filtrer après un mois.

5 — ACAJOU (Nettoyage de l').

On frotte les meubles, d'abord avec de l'essence de térébenthine froide, puis, mais une demi-heure ou une heure après, avec un chiffon de laine. Au lieu de térébenthine pure, on peut se servir d'une composition particulière, qui se prépare en faisant macérer pendant une nuit, dans cette substance, un peu de racine d'orcanette et d'œillet rose.

6. — ALBATRE (Nettoyage des objets d').

Les taches de graisse, de cire ou de suif, s'enlèvent très facilement; il suffit de les frotter avec du talc en poudre ou de l'essence de térébenthine. S'il s'agit de faire disparaître la couleur jaunâtre que la poussière et la fumée donnent à l'albâtre, il faut laver les pièces d'abord avec de l'eau de savon, puis avec de l'eau pure, et on termine en les frottant avec un morceau de peau bien sèche.

7. — ALCOOL CAMPHRÉ (Formule de l').

Camphre	32 grammes.
Alcool 86° centésimaux . . .	220 —

Faites dissoudre et filtrez.

8. — ANIS (Ratafia d').

Faites macérer pendant huit jours, 45 grammes d'anis dans un litre et demi d'eau-de-vie à 24°; ajoutez 80 grammes de sucre dissous dans un litre d'eau; laissez reposer et filtrez.

9. — ANISETTE (Liqueur).

Pour cinq litres :

Sucre blanc	2500 grammes.

Faites fondre sur le feu dans :

| Eau | 1 litre 3/4 |

Ajoutez :

Essence d'anis	2 grammes.
— de badiane	1 —
— de cannelle	1 goutte 1/2
Néroli	1 —

Filtrez après un mois.

10. — ANISETTE DE BORDEAUX.

Prenez: 2 kilog. et demi de sucre blanc, première qualité; 1 kilog. 100 gram. d'eau de fontaine; 1 kilog. 150 d'esprit 3/6 de Montpellier à 33°; 3 gramm. d'essence de badiane; 50 centig. d'essence de néroli bigarade; 50 centig. d'essence de canelle; 5 gram. d'essence d'anis; 1 gram. d'essence de muscade; 1 gram. de teinture de vanille, et 15 gram. d'esprit-de-vin rectifié à 40°. Faites dissoudre le sucre dans l'eau et passez la liqueur à travers un linge. Dissolvez à part les essences dans l'esprit; mêlez bien et ajoutez l'esprit 3/6. Réunissez alors le mélange et le sirop, filtrez le lendemain et mettez en bouteilles. (*Conn. Util.*)

11. — APPARTEMENTS NOUVELLEMENT PEINTS (Enlever l'odeur des).

| Acide sulfurique | 120 grammes. |

En verser 60 grammes dans deux vases que vous placerez dans chaque chambre à désinfecter.

12. — ARGENTERIE (Nettoyage de l').

1° Le blanc d'Espagne réduit en poudre impalpable offre le procédé le plus simple et le plus économique. On le mouille avec de l'eau ordinaire, on l'applique sur les pièces à nettoyer et on frotte avec un linge jusqu'à parfaite siccité. 2° On blanchit très bien l'argenterie en la faisant bouillir dans un mélange en parties égales de sel ammoniac, d'alun, de sel marin, de tartre et de vitriol romain dissous dans de l'eau, ou bien dans un mélange de 30 parties de crème de tartre, 30 de sel marin, 30 d'alun, et 1500 d'eau. 3° Faites dissoudre de l'alun dans de l'eau ordinaire et formez-en une forte lessive; écumez avec soin et ajoutez du savon. Quand ce dernier est fondu, lavez dans le mélange avec un vieux chiffon vos objets d'argent; ils acquerront un éclat très remarquable. 4° Pour rendre leur couleur primitive aux couverts noircis par le contact des œufs, il suffit de les frotter avec de la suie mouillée de vinaigre, ou avec du sel d'oseille, de l'alun ou de la crème de tartre, pulvérisés et imbibés d'eau. 5° Parmi les poudres que l'on vend journellement pour nettoyer l'argenterie, la meilleure se prépare en mélangeant parfaitement 2 parties de crème de tartre, 2 parties de blanc d'Espagne, et une partie d'alun, le tout pulvérisé et tamisé avec soin. Pour se servir de cette composition, on y ajoute un peu d'eau, et, avec la pâte ainsi obtenue et un linge fin, on frotte l'objet à nettoyer.   (*Matgne.*)

13. — ASPERGES (Conservation des).

Après avoir fait blanchir les asperges, on les met dans l'eau fraiche; on laisse égoutter, puis on les place, les pieds en bas, dans un bocal contenant 124 gram. de sel par litre d'eau. Le tout est recouvert d'une couche d'huile d'olive. Les asperges se conservent ainsi plus d'une année.

14. — ARTICHAUTS (Conservation des).

Après avoir coupé par quartier les artichauts, dont on ôte le foin, on les met dans l'eau fraiche, pour les empêcher de noircir. On les fait ensuite blanchir à l'eau bouillante, puis on les met en bouteilles auxquelles on donne 2 heures d'ébullition.   (*B. Lunel.*)

15. — BŒUFS (Manière d'engraisser les).

(*Recette de M. l'abbé Julia, curé à Caronsac, canton de Montgiscard (Haute-Garonne.)*)

Dans la nourriture, mêler une cuillerée de plâtre.

16. — AXONGE (Moyen de constater la falsification de l').

On falsifie ordinairement l'axonge en y introduisant de l'eau, du sel, du plâtre, ou encore des graisses de qualité inférieure. En pétrissant l'axonge avec une spatule, si elle renferme de l'eau, on voit celle-ci suinter en gouttelettes. Si on soupçonne qu'elle contienne du plâtre, il suffit de la faire fondre à un feu doux; le plâtre se précipite et on le retrouve au fond du vase. Si elle a été fraudée par le sel, on la fait digérer dans l'eau, qui dissout le corps étranger, et la perte que son poids éprouve accuse la sophistication. Enfin, on reconnaît le mélange de graisses de basse qualité à l'odeur et à la couleur, qui sont plus ou moins altérées. (*Maigne.*)

17. — BEURRE (Procédés de conservation du).

Mettre le beurre, au sortir de la baratte, dans de l'eau très-fraîche, renouvelée tous les jours.

L'eau bouillie préalablement, puis refroidie, est la meilleure, parce qu'elle ne contient pas d'air.

(*Autre.*)

Eau bouillie saturée de carbonate de soude.

BEURRE SALÉ. — 62 grammes de sel par kilogramme de beurre.

BEURRE DEMI-SEL. — 15 à 20 grammes de sel par kilogramme.

PROCÉDÉ TWANLEY :

Sucre	100 grammes.
Sel fin	200 —
Salpêtre	100 —

Employer 60 grammes de ce mélange par kilogramme de beurre. Débarrasser préalablement le beurre de son petit-lait. On pétrit le tout avec soin et l'on met en baril. Le beurre se conserve ainsi frais pendant plusieurs années.

PROCÉDÉ BRÉON.

Placer le beurre dans un vase en ferblanc, qu'on

achève de remplir avec 3 grammes d'acide tartrique ou acétique par litre d'eau.

Souder le vase et conserver dans un lieu frais.

BEURRE RANCE. — Laver le beurre dans une dissolution de 25 à 30 grammes de chlorure de chaux par kilogramme

(Autre.)

Idem dans une dissolution de 15 grammes de bicarbonate de soude par kilogramme.

Après l'une et l'autre de ces opérations, bien pétrir et bien battre le beurre, le laisser séjourner deux heures dans une dissolution saline, puis le saler.

18. — BIÈRE ÉCONOMIQUE.

Houblon	150 grammes.
Mélasse des colonies	3000 —
Levure de bière	150 —
Eau	100 à 120 litres.

On fait infuser le houblon pendant une demi-heure sur le feu dans l'eau (10 litres environ) que l'on tient presque toujours bouillante; on passe la liqueur à travers un linge ou un tamis, et on y délaye la mélasse. On recommence une nouvelle immersion de houblon dans une nouvelle quantité d'eau chaude pour l'épuiser complètement de ses principes solubles et aromatiques; on coule encore la liqueur, et, après l'avoir réunie à la première, on l'introduit dans le tonneau, que l'on achève de remplir avec de l'eau, dans les dernières parties de laquelle on a soin de délayer de la levure de bière.

La fermentation s'établit en trois ou quatre jours en été, et quinze à vingt jours en hiver. On peut activer la préparation de cette boisson en délayant la levure dans l'infusion encore un peu tiède de houblon, et en l'introduisant dans le tonneau plein à moitié. On le remplit en y versant chaque jour un seau d'eau chauffée à 50°. Dans ce cas, la boisson est prête après cinq à six jours.

Autre.

Mélasse.	2500 grammes.
Houblon	250 —
Essence de spruce	q. s.
Levûre.	250 grammes.

Prix de revient pour une feuillette de 120 lit. 5 f. 25 c.
Soit, par litre, 4 cent.

On fait bouillir toutes ces substances dans 120 litres d'eau, pendant une heure ; on passe au tamis après le refroidissement ; on mélange avec la levûre : la fermentation a lieu au bout de cinq à six jours. Le liquide s'éclaircit et peut être bu après ce délai.

(Muller, de Bolbec.)

19. — BLANCHISSAGE ÉCONOMIQUE PAR LESSIVE.

Faites dissoudre 1 kilogramme de savon dans 40 à 50 litres d'eau chaude, et après que la chaleur a produit la dissolution complète de ce savon, on retire la chaudière du feu, et l'on ajoute : 1° 15 grammes d'essence de térébenthine rectifiée, 2° 30 grammes ammoniaque liquide à 22° Réaumur ; mélanger à l'aide d'un bâton pendant quelques minutes, et verser encore chaud sur la quantité de linge à lessiver ; au bout de quatre heures de contact on frotte le linge, on le passe à l'eau, et il est d'un blanc parfait.

20. — BLÉ (Pour conserver pendant plusieurs années le).

Il faut l'entasser dans des greniers exposés à tous les vents, de peur qu'il ne s'échauffe, le recouvrir de paille et avoir soin de le remuer souvent. Comme l'humidité seule peut le faire germer et pourrir, on a soin de l'exposer autant que possible aux rayons du soleil. Les anciens, en usant habilement de ces moyens, ont conservé du blé pendant plus de cinquante ans.

21. — BOISSONS ÉCONOMIQUES (Economie domestique).

Eau.	1 hectolitre.
Pommes sèches.	4 kilogrammes.
Raisins secs.	4 —
Genièvre.	4 hectog.

Versez l'eau dans un tonneau, mettez-y les fruits après les avoir mêlés; bouchez et laissez la fermentation s'opérer pendant cinq jours en été, dix jours en hiver.

La fermentation terminée, on tire 20 litres de liquide que l'on met par la bonde dans la barrique, afin de mélanger la boisson. Ensuite il faut tirer en bouteilles, car autrement le marc moisirait, deviendrait aigre et donnerait un mauvais goût à la préparation.

Excellente boisson.

(Autre.)

Voici huit recettes présentées par M. Girardin, de Rouen.

1°
Eau ordinaire.	1 hectol.
Racine de réglisse.	1 kilog. 250 gr.
Crème de tartre.	500 grammes.
Eau-de-vie à 19°.	5 litres.
Aromate quelconque (fleurs de sureau, écorce d'oranges, etc.)	40 grammes.

2°
Eau.	1 hectol.
Sucre brut.	3 kilog. 750 gram.
Crème de tartre.	500 grammes.
Eau-de-vie à 19°	10 litres.
Aromate quelconque.	40 grammes.

3°
Eau ordinaire.	1 hectol.
Sucre brut.	3 kilog. 750 gr.
Vinaigre fort.	2 litres 1/2
Eau-de-vie à 19°.	5 litres.
Aromate quelconque.	40 grammes.

4°
Eau.	1 hectol.
Bière ordinaire.	5 litres.
Sucre brut.	750 grammes.
Vinaigre.	1 litre 1/4
Caramel.	150 grammes.

5° Eau . . . . 1 hectol.
    Sucre brut. . . . . 6 kilog. 750 gr.
    Acide tartrique . . . . . . 160 grammes.
    Esprit de trois-six. . . . . 1 litre.
    Fleurs de sureau. . . . . . 120 grammes.

6° Eau . . . . 1 hectol.
    Pommes sèches . . . . . . 3 kilog. 125 gr.
    Esprit trois-six . . . . . . 104 grammes.
    Semence de fenouil . . . . 25 —
    — coriandre. . . . 25 —
    Fleurs de houblon . . . . . 100 —

7° Eau ordinaire. . . . . . 1 hectol.
    Mélasse . . . . 3 kilog. 125 gr.
    Cassonnade brune. . . . . 417 grammes.
    Coriandre concassée. . . . 25 —
    Levure de bière . . . . . . 50 —

8° Eau ordinaire. . . . . . 1 hectol.
    Mélasse . . . . 2 kilog. 500 gr.
    Fleurs de houblon . . . . . 100 grammes.
    Racine de gentiane . . . . 50 —
    Levure de bière . . . . . . 50 —

Observations. — Toutes ces boissons ont le même mode de préparation. On fait une forte infusion des racines et du houblon, des pommes sèches, dans 20 à 25 litres d'eau. D'un autre côté, on fait infuser dans 4 à 5 litres d'eau bouillante les fleurs de sureau ou l'aromate choisi; on dissout la crème de tartre ou l'acide tartrique, la mélasse ou le sucre brut, dans une autre quantité de liquide; on passe toutes ces liqueurs à travers un linge, on les met en tonneau; on y ajoute l'esprit, le vinaigre ou le caramel, ainsi que la levure délayée dans un peu d'eau; on brasse et on laisse reposer. Après 5 ou 6 jours, si la fermentation marche bien, à 10 ou 15°, la boisson est faite. Après 8 à 10 jours de bouteilles, on obtient une liqueur mousseuse, agréable.

(*Girardin, de Rouen.*)

22. — BOUCHONS IMPERMÉABLES (Moyen de rendre les).

Pour rendre les bouchons de liége imperméables à toute espèce de liquides, même aux plus fluides, sans leur communiquer aucune mauvaise odeur, il suffit de les tremper deux ou trois fois dans un mélange fondu de deux parties de cire blanche et une de suif, et de les placer ensuite par le gros bout sur une plaque de pierre ou de fonte, dans une étuve ou un four, jusqu'à ce qu'ils soient parfaitement secs.

23. — BOUE (Manière d'enlever les taches de).

La boue ordinaire s'en va facilement à l'aide d'un lavage à l'eau pure. Quand ce moyen ne suffit pas, un jaune d'œuf appliqué sur la tache la fait disparaître entièrement. La boue des grandes villes, qui est un composé de débris végétaux et de limaille de fer, est beaucoup plus tenace. Un savonnage soigné enlève d'abord les matières végétales; il ne reste plus ensuite que le fer, à l'état d'oxyde noir, que l'on attaque avec la crème de tartre, comme on le fait pour les taches de rouille (voy. *Rouille*). (*Maigne*).

24. — BOUILLON (Conservation du).

Après avoir préparé le bouillon avec le plus grand soin et avec de la bonne viande de bœuf exempte de suif, on le verse dans une chaudière à fond plat et chauffée à la vapeur libre, contenue par un double fond. Cela fait, on l'évapore lentement à une température de 43 à 50°, en ayant soin de l'agiter continuellement pour accélérer l'opération. Quand le volume est réduit au point de marquer 6 ou 7° à l'aréomètre Baumé, on en remplit des boîtes cylindriques en ferblanc, ayant chacune un quart de litre de capacité et représentant le produit d'un kilogramme de viande. On soude une plaque également de ferblanc sur l'ouverture de chacune de ces boîtes, et on les place dans un bain-marie clos, où on les chauffe jusqu'à 105° pendant une demi-heure. Au bout de ce temps, on les retire et on les emmagasine pour l'usage. Le bouillon ainsi traité conserve toutes ses qualités pendant plusieurs mois. Quand on veut s'en servir, il suffit, pour obtenir un excellent potage, de l'étendre de dix à douze fois son volume d'eau et de le chauffer à 100°. (*Lignac*).

25. — BRODERIES D'OR ET D'ARGENT
(Nettoyage des).

On fait chauffer, dans un poêlon bien net, de la mie de pain rassis; on la répand toute chaude sur la broderie, on la frotte avec la paume de la main, et on l'étend de façon qu'il y en ait partout sur l'ouvrage; on recouvre le tout de plusieurs linges, et, quand il est refroidi, on retourne le métier, on le bat à l'envers avec une baguette : il ne reste plus qu'à vergetter doucement la broderie.   (*Saint-Aubin.*)

26. — BOUGIES pour allumer de suite et d'un seul coup tous les cierges d'un autel.

Il faut faire cuire dans de l'huile du soufre et de l'orpiment, et faire bouillir dans ce mélange un long fil qu'on fait ensuite sécher, et que dans cet état, on passe par la mèche de toutes les bougies. Dès qu'on met le feu à l'une des extrémités de ce fil, toutes les bougies s'allument d'un seul coup.

27. — BRULER (Moyen d'empêcher les vêtements de).

Pour éviter les accidents qui résultent si souvent de la communication du feu aux vêtements légers des dames, il suffirait de les tremper dans une solution de chlorure de zinc étendue d'eau. La plus fine batiste ainsi préparée, si on y met le feu, se réduira en cendres sans donner la moindre flamme.

28. — CACIS (Liqueur).

On met dans un vase, pour les laisser infuser ensemble pendant quinze jours, 1 kil. de baies de cacis, 2 gr. de girofle et de canelle, 3 litres d'eau-de-vie et 750 gr. de sucre. Il faut avoir le soin de brasser ce mélange chaque jour pendant les quinze jours, au bout desquels, après avoir écrasé le cacis et passé le mélange à travers un linge avec expression, on filtre la liqueur, et, quand elle est bien claire, on la met en bouteilles. On peut n'ajouter le sucre qu'après avoir passé le liquide à clair.

29. — CADRES DORÉS (Nettoyage des).

Enlever à l'aide d'un plumeau toute la poussière qui couvre les cadres; on les nettoie ensuite avec une petite éponge fine humectée d'une eau de savon très-légère; cette opération délicate demande à être faite avec le plus grand soin. Si l'on craint d'altérer la dorure, il faut avoir recours au procédé suivant. On mélange ensemble deux ou trois blancs d'œufs et 15 ou 20 grammes d'eau de javelle; les blancs d'œufs seront bien battus. On trempe une brosse douce dans ce mélange et on en frotte légèrement les cadres, surtout dans les parties où la dorure a le plus perdu de son éclat.

30. — CAMBOUIS (Manière d'enlever les taches de).

On imbibe d'abord la tache avec de l'essence de térébenthine, et on frotte légèrement avec une éponge. On la mouille de nouveau avec l'essence, et on couvre aussitôt avec de la cendre tamisée ou de la terre de pipe en poudre. Au bout de dix à quinze minutes, on fait tomber la terre absorbante, et on brosse bien la place. Si la tache n'a pas entièrement disparu, on recommence l'opération, et il arrive rarement qu'elle résiste à la deuxième fois. Si cependant cela arrivait, il faudrait la laver avec un mélange de jaune d'œuf et d'essence de térébenthine, ou même l'attaquer avec de l'acide chlorhydrique ou oxalique, comme si c'était une vieille tache d'encre. *(Maigne.)*

31. — CERISES.

CERISES A L'EAU-DE-VIE. — Choisissez tout ce qu'il y a de plus beau et de plus mûr en cerises; coupez la moitié de chaque queue, et mettez-les dans de l'eau bien fraîche. Après une demi-heure, retirez-les et faites-les égoutter sur un tamis; essuyez-les légèrement avec un linge et pesez-les ensuite. Pour chaque 3 kilog. de cerises préparées, prenez 700 grammes de sucre, que vous faites d'abord clarifier, puis cuire au grand perlé. Le sirop terminé, jetez-y les cerises, et faites-leur faire deux ou trois tours de bouillon en les remuant doucement avec une écumoire. Quand elles sont suffisamment refroidies, arrangez-les dans un bocal, versez le sirop par-dessus, et ajoutez 8 litres d'eau-de-vie. Agitez un peu le mélange, et fermez avec soin.

CERISES CONFITES AU LIQUIDE. — Prenez de belles cerises, 3 kilog. par exemple ; coupez-leur le bout de la queue, et jetez-les aussitôt dans 3 kilog. de sucre clarifié. Donnez-leur quelques bouillons la bassine couverte, écumez, retirez-les et faites-les égoutter. Le lendemain, faites cuire de nouveau le sucre au gros perlé, en y incorporant un peu de jus de groseilles. Mettez-y de nouveau les cerises, retirez-les après une dizaine de tours de bouillon, écumez-les et videz-les dans des pots. Quand la préparation est refroidie, recouvrez-la d'un peu de jus de framboises ou de groseilles, et fermez les vases. (*Maigne*).

32. — CHAMPIGNONS SUSPECTS (Procédé pour rendre inoffensifs les).

Quand on n'est pas bien certain de la bonne qualité des champignons que l'on veut manger, il faut les faire tremper quelques heures dans de l'eau fortement vinaigrée, le vinaigre ayant la propriété de détruire la matière vénéneuse qu'ils renferment. (*Massé*).

33. — CHARANÇONS (Destruction des).

Placer le blé dans des endroits où la température soit au-dessous de 10° centigr. de chaleur. A cette température, la reproduction des larves des charançons n'a pas lieu.

(*Autre, donnée par M. l'abbé Alleironcine, curé de Glutz*).

Il faut entourer les tas de grains de bouts d'osier et enfoncer dans le grain même, de distance en distance, des osiers. En quelques jours, ceux qui pourraient s'y être introduits, auront disparu, et pas un seul ne cherchera à y pénétrer.

34. — CHAUFFAGE ÉCONOMIQUE (Pour se procurer un).

— Prenez deux tiers de poussière de charbon et un tiers de terre glaise, pétrissez et formez des boules ou des briques; faites sécher et servez-vous-en sur un feu de charbon; elles s'allumeront aussitôt et feront longtemps un feu clair, ardent, et qui coûte fort peu.

35. — CHEMINÉE (Manière d'éteindre les feux de).

Quand le feu se déclare dans une cheminée, si elle est munie intérieurement d'une trappe, on baisse immédiatement celle-ci pour intercepter la communication de l'air, ce qui suffit souvent pour arrêter l'incendie. S'il n'y a pas de trappe, on retire du foyer le feu qui s'y trouve, et on ferme aussi bien que possible l'ouverture de la cheminée avec un drap mouillé. Au lieu d'enlever le feu, on peut aussi l'étaler dans le foyer et jeter dessus une certaine quantité de soufre, en fermant aussitôt après l'ouverture antérieure de la cheminée. Le soufre, en brûlant, absorbe l'oxygène de l'air et forme de l'acide sulfureux, qui éteint le corps en ignition. Quand l'incendie est très-intense, et qu'il est urgent de détacher toute la suie enflammée, on place un drap mouillé sur l'ouverture de la cheminée, de manière qu'il pende tout autour; on l'assujettit sur la tablette avec des corps pesants; et, le saisissant au milieu avec la main, on l'enfonce profondément, et on le retire avec vivacité. On produit ainsi une aspiration qui fait tomber une grande quantité de matières enflammées, et l'on recommence l'opération autant de fois qu'il est nécessaire. (*Maigne*).

36. — CHOUX ET CHOUX-FLEURS (Manière de conserver les).

On les dégage de toutes les feuilles inutiles, on les coupe par tranches, on les fait bouillir deux minutes avec de l'eau et du sel; on les fait égoutter et sécher pendant deux jours au soleil; on les fait ensuite sécher au four et on les enferme dans des sacs de papier. On fait de même pour conserver les choux-fleurs, seulement on les coupe par branches au lieu de les couper par tranches. (*Doublet*).

37. — CIMENT DE MUHLE.

Prenez 60 gramm. d'amidon et 100 gramm. de craie bien pulvérisée; délayez ces deux substances dans une quantité suffisante d'eau pure et d'eau-de-vie en parties égales; ajoutez au mélange 30 gramm. de bonne colle forte; faites bouillir, et, pendant l'ébullition, ajoutez 30 gramm. de térébenthine de Venise; brassez avec soin et employez à froid. Ce ciment sert principalement pour coller la porcelaine, la faïence et le verre.

38. — CIRAGE.

POUR LA CHAUSSURE ORDINAIRE. — Parmi les nombreuses recettes qui existent, nous ne citerons que les suivantes :

A.	Noir d'ivoire	2	kilog.
	Mélasse de canne	2	—
	Acide sulfurique à 66°	0 — 40	gram
	Noix de galle concassée	0 — 12	—
	Sulfate de fer	0 — 12	—
	Eau	2	litres.
B.	Noix de galle	8	grammes.
	Indigo	4	—
	Acide sulfurique	15	—
	Acide chlorhydrique	15	—
	Mélasse	140	—

Mêlez le sulfate de fer et les noix de galle avec la mélasse; ajoutez le noir d'ivoire, l'indigo et la gomme; puis, quand toutes ces substances sont bien mélangées, versez les deux acides et remuez pendant quelques instants.

C.	Noir d'ivoire	750	grammes.
	Huile d'olive	500	—
	Bleu de Prusse	30	—
	Acide muriatique	250	—
	Laque de l'Inde	30	—

Mélasse . . . . 1000 grammes.
Gomme arabique. . . . . . 125 —
Eau, quantité suffisante . . . q. s.

39. — CIRE A CACHETER.

POUR FAIRE LA CIRE A CACHETER ROUGE. — Prenez gomme laque une livre, benjoin et colophane de chacun une demi-once, du vermillon huit gros; faites fondre le tout et roulez promptement vos bâtons sur une table graissée d'huile.

POUR FAIRE LA CIRE D'ESPAGNE. — Faites fondre de la résine, mêlez-y un peu de suif de chandelle et un peu de térébenthine, et donnez-lui la couleur que vous voulez.

POUR FAIRE LA CIRE A BOUTEILLES. — Faites fondre de la résine à laquelle vous ajoutez un peu de suif et de la couleur. *(Doublet).*

40. — COINGS.

GELÉE. — Elle se fait à peu près comme celle de pommes, seulement il faut enlever avec soin les pepins. Après avoir choisi de beaux coings, bien mûrs et bien sains, on les essuie avec soin pour enlever le duvet qui les couvre; on les coupe en quartiers, et on retire le cœur; on les plonge à mesure dans beaucoup d'eau claire. Ensuite, on procède exactement comme pour la gelée de pommes sans y ajouter de citron et en ne mettant que quantité égale de sucre et de jus; mais les coings sont beaucoup plus longs à cuire que les pommes.

41. — CORPORAUX, DENTELLES, etc., servant au saint-sacrifice de la messe et à l'ornement des autels. (Procédé pour les remettre à neuf).

Il faut plier les uns sur les autres les linges, les dentelles, et les repasser, puis les mettre dans une poche de toile blanche et les faire tremper dans l'huile d'olive pendant vingt-quatre heures. On fait ensuite une eau de savon très forte, on la fait bouillir, et on y jette le sac dans lequel sont renfermés les linges ou les dentelles; on l'y laisse pendant un quart d'heure, puis on le retire, on rince le tout, et on trempe le sac dans l'amidon ou dans la colle de poisson. On retire les linges ou les dentelles du sac, et on les repasse aussitôt les uns après les autres d'un seul côté pour les glacer.

42. — COTON (Manière de reconnaître si un tissu de lin renferme du).

On trempe un morceau du tissu dans de l'huile d'olive, et on le presse ensuite fortement pour en faire sortir le liquide en excès. Sous l'action de l'huile, les fils de lin sont devenus translucides, tandis que ceux de coton sont restés opaques. En tirant les uns et les autres, on parvient sans peine, par une simple énumération, à déterminer la proportion dans laquelle on les a employés (*Leykauf*). On peut aussi plonger l'étoffe dans une solution très-saturée de sucre et de sel de cuisine. Au sortir du bain, on la fait sécher, puis on la défile. En faisant alors brûler les fils, ceux de coton produisent un charbon noir et ceux de lin un charbon gris (*Andrieu*). Suivant un troisième procédé, on fait bouillir un peu du tissu dans de l'eau pour lui enlever son apprêt, on le fait sécher et on le plonge à moitié, pendant une ou deux minutes, dans de l'acide sulfurique concentré; tout ce qui est coton se réduit en gomme. On lave dans de l'eau alcalisée, on sèche, et on compte les fils; tous ceux qui manquent sont ceux de coton (*Vrindt*).

43. — CRÈME DE FLEURS D'ORANGER (Liqueur).

Pour 5 litres :

   Sucre blanc . . . . 2500 grammes.

Faites fondre sur le feu dans :

   Eau . . . . 1 litre 3/4

Ajoutez :

   Alcool à 33° . . . . 2 —

Puis :

    Néroli . . . . 15 gouttes.

Filtrez au papier après un mois.

44. — CRÈME DE MENTHE (Liqueur).

Pour cinq litres :

    Sucre blanc . . . . 2500 grammes.

Faites fondre sur le feu dans :

    Eau . . . . 1 litre 3/4

Ajoutez :

    Alcool à 33° . . . . 2 litres.

Puis :

    Essence de menthe . . . . . 1 gramme.

Filtrez au papier après 30 jours.

45. — CRÈME DE NOYAUX.

Pour cinq litres :

    Sucre blanc . . . . 2500 grammes.

Faites fondre sur le feu dans :

    Eau . . . . 1 litre 3/4

Ajoutez :

    Alcool à 33° . . . . 2 litres.

Puis :

    Essence d'amandes . . . . . 15 gouttes.

Filtrez au papier après un mois.

    Néroli . . . . 2 — 1/2

46. — CRÈME DE THÉ.

On fait infuser dans un quart de litre d'eau bouillante 125 gr. de thé vert de bonne qualité, par exemple de *thé Hiswin*, et l'on verse cette infusion avec les feuilles de thé dans quatre litres d'eau-de-vie. Après vingt-quatre heures, on filtre le mélange, on ajoute au produit ainsi obtenu un sirop préparé avec trois litres d'eau et 1 kilogr. 500 gr. de sucre, et l'on met en bouteilles.

47. — CUIVRE (Nettoyage des objets de).

Après avoir délayé dans un vase quelconque 30 gr. de savon noir avec 250 gr. d'eau, on ajoute 50 gr. de terre pourrie pulvérisée, 30 gr. d'esprit de vin, 50 gr. d'essence de térébenthine et 15 gr. d'huile blanche. Quand le mélange de toutes ces substances est bien opéré, on verse la composition dans une bouteille qui doit être tenue parfaitement bouchée. Toutes les fois qu'on veut s'en servir, on agite la bouteille, et on verse une petite quantité de la composition sur un morceau de drap ou de flanelle.

NETTOYAGE DES CUIVRES DORÉS. — On les plonge dans une eau de savon presque bouillante, et on les frotte dans cette eau avec une brosse douce. On les en retire pour les passer à l'eau chaude ordinaire et les brosser encore de manière à enlever tout le savon dont ils sont imprégnés, ainsi que les petites taches qui n'auraient pas disparu. Ensuite on les expose à l'air sans les essuyer. Quand ils sont bien secs, on les frotte avec un linge fin à demi-usé, ou, ce qui vaut mieux, avec une peau de daim ou de gant, mais seulement dans les parties brunies, qui reprennent ainsi tout leur éclat. Il ne faut point toucher aux parties mates.

48. — CURAÇAO.

Prenez un demi-kilogramme de zestes d'oranges amères, 8 gr. de girofle, 8 gr. de cannelle, et 10 litres d'eau-de-vie à 21°; faites macérer huit jours, ajoutez 2 kilogr. et demi de sucre dissous dans 1 litre d'eau pure et filtrez. Quelquefois on ajoute à la liqueur du bois de Fernambouc, qui lui donne la propriété de rougir, quand elle reste exposée à l'air.

49. — DÉSINFECTION.

FUMIGATION GUYTONNIENNE (Fumigation de chlore). — Chlorure de sodium en poudre, 300 gr.; bioxyde de manganèse, 100; acide sulfurique à 60° B, 200; eau, 20 kilogr. Mêlez le chlorure de sodium, l'oxyde de manganèse et l'eau dans une capsule de verre ou de terre et ajoutez ensuite l'acide sulfurique. Il se dégagera bientôt des vapeurs jaune-verdâtre qui deviendront plus abondantes si l'on agite le mélange : il convient d'employer à cet usage un tube de verre ou une baguette de porcelaine. La pièce dans laquelle se fait la fumigation doit être tenue parfaitement close, au moins pendant une demi-heure. Les doses indiquées dans la formule suffisent pour une pièce dont la capacité serait de 144 mètres cubes: il faudra les augmenter ou les diminuer en raison de l'espace qu'on voudra purifier (*Bouchardat*.).

50. — DORURE.

Pour dorer sans or. Pulvérisez et incorporez avec un jaune d'œuf deux onces de mercure, une once de sel ammoniac, et mettez le tout dans un matras bien bouché au fumier chaud pendant vingt-quatre jours. Vous pourrez, avec cette substance, dorer des cadres et tout ce que vous voudrez. (*Doublet*.)

51. — EAU A DÉTACHER.

On prépare, ainsi qu'il suit, une excellente eau à détacher: on met dans une terrine vernissée un litre d'eau tiède, et on y fait dissoudre 60 grammes de savon blanc coupé en petits morceaux, et 16 grammes de soude de bonne qualité. Quand la dissolution est complète, on s'en sert pour l'usage.

52. — EAU DE COLOGNE.

La recette suivante ne prescrit point la distillation.

Alcool à 85°	1750	grammes.
Huile volatile de citron . . .	30	—
— de cédrat . . .	12	—
— de bergamotte. .	23	—
— de lavande	6	—
Teinture de benjoin	45	—

Mêlez, laissez quelques heures en contact, puis filtrez.

53. — EAU SÉDATIVE.

Eau sédative ordinaire.

Ammoniaque liquide à 22° . .	60 grammes.

Alcool camphré	10 grammes.
Sel marin	60 —
Eau ordinaire	1 litre.

Eau sédative moyenne.

Ammoniaque	80 grammes.
Alcool	10 —
Sel	60 —
Eau	1 litre.

Eau sédative très-forte.

Ammoniaque	100 grammes.
Alcool	10 —
Sel	60 —
Eau	1 litre.

54. — EAU DE SELTZ.

Bicarbonate de soude	8 grammes.
Acide citrique cristallisé	10 —

Introduisez dans une bouteille pleine d'eau, bouchez tout de suite.

55. — ENCAUSTIQUE SICCATIF pour la mise en couleur des parquets, devants d'autels ou des boiseries.

On fait fondre dans un vase de cuivre 250 grammes de cire jaune ; alors qu'elle est bouillante, on ajoute peu à peu et en remuant toujours, 500 grammes d'essence de térébenthine qu'on aura préalablement fait tiédir. Après avoir versé le mélange dans un pot de faïence, on continue de l'agiter jusqu'à ce qu'il soit entièrement refroidi.

On donnera, si l'on veut, à cet encaustique l'éclat d'un beau vernis, en ajoutant 60 grammes de litharge en poudre à la cire jaune pure quand elle est fondue. Ce mélange, remué continuellement et exposé à une chaleur modérée, prend bientôt une couleur brune. Il faudra alors le laisser refroidir. Le lendemain on enlève le dépôt laissé par la litharge au fond du mélange, et on ajoute seulement alors à la cire l'essence indiquée plus haut.

56. — ENCRE POUR LA CAVE.

On écrit sur les bouteilles ordinaires avec une encre

blanche qui s'obtient en délayant un peu de céruse dans l'essence de térébenthine. Pour les flacons en verre blanc et les pots de grès, on emploie une encre noire, qui tantôt n'est que du goudron de houille liquide, tantôt se prépare avec de l'encre d'imprimerie délayée dans l'essence de térébenthine, ou avec du noir de fumée délayé dans la même essence additionnée d'huile de lin.

POUR FAIRE L'ENCRE A MARQUER LE LINGE. — La meilleure et la plus simple manière de faire cette encre, c'est celle qu'emploient les militaires, et qui consiste tout simplement à faire rouiller du vieux fer dans l'urine en y ajoutant un peu de noir d'ivoire.

57. — ENCENS D'ÉGLISE.

On obtient un excellent encens d'église en mêlant ensemble et parfaitement 230 parties d'oliban, 125 de benjoin, 60 de storax, 50 de sucre, 75 de nitre et 30 de cascarille.

58. — FILTRE (Manière d'établir à peu de frais un excellent filtre).

On prend un tonneau quelconque, on le place dans une position verticale et on en détache le fond supérieur. Cela fait, on établit au tiers environ de sa hauteur un plancher que l'on crible de petits trous et sur lequel on établit, entre deux couches minces de sable grossier, un lit de 30 à 40 centimètres d'épaisseur de charbon en menus morceaux; enfin on fixe au-dessus un second plancher également percé et dont les trous sont munis de petites éponges. En introduisant l'eau dans le compartiment supérieur, le liquide dépose dans les pores des éponges le limon qu'il peut renfermer, abandonne au charbon et au sable les autres matières plus ténues, et arrive entièrement purifié dans le compartiment inférieur, d'où un robinet permet de l'extraire à volonté. Un filtre ainsi disposé coûte très-peu, et si l'eau n'est pas bien corrompue, peut servir plusieurs mois sans qu'il soit nécessaire de changer les substances filtrantes qui le constituent. *(Maigne).*

59. — ENCRES.

POUR FAIRE UNE EXCELLENTE ENCRE NOIRE. — Mettez dans un pot de terre douze onces de noix de galle concassées, versez dessus deux litres de vin blanc, de bière, ou d'eau; laissez infuser pendant cinq jours, ajoutez douze onces de couperose verte, quatre onces de gomme arabique, une once de sucre candi, une demi-poignée de sel et une pincée de bois d'Inde. Laissez infuser de nouveau pendant deux ou trois jours. Peu après avoir versé cette première encre dans des bouteilles, on peut ajouter pareille quantité de liquide qui, sept à huit jours après, donnera encore de l'encre de première qualité.

(Autre.)

Noix de Galle concassée. . . .	2 kilogr.
Bois de campêche	150 grammes.

Faites macérer pendant 36 heures dans 10 litres d'eau distillée ou d'eau de rivière filtrée; maintenez la température du mélange près de l'ébullition pendant 2 heures; filtrez dans une chausse et ajoutez :

Sulfate de fer	1000 grammes.
Gomme arabique	1000 à 1200 grammes.

que vous aurez fait dissoudre à part dans au moins 5 litres d'eau. Agitez bien le tout et laissez-le exposé à l'air pendant 2 ou 3 jours. Décantez, aromatisez avec 60 à 80 gouttes d'huile essentielle de lavande, et mettez en bouteilles. *(Payen).*

ENCRE QUI N'OXYDE PAS LES PLUMES MÉTALLIQUES.— Prenez 30 litres de décoction de bois de campêche et 500 grammes de potasse. Faites bouillir le bois de campêche dans une quantité suffisante d'eau pour qu'une décoction de 10 kilogr. de bois produise 80 litres de liquide. Lorsque ce liquide est refroidi, ajoutez le chromate de potasse et mélangez vivement.

60. — FOURMIS (Moyen de les chasser des arbres fruitiers, pêchers surtout).

(Recette de M. l'abbé F... (Saône-et-Loire.)

Pour chasser les fourmis des arbres fruitiers, surtout

des pêchers, mettez dans les branches de l'arbre quelques rameaux de genêt vert, ou si vous aimez mieux, déposez au pied de l'arbre infesté, une portion du nid de grosses fourmis des champs avec les œufs qui s'y trouvent et aussi les fourmis. Au bout de quelques jours, on ne verra plus une seule petite fourmi et les grosses s'en iront d'elles-mêmes sans avoir nui à l'arbre.

61. — FORÊT-NOIRE (Crème de la).

Faites dissoudre 122 grammes d'excellent sucre blanc dans 153 grammes de kirsch et 60 d'eau filtrée. Quand la dissolution est complète, filtrez dans un entonnoir fermé; ajoutez une goutte de teinture d'ache et mêlez exactement.

62. — FOSSES D'AISANCES (Désinfection des).

Sulfate de fer	100 grammes.
— de chaux	130 —
— de zinc	5 —
Charbon végétal	5 —

20 gr. de ce mélange, jetés chaque jour dans la fosse, la désinfectent. (*Siret*).

63. — FRAMBOISES (Ratafia de).

Faites macérer pendant un mois 4 kilog. de framboises écrasées dans 4 litres d'eau-de-vie à 22°, passez et exprimez. Ajoutez par chaque demi-kilog. de liqueur 90 gr. de sucre, et filtrez après dissolution.

64. — FRUITS (Moyen d'enlever les taches de).

Les taches de fruits, de même que celles de tabac, d'herbes, de bière, de cidre et de poiré, disparaissent entièrement sur les tissus blancs, par le lavage à l'eau et au savon. On peut également employer l'acide sulfureux. A cet effet, on mouille la tache et on fait brûler au dessous un peu de soufre. Sur les étoffes teintes, les taches de fruits rouges (framboises, cerises, merises, fraises, groseilles) disparaissent bien par le moyen suivant : on met dans un verre d'eau 10 à 12 gouttes d'acide sulfurique, on imbibe les taches avec la liqueur, et on lave avec soin à l'eau pure. (*Maigne*).

65. — FRUITS GELÉS (Pour les rétablir dans leur état naturel).

Il faut éviter de les approcher du feu, et les mettre au contraire pendant quelque temps dans de l'eau bien froide ; il se produit alors autour du fruit une croûte de glace qui, fondant ensuite peu à peu, ramène le fruit à son état primitif.

66. — FUTAILLES (Pour les désinfecter).

Dans un vase de bois, un seau ou un baquet, on fait peu à peu le mélange de neuf dixièmes d'eau naturelle, et un dixième d'huile de vitriol, qu'ensuite on verse dans le tonneau avec un entonnoir en bois ; on bouche alors le tonneau, on l'agite en tous sens, puis on y introduit un peu plus de cette eau, et on agite de nouveau, puis on laisse écouler et égoutter. On lave alors, on mèche et on bouche.

67. — GANTS DE PEAUX (Nettoyage des).

Lait . . . . 1000 grammes.
Carbonate de soude . . . . 5 —

Imbibez du mélange une flanelle dont on frotte les gants tendus sur les doigts ou sur des baguettes. Essuyez avec une flanelle bien sèche.

(*Autre*).

Imbibez d'eau une flanelle qu'on passe sur le savon en poudre. On en frotte ensuite les gants comme ci-dessus.

68. — GIBIER (Conservation du).

Commencer par le vider et ensuite boucher soigneusement avec du papier gris toutes les ouvertures naturelles, celles qu'on a faites pour vider l'animal et les plaies produites par l'arme du chasseur.

69. — GLACES, VERRES ET CRISTAUX
(Nettoyage des).

On nettoie parfaitement les objets de verre et de cristal avec de l'indigo réduit en poudre très-fine. On prend de cette poudre avec un linge mouillé et on frotte avec soin. L'opération se termine par un lavage à l'eau claire. Au lieu d'indigo, on peut se servir de terre à foulon pulvérisée, tamisée, surtout débarrassée de toutes particules de sable, ou bien de blanc d'Espagne délayé dans du vinaigre étendu d'eau. Dans tous les cas, si les cristaux sont taillés, il faut remplacer le linge par une brosse, sans quoi on ne pourrait pas appliquer la préparation dans le creux des moulures.

70. — GRAISSE (Pour enlever les taches de).

Les procédés diffèrent suivant la nature des étoffes sur lesquelles il faut agir; on procède ainsi dans la plupart des cas: On imbibe la tache d'une petite quantité d'essence de térébenthine, au moyen d'une éponge fine ou d'un tampon de linge, et, après l'avoir aussitôt frottée entre les doigts, on la mouille encore avec un peu d'essence et on la recouvre de terre de pipe ou de cendres tamisées. Une demi-heure après on donne un coup de brosse, et si la terre ou la cendre a laissé quelque empreinte, on l'efface en la frottant avec de la mie de pain. Quant à l'odeur de l'essence qui est toujours désagréable, il suffit, pour la faire disparaître, de laver l'étoffe avec de l'esprit de vin rectifié ou de la soumettre à l'action de la vapeur d'eau. Il est important que l'essence de térébenthine qu'on emploie soit récente et pure.

Pour enlever les taches graisseuses sur le linge, l'emploi d'un savonnage chaud pratiqué à diverses reprises, est presque toujours suffisant. Le repassage à travers un papier de soie, combiné avec l'emploi de l'alcool rectifié, convient aux étoffes de laine délicates ainsi qu'aux étoffes de soie. Si l'étoffe a des nuances très-claires ou des reflets moirés, on peut faire usage du procédé suivant: On applique sur une table à repassage la partie tachée de l'étoffe, on verse une goutte d'alcool sur la tache, qu'on recouvre aussitôt d'un linge fin, et l'on repasse avec un fer chaud, en déplaçant le linge à chaque coup de fer. La graisse passe peu à peu dans le linge, et quand l'empreinte de la tache est à demi effacée sur l'étoffe, on y verse quelques gouttes d'éther sulfurique.

71. — GREFFE DES ARBRES (Mastic pour la).

Ce mastic, qui peut s'appliquer à froid et coûte fort peu de chose, se prépare en faisant fondre lentement, à une chaleur modérée, 840 grammes de résine ordinaire. Quand cette substance a acquis la consistance d'un sirop clair, on y ajoute 310 gram. d'esprit-de-vin; on mêle bien le tout, et on verse dans des bouteilles bouchées avec soin. Suivant son auteur, M. Lucas, ce mastic peut s'employer dans tous les temps; il n'endommage ni l'écorce ni les jeunes pousses et ne pénètre pas dans les fentes; une seule couche suffit pour protéger les greffes et recouvrir les plaies faites au jeune bois : aussi peut-on, grâce à son emploi, couper des branches en plein été; enfin, il sèche rapidement et forme une couche mince et adhérente qui ne se fend ni ne s'écaille.

72. — GROSEILLES.

Gelée. On choisit de belles groseilles bien mûres, mais non tournées; on les égrène avec soin, on les pèse, et on les fait macérer, pendant 2 ou 3 heures, avec un poids égal de sucre grossièrement pilé ou même simplement cassé en petits morceaux. Au bout de ce temps, on met le tout dans une bassine, sur un feu doux, et on remue bien avec une spatule de bois. A mesure que les groseilles fondent, on anime le feu, afin que la préparation arrive promptement à l'ébullition. Dix minutes d'ébullition suffisent pour que les groseilles soient parfaitement cuites; on verse alors le tout dans un large tamis de crin placé sur un vase de terre; on laisse égoutter quelques instants, on enlève le tamis, et on vide dans des pots bien secs. Chaque pot doit contenir 500 gram. de confiture au plus. Si on veut rendre la préparation plus agréable, il faut y ajouter dans la proportion de 500 gram. de framboises sur trois kilog. de groseilles.

73. — HARNAIS (Moyen de guérir les blessures faites aux bêtes de trait par les).

Prenez 250 gramm. d'alun, 62 de sulfate de fer, 92 de vert-de-gris, 92 de sel ammoniac et 92 de sulfate de zinc ; pulvérisez avec soin ces substances, puis mettez-les, sur un peu de charbon, dans un pot de terre qui n'a pas servi, et remuez-les avec un morceau de bois jusqu'à ce qu'elles forment une pâte; ajoutez-y alors 8 gramm, de safran et 4 gramm, de camphre en poudre. Enfin, quand le tout est bien amalgamé, retirez le vase du feu et laissez refroidir. Vous obtiendrez de cette manière une composition qui, par le refroidissement, acquerra la dureté de la pierre et que vous devrez conserver en lieu sec. Pour vous en servir, vous en ferez dissoudre, dans un demi-litre d'eau, un morceau gros comme la moitié d'une noix et tremperez dans la dissolution un linge avec lequel vous frictionnerez légèrement les parties attaquées, ou des chiffons mi-usés que vous appliquerez en guise de compresse toutes les fois que la conformation du membre atteint vous le permettra.

74. — HOSTIES (Moyen de reconnaître la falsification des).

Au lieu de la farine de froment, on se sert quelquefois de fécule de pommes de terre pour fabriquer les hosties. Pour constater la fraude, il suffit de faire tremper l'hostie suspecte dans de l'eau froide. Si, au bout de trente heures, elle conserve sa blancheur et son opacité, on en conclut qu'elle est de pur froment ; si au contraire, elle devient transparente, on juge qu'elle est de fécule. *(Maigne.)*

75. — HUILE (Taches d'). *V. Graisse.*

Manière de la dérancir. Pour ôter à l'huile rance sa mauvaise odeur, il faut en verser 500 gram. sur

100 à 120 gramm. de charbon grossièrement pilé, l'y laisser séjourner deux ou trois jours et la passer à travers un morceau de toile serrée ou de tissu de laine. Ainsi traitée, l'huile s'épure parfaitement et recouvre ses qualités primitives.

76. — HYDROFUGE servant à rendre les draps et toutes les étoffes de laine ou autres, en pièces ou confectionnées, imperméables à l'eau et perméables à l'air.

Description des substances employées.

Eau ordinaire	25 litres.
Alun	500 grammes.
Sel de saturne (sucre de plomb)	500 —
Colle de poisson	50 —

Faire fondre la colle de poisson à l'eau chaude, mêler alors toutes les substances et agiter très fortement à l'aide d'un bâton afin de bien saturer le liquide, puis laisser reposer pendant quelques heures et décanter la partie claire dans un vase et y plonger les étoffes ou effets à imperméabiliser, en ayant soin de les tremper à plusieurs reprises. On laissera séjourner les étoffes ou effets pendant douze heures dans ce liquide; au bout de ce temps on les y agitera de nouveau et on les fera égoutter sans les tordre, puis on fera sécher. Les objets une fois secs seront brossés afin de leur rendre toute leur souplesse. Ainsi se termine l'opération.

Nous donnons ici des doses qui peuvent être diminuées ou augmentées suivant le plus ou moins d'objets à hydrofuger.

77. — INSECTES dans les plantes et moustiques dans les appartements (leur destruction).

Prenez du tabac en feuilles et préparez-le comme de l'amadou, avec du nitre dissous dans de l'eau, dans la proportion d'une cuillerée à bouche pour un demi-litre; il faut avoir soin que la dissolution se fasse à chaud; lorsqu'elle est complète, trempez-y les feuilles de tabac, puis faites les sécher : vous obtiendrez aussi du tabac amadou qui brûlera parfaitement seul.

Voici la manière de s'en servir : ayez un vieux pot à fleurs, dans la paroi duquel vous aurez fait un trou au niveau du fond, mettez à l'intérieur un rond de zinc percé de trous et servant de grille ; faites brûler sur ce zinc deux ou trois allumettes sur lesquelles vous jetterez le tabac; retirez-vous en ayant soin de fermer la porte, et ne rentrez que le lendemain.

On nous assure, dit le *Chimiste,* que c'est le seul moyen qu'emploie l'empereur des Chinois Hien-Foung, pour chasser les moustiques qui viennent de la rivière Yu-Ho, et pour détruire les milliers d'insectes qui dévorent les plus belles plantes de ses serres.

78. — INSECTICIDES (Poudres).

Les racines pulvérisées de trois plantes et les fleurs d'une quatrième détruisent très-bien les parasites, surtout les punaises.

1° La racine de l'*Actée cimifuge* (famille des renonculacées).

2° La racine de la *cimicaire* (même famille).

3° La racine de la *vératre cévadille* (*veratrum sabadilla*). Cette dernière est précieuse.

4° Les fleurs, réduites en poudre, du *pyrethrum caucasicum.* La meilleure de toutes.

79. — IVOIRE (Nettoyage de l').

Brossez l'ivoire avec de la pierre ponce très-finement pilée et délayée dans de l'eau, puis renfermez-le sous une cloche de verre exposée au soleil.

Encre pour écrire sur l'ivoire.

Curcuma	8 grammes.
Solution gommée	Q. S.

Ajoutez :

Azotate d'argent	10 centigr.

IVOIRE (Procédé pour l'argenter).

Plongez un morceau d'ivoire poli dans une dissolution d'azotate d'argent cristallisé étendu d'eau distillée, jusqu'à ce qu'il ait acquis une couleur jaune brillante ; retirez-le ensuite de cette solution, plongez-le dans un vase de verre rempli d'eau distillée, et l'exposez dans cette eau à l'action des rayons directs du soleil. Après deux ou trois jours, l'ivoire deviendra noir, mais en le frottant un peu il prendra le brillant et l'éclat d'un morceau d'argent.

80. — KIRSCH DE MÉNAGE.

On concasse une certaine quantité de noyaux de cerises, qu'on laisse infuser ainsi que leurs amandes dans de l'eau-de-vie, jusqu'au temps de la pleine maturité des abricots. Alors on ajoute au mélange des noyaux d'abricots, sans les amandes ; on laisse encore infuser soixante jours, puis on filtre la liqueur.

81. — LAIT (Pour l'empêcher de s'aigrir).

(Recette de M. l'abbé Julia, curé à Caronsac).

Une cuillerée de raifort sauvage que l'on trouve dans les officines, dans une terrine de lait. Il se conservera plusieurs jours, soit qu'on l'expose à l'air, soit qu'on le tienne dans un cellier.

Moyen de l'empêcher de tourner.

Ajoutez 1 gramme de bicarbonate de soude dans 1 litre de lait.

82. — LAINES (Procédé pour reconnaître les tissus dits de laine qui renferment du coton).

La laine a la propriété de se dissoudre dans une solution de potasse caustique, tandis que le coton n'en reçoit aucune atteinte. « Vous prenez environ un verre de cette solution, vous y immergez un fragment du tissu que vous voulez vérifier et essayer, après toutefois que vous l'aurez pesé, et vous portez sur le feu le vase qui contient la solution de potasse caustique et le fragment d'étoffe. Vous faites bouillir, et après une heure d'ébullition, vous retirez le fragment de tissu, s'il n'est pas complétement dissous. Si le fragment est dissous, c'est qu'il était tout laine; sinon, vous retirez ce qu'il en reste, vous lavez, vous faites sécher, et vous pesez de nouveau. La perte du poids que vous avez reconnu avant l'opération représentera la proportion de la laine qu'on pourra ainsi comparer au poids restant, qui sera celui du coton. »

83. — LAINAGES (Nettoyage des).

On nettoie parfaitement et on remet à neuf les tissus de laine, particulièrement les tissus fins, tels que les mérinos, en procédant comme il est dit pour les soieries. S'il s'agit de gilets et de caleçons de flanelle, ou de gilets et de caleçons tricotés, on commence par les décrasser, en frottant avec soin, dans une eau de savon chaude, où ils doivent tremper à peine; on les tord et on recommence l'opération une deuxième, et s'il le faut, une troisième fois, dans une nouvelle eau de savon; enfin on termine en rinçant légèrement dans l'eau tiède. Nous ferons observer qu'on ne doit pas mettre la laine au bleu, et qu'il faut repasser la flanelle, encore humide, en la tirant dans le sens où elle paraît se rétrécir. On nettoie encore parfaitement la flanelle en opérant ainsi qu'il suit : on met dans un bain de savon blanc chaud assez de gomme arabique ou de dextrine pour le rendre visqueux; on lave soigneusement l'étoffe dans ce bain, et l'on rince dans l'eau claire. Si un seul lavage ne suffit pas, on en fait un second. Au lieu de ce mélange de savon et de dextrine, on peut se servir d'une décoction de saponaire. Mais, dans tous les cas, il faut passer la flanelle au soufre, afin de lui conserver sa blancheur et ses propriétés hygiéniques. (*Maigne*).

84. — LIÈVRES ET LAPINS (Moyen de garantir les arbres fruitiers de la voracité des).

Le procédé suivant est trop simple et trop facile pour pouvoir être négligé. On fait dissoudre 2 kilog. de chaux dans 10 litres d'eau et on ajoute quelques poignées de suie; on agite le mélange et on l'applique chaud sur le tronc et les branches des jeunes arbres à la hauteur d'un mètre. Ce badigeon a le double avantage d'éloigner les lièvres et les lapins et d'empêcher la mousse de se produire.

85. — LIMACES (Destruction des).

Semez à la volée, comme de la semence, 2 à 3 hectolitres de chaux vive par hectare. Cette opération doit être faite par un temps calme, un peu avant le lever du soleil. Renouvelez cette opération quelques heures après.

(Autre.)

Eau de chaux répandue à l'aide d'un arrosoir sur les endroits infestés.

86. — LIMONADE GAZEUSE en poudre.

Sucre rapé	50 grammes.
Acide citrique	3 —

Faites un paquet bleu. D'autre part :

Bicarbonate de soude	2 grammes.

Faites un paquet blanc.

Lorsqu'on veut en faire usage, on fait dissoudre le sucre et l'acide dans 1,000 grammes d'eau, puis on ajoute le sel, et l'on boit pendant le dégagement de gaz qui a lieu.

87. — LIVRES (Moyen d'empêcher les insectes d'attaquer les).

Ce moyen consiste à se servir, pour la reliure des livres, d'une colle composée des matières suivantes :

Farine de froment	500 grammes.
Eau de fontaine	Q. S.
Arséniate de potasse	4 grammes.
Deutochlorure de mercure	4 —
Strichnine	50 centigr.

On fait, comme à l'ordinaire, la colle avec la farine et l'eau, après quoi, sans attendre qu'elle soit entièrement refroidie, on y ajoute les autres substances, en remuant avec un morceau de bois, et ayant surtout bien soin de ne pas respirer les vapeurs qui se dégagent du mélange.

Quand la reliure est terminée, on passe, avec un pinceau, sur la tranche et la couverture de chaque volume, une teinture que l'on a préalablement préparée en faisant macérer, pendant huit jours, 30 grammes de coloquinte cassée dans 500 grammes d'alcool ordinaire, et en filtrant la liqueur. (*Dupuy.*)

88. — MARASQUIN (Liqueur).

Pour cinq litres :

Sucre blanc	2500 grammes.

Faites dissoudre sur le feu dans :

Eau	1 litre 3/4.

Ajoutez :

Alcool à 33°	2 —

Puis :

Essence d'amandes amères . .	10 gouttes.
Essence de rose	4 —
— de cannelle	2 —
Néroli	4 —

Filtrez après un mois.

89. — MARBRE (Nettoyage du).

Cire blanche	125 grammes.
Orcanette pulvérisée	32 —

Faites fondre à une douce chaleur, passez à travers une toile et ajoutez :

Térébenthine	125 grammes.

Remuez jusqu'à refroidissement.

Étendre une petite quantité de ce mélange sur un tampon de coton et frotter vivement le marbre.

90. — MASTIC pour raccommoder les meubles, les boiseries et les parquets.

Les fentes, crevasses, piqûres d'insectes, etc., que présentent souvent les boiseries, se ferment avec des mastics dont la colle de Flandre fait la base. On les prépare en faisant fondre la colle, en y ajoutant, quand elle est en dissolution, des substances qui varient suivant la nature du bois. Pour l'acajou, on emploie la sanguine en poudre. Pour les parquets ordinaires, on se sert de sciure de bois, de craie et d'une terre colorante en rapport avec la teinte du bois.

91. — MARRONS ET CHATAIGNES (Conservation des).

Après avoir laissé quinze jours les marrons dans leurs enveloppes épineuses, on les en débarrasse et on les étend à l'ombre sur un plancher pour leur faire perdre l'excès de leur eau de végétation. On reconnaît qu'ils sont suffisamment ressuyés, lorsque le plancher qu'ils recouvrent n'offre plus de traces d'humidité. Alors on renferme les marrons dans des boites de fer-blanc se bouchant bien, et l'on place les boites dans un lieu sec et aéré, jamais à la cave. Comme ces boites, qui ne doivent pas contenir plus de 4 ou 5 kilogrammes de marrons, ne fatiguent point et peuvent être établies à moins de 2 fr. pièce, la dépense première n'est pas excessive et n'a pas besoin d'être renouvelée que partiellement et de loin en loin. (*B. Lunel.*)

92. — MELONS (Pour obtenir d'excellents).

On prépare une couche de tannée, et on y ajoute des trous, selon le nombre des cloches qu'on veut employer pour les couvrir, on remplit ensuite ces mêmes trous de tannée bien pulvérisée, on sème les graines de melon, qu'au préalable on a fait infuser trente-six heures dans du lait modérément chaud. Les trous doivent avoir à peu près quatorze centimètres de profondeur sur environ vingt de diamètre, et les graines déposées à six centimètres de profondeur. On couvre alors bien les plants, afin de les garantir de la pluie, de la fraîcheur et de l'air trop chaud.

C'est ordinairement au mois de mars qu'il faut opérer pour avoir de bons melons en juillet.

93. — MOISISSURE (Moyen de l'empêcher).

Sur les substances alimentaires (confitures, herbes

cuites, conserves, etc.). — Bien cuire ces substances, les bien comprimer; couvrir les confitures d'une légère couche de miel; les herbes cuites, de beurre fondu ou de saindoux; couvrir les conserves d'une feuille de parchemin.

Sur les chaussures et harnais, etc. — Les frotter avec l'huile de térébenthine.

Dans les tonneaux : — Solution de chaux-vive, de chlorure de chaux, de soude et de potasse.

Procédé pour faire disparaître des conserves alimentaires la saveur de moisissure : — Employer quelques gouttes de vinaigre ou de jus de citron.

94. — MOISISSURE DES ÉTOFFES DE SOIE
(Procédé pour empêcher la).

Plonger l'étoffe dans le mélange suivant :

Eau . . . . 4 kilog.
Alcali volatil. . . . . 200 grammes.

Rincez à l'eau pure, laissez sécher et repassez.

95. — MIEL (Conservation du).

Le placer dans des tonneaux neufs et bien fermés, de 50 à 60 kilogr.

96. — MOUCHES (Moyen de s'en débarrasser).

Cet insecte salit de ses déjections toutes les choses qu'il touche. La mine de plomb (arsenic gris), la poudre de cobalt, l'orpin, et les divers liquides empoisonnés, à l'aide desquels on tente de réduire les mouches, sont toujours dangereux ; car il est impossible d'empêcher celles qui n'en meurent pas immédiatement d'aller tomber sur des aliments auxquels elles communiquent des propriétés nuisibles.

De tous les moyens usités pour tuer à la fois un grand nombre de mouches, un des plus simples consiste à poser debout sur une table deux planchettes enduites intérieurement de miel, et très voisines l'une de l'autre; quand on voit les mouches rassemblées en foule compacte et occupée de leur repas, on rapproche brusquement les deux planchettes, et on les écrase ainsi par centaines.

L'huile de laurier est tout à fait antipathique aux mouches. En passant une légère couche de cette huile sur les cadres dorés et dorures qui ornent les appartements, on les garantit du contact des mouches pour tout l'été.

97. — MOUTARDE.

Avec quantité suffisante de farine de moutarde, broyez quelques anchois salés, du sel de cuisine, ail, persil, cerfeuil, céleri et estragon; lorsque tout est parfaitement broyé, on verse cette pâte liquide dans un pot, et avant de le boucher, on y fait éteindre un morceau de fer rougi au feu, puis on bat et on délaye avec du bon vinaigre blanc.

98. — NOIX (Moyen de leur rendre leur fraîcheur).

Faites les tremper pendant 2 jours dans du lait de vache faiblement chauffé, après quoi retirez-les et laissez-les refroidir à l'air. L'eau peut être substituée au lait; dans ce cas, on ajoute à l'eau une cuillerée à bouche de sel gris par litre, et on laisse tremper les noix pendant 5 à 6 jours.

99. — NOYAU (Liqueur).

Noyaux d'abricots mondés et concassés	125 grammes.
Eau-de-vie ordinaire	1 litre.
Sucre fin	500 grammes.
Eau commune	1/2 litre.

Faites macérer les noyaux pendant 15 jours dans l'eau-de-vie; faites fondre le sucre dans l'eau, à froid; mélangez les deux liquides et filtrez au papier.

100. — ŒUFS (Conservation des).

Sable blanc ou gris	500 grammes.
Charbon blanc pulvérisé	500 —
Sel marin	100 —

Mélangez et enfermez les œufs dans cette poudre, le tout mis en tonneau.

(Autre.)

Faites un lait de chaux peu épais, et lorsque la dissolution est froide, versez-la sur les œufs, puis déposez le vase qui les renferme dans un lieu dont la température soit égale.

Moyen de constater la fraîcheur des œufs

Faites dissoudre 125 gr. de sel de cuisine dans un litre d'eau pure. Quand la solution est complète, plongez-y l'œuf ; si l'œuf est du jour, il se précipite au fond du vase ; s'il est de la veille, il n'atteint pas le fond ; s'il a 2 jours, il flotte dans le liquide ; s'il a plus de 5 jours, il flotte à la surface, et la coque ressort d'autant plus qu'il est plus âgé.

101. — ORGEAT (Sirop d')

Prenez 500 gram. d'amandes douces, 150 d'amandes amères, 250 d'eau de fleurs d'oranger, 1,625 d'eau ordinaire, et 3 kilog. de sucre. Dépouillez les amandes de leur pellicule, et réduisez-les en une pâte fine, dans un mortier, en y ajoutant 125 gram. de l'eau et 500 du sucre ; délayez cette pâte avec le reste de l'eau ; passez, avec forte expression, à travers un linge ; ajoutez à l'émulsion le reste du sucre ; faites fondre, ajoutez l'eau de fleurs d'oranger, et passez.

102. — ORNEMENTS D'ÉGLISE tels que vases sacrés, flambeaux, bénitiers, lustres, etc. (Procédé pour les remettre à neuf).

Blanc d'Espagne.	25 grammes.
Crème de tartre	25 —
Alun	12 —

Bien pulvériser le tout, et ensuite passer au tamis fin. Ajoutez un peu d'eau au moment d'employer, afin de faire une pâte.

103. — PAPIER (Moyen de l'empêcher de boire).

Colle de Flandre	125 grammes.
Savon blanc	125 —

Faites fondre ces deux substances sur le feu avec un litre d'eau, ajoutez ensuite 60 gram. d'alun en poudre, en remuant fortement le mélange, et laissez refroidir; l'étendre ensuite légèrement avec une éponge ou un pinceau plat.

Manière de le nettoyer. — Si le papier est sali par des graisses ou des huiles, on le nettoie parfaitement en procédant ainsi qu'il suit : on couvre les taches, et de chaque côté, d'une couche d'un millimètre environ de craie de Briançon finement pulvérisée; on place par-dessus une feuille de papier, et on met en presse. Au bout de vingt-quatre heures on fait tomber la craie; si les taches n'ont pas entièrement disparu, on recommence l'opération. Ce procédé est applicable au papier imprimé ou écrit aussi bien qu'au blanc. — 2° Les taches graisseuses s'enlèvent également très-bien en opérant de la manière suivante : on applique sur le papier, préalablement chauffé, une feuille de papier brouillard, et on appuie assez fortement sur toute l'étendue de celle-ci jusqu'à ce qu'elle ait absorbé le corps gras. On trempe alors un pinceau doux dans de l'essence de térébenthine très-pure et presque chaude, et on le passe légèrement une fois ou deux sur les deux côtés du papier, aux endroits où étaient les taches. Enfin, on rend à ce dernier son aspect primitif en le frottant doucement avec une brosse trempée dans de l'esprit-de-vin très-rectifié.

104. — PEINTURES A L'HUILE des tableaux d'église (Recette pour les remettre de suite à neuf).

Plusieurs moyens peuvent être employés; aussi les donnons-nous ici afin que chacun puisse user de celui qui conviendra le mieux.

1° Lavage à l'aide d'une brosse trempée dans de l'eau seconde très-étendue d'eau pure, 5 parties d'eau pour une d'eau seconde, puis on lave à l'eau fraîche;

2° Lavage avec de l'eau-de-vie;

3° Lorsque ces moyens ne suffisent pas pour nettoyer parfaitement un tableau, on peut employer soit du sel de tartre dissous dans l'eau en commençant par une faible solution qu'on rend graduellement un peu plus forte, ou encore une dissolution de borax, ou enfin une eau de chaux pure.

Le savon blanc battu dans l'eau pure à laquelle on aura ajouté un peu de sel ordinaire, produit une mousse ou écume propre à nettoyer les peintures les plus enfumées. On met à mesure cette écume sur les parties du tableau qu'on veut nettoyer, et dès qu'elle est sur le point d'être absorbée, on l'enlève avec une éponge imbibée d'eau pure.

Quant aux tableaux non vernis, on peut les nettoyer simplement, soit avec de l'eau-de-vie ou du vinaigre, soit avec du levain dissous à l'eau pure, ou de la farine délayée dans une eau de chaux.

105. — PETITS POIS (Conservation des).

Remplir des bouteilles à large goulot, de petits pois, les bien tasser, boucher et ficeler. Les placer droites dans un four, une heure après qu'on en a retiré le pain. Les bouteilles sont enlevées du four lorsqu'elles sont refroidies, et placées, le goulot en bas, dans la cave ou à une température sèche et franche. On peut conserver ainsi les cerises, les prunes, les mirabelles, etc.

106. — POIRES (Confiture de).

On choisit, pour la faire, des poires d'Angleterre ou de beurré, des poires coloquintes ou de doyenné, en un mot toutes les poires fondantes et sucrées et qui n'ont pas d'âcreté ; seulement les confitures seront rouges ou blanches, selon l'espèce de poires, car il y en a qui rougissent en cuisant.

On pèle les poires avec soin, on enlève les pépins et les parties qui pourraient être pierreuses, on les coupe en quartiers, on pèse le fruit et on le met dans un vase de terre, une terrine de grès, par exemple, en y ajoutant du sucre pilé dans la proportion de trois quarts du fruit (750 gram. de sucre pour 1 kilog. de fruit). On mêle le sucre et les poires et on laisse macérer pendant six heures dans la cave, en remuant de temps en temps. Quand le sucre paraît à peu près fondu, on met le tout dans une bassine sur un feu doux, et on remue très-fréquemment, parce que la préparation s'attacherait facilement au fond du vase. Lorsque les poires paraissent parfaitement cuites, ce qui est assez facile à juger par leur transparence, on met la confiture en pots. Il faut ordinairement une heure de cuisson. Cette préparation se conserve très-bien ; elle cristallise un peu à la fin de la saison des confitures, mais elle n'en est que meilleure. (Maigne.)

107. — PORCELAINE (Pour raccommoder facilement tous les objets de).

(Recette donnée par M. l'abbé Ferry, curé de Saint-Cyr-de-Facières, par Roanne (Loire.)

Prenez de la pierre de chaux bien cuite ; réduisez-la en poussière sans eau, et passez cette même poussière à un tamis bien fin ; on la conserve ainsi dans un vase bien fermé. Lorsque vous avez un vase quelconque ou tout autre objet à raccommoder, qu'il soit de porcelaine, de marbre, de faïence, de stuc, de terre ou même de bois, on prendra de cette poussière qu'on aura soin de bien délayer avec du blanc d'œuf, de manière à en faire une pâte liquide ; vous passez de cette pâte, soit avec un pinceau ou une barbe de plume sur les morceaux que vous voulez rejoindre, et vous pressez ces morceaux l'un contre l'autre, afin qu'ils reprennent bien leur place primitive ; on laisse alors bien sécher, puis on enlève à l'aide d'un couteau le mastic qui a dû déborder intérieurement et extérieurement, et l'objet est parfaitement soudé, à ce point qu'il se cassera plutôt à une autre place qu'à celle qui aura été raccommodée.

108. — POMMES DE TERRE (Pour les conserver).

Placez vos pommes de terre à la cave, sur une couche de poussière de charbon ; elles ne germeront pas et elles conserveront leur saveur jusqu'à la fin du printemps.

109. — POTERIE FENDUE (Moyen de réparer la).

Un vase de terre fendu n'est pas pour cela hors de service. On peut l'utiliser longtemps encore en le traitant ainsi qu'il suit : On y met deux ou trois morceaux de sucre et un tiers de verre d'eau; on le place sur un feu très-vif, puis on promène le sirop sur les parties dégradées. Le sucre dissous pénètre dans les fentes, et y forme, en se charbonnant sous l'action de la chaleur, une sorte de mastic dur et compacte qui bouche entièrement les fissures. Les pots de terre en usage pour la préparation des aliments peuvent être ainsi réparés, et la substance caramélisée qui résulte de l'opération ne donne aucun mauvais goût à ces derniers.

110. — POUDRE DE CHASSE (Moyen facile pour connaître sa qualité).

Versez deux ou trois amorces de poudre sur du papier fin et blanc, et approchez un fer dont une des extrémités sera rougie au feu; si la poudre est bonne, elle fera aussitôt explosion en produisant dans l'air une fumée blanche et claire, et elle ne laissera sur le papier d'autre tache qu'une tache ronde et grisâtre; si au contraire elle est de mauvaise qualité, la tache sera noire et le papier sera brûlé.

111. — POUDRE-COTON (Fulmi-coton, coton fulminant, coton-poudre, pyroxyline).

Mêlez 1 partie d'acide azotique fumant (densité, 1.5) et deux parties d'acide sulfurique fumant (densité, 1.845). Immergez dans le mélange du coton cardé bien sec pendant 2 minutes; sortez-le en l'exprimant. On le lave ensuite à grande eau pour enlever l'acide qu'il y a entraîné et l'on sèche au bain-marie avec la plus grande précaution pour qu'il ne s'enflamme pas. Ce fulmicoton, qui équivaut à plusieurs fois la force de la poudre, ne peut servir à préparer le collodion.

112. — POULES (Moyen facile de faire pondre les).

Ce moyen consiste à donner chaque jour à ces animaux de l'orge et du sarrasin préalablement trempés dans de l'eau salée. Il faut de 50 à 60 centigr. de chaque espèce de grains par jour et par poule.

113. — PUNAISES (Destruction des).

1° Mettre 100 parties d'eau en poids dans une bassine, y ajouter 2 parties de savon vert, placer la bassine sur un fourneau allumé et porter la liqueur à l'ébullition ;

2° Enlever la tapisserie de la chambre, et agrandir, avec une lame de couteau, les fissures des murs, si elles ne sont pas assez larges pour permettre à l'eau de pénétrer dans leur intérieur ;

3° Démonter les diverses pièces du lit, s'il est en bois, et retirer les boiseries ;

4° Prendre une grosse éponge semblable à celles dont on se sert pour laver les pieds des chevaux, l'attacher avec une ficelle à un bâton de 0^m,40 de long, plonger l'éponge dans la dissolution bouillante de savon, et laver à plusieurs reprises de haut en bas les murs de la chambre, et surtout les parties où il y a des fissures, en ayant soin de replonger à chaque fois l'éponge dans la liqueur, qui, pour agir efficacement, doit toujours être très-chaude, et, autant que possible, bouillante ;

5° Laver les diverses pièces du bois de lit et toutes les boiseries de la même manière ;

6° Laver également, toujours avec la dissolution bouillante, les fissures qui peuvent se trouver dans les carreaux, ou le plancher, ou le parquet, ou les boiseries ;

7° Changer les couvertures, les rideaux, et les exposer au soleil pendant quelques jours ;

8° Renouveler la paillasse, s'il en existe une, et passer à l'eau bouillante le fond sanglé, les toiles et la laine des matelas ;

9° Enfin, boucher les fissures des murs avec un mastic formé de craie et de colle animale, puis tapisser la chambre à la manière ordinaire ;

10° Toutes les opérations qui précèdent sont nécessaires pour les dortoirs, les casernes, les salles d'hôpitaux, pour les chambres où il y a trois ou quatre lits ; mais quand il n'y en a qu'un ou même deux éloignés l'un de l'autre, on peut se contenter de soumettre à des lotions savonneuses les différentes pièces du lit, ainsi que les objets et les murs près desquels il est placé.

114. — RACCROCS DES VÊTEMENTS (Nouveau moyen de réparer les).

En Angleterre, les personnes les plus élégantes ne font aucune difficulté de porter des vêtements raccommodés, parce qu'on y fait usage d'un procédé qui rend le raccommodage tout à fait invisible. A cet effet, on prend une feuille très-mince de gutta-percha, on l'applique entre la doublure et l'étoffe déchirée, et on passe un fer chaud sur le tout. La gutta-percha, qui fond à 40°, se dissout et soude les deux parties en contact, qui se trouvent désormais parfaitement et solidement rejointes.

115. — RAISINS (Conservation des).

1° *Dans des sacs.*

On enferme séparément chaque grappe bien nettoyée et éclaircie dans des sacs de papier, percés de trous d'épingles, ou mieux dans des sacs de crin. Si le raisin est en parfaite maturité, il faut étrangler la queue de la grappe avec le fil qui sert à fermer le sac.

2° *Dans des fruitiers ;*

3° *Dans des tonneaux* défoncés sur lesquels on replace le fond.

Établir dans un baril neuf un lit alternatif de **son de blé**, bien séché au four, et de grappes de raisin à grains serrés. Placer ce baril, bien fermé, à une température égale et peu élevée. Le raisin peut ainsi se conserver pendant six mois.

116. — RATS ET SOURIS (Composition pour les détruire).

Pâte arsenicale.

Suif. . . . . 1000 grammes.

Farine	1000 grammes.
Arsenic	100 —
Noir de fumée	10 —
Essence d'anis	1 —

Pâte phosphorée (Duboys).

Phosphore	20 grammes.
Eau bouillante	400 —
Farine	400 —
Suif fondu	400 —
Huile de noix	200 —
Sucre en poudre fin	250 —

On met l'eau bouillante et le phosphore dans un mortier de porcelaine; le phosphore se liquéfie immédiatement: on ajoute rapidement la farine, mais par portions, en agitant continuellement avec un pilon de bois; lorsque ce mélange est presque froid, on verse peu à peu le suif fondu et peu chaud, l'huile, et enfin le sucre, et l'on continue de remuer jusqu'à parfait refroidissement.

Si le phosphore a été bien divisé dans cette opération, la pâte conserve très-longtemps son efficacité. On introduit la pâte phosphorée dans des flacons ou des pots qu'on bouche avec soin ; mais il ne faut pas perdre de vue ce point important, qu'elle doit être placée à l'abri du contact de l'air et de la lumière pour éviter que le phosphore ne s'oxyde.

Cette pâte est une préparation infaillible; pour l'employer, on l'étend en couches légères sur des tranches de pain très-minces. Les rats, les souris, les mulots, etc., en mangent avec avidité et ne tardent pas à succomber. Hachée avec des vers, elle détruit parfaitement les taupes, les loirs, les grillons, etc. (*Bouchardat.*)

117. — ROUILLE (Moyens d'en préserver le fer et l'acier).

Fer et Acier.—Les procédés sont très-nombreux; nous en indiquons un petit nombre. 1° Faites chauffer les objets jusqu'à les rendre brûlants; passez dessus un morceau de cire vierge très-blanche, chauffez de nouveau pour faire disparaître cette substance, et frottez vivement avec un chiffon de drap pour rendre le poli et le brillant. Après l'opération, les pores du métal sont entièrement remplis de la matière grasse, et l'action oxydante de l'air ne peut rien sur lui. 2° Enduisez les pièces d'une couche légère d'huile d'anguille ou de cacao, de moelle de cerf ou d'alun en poudre délayé dans une très-petite quantité de fort vinaigre. (*Maigne.*)

Préservation de tous les métaux et des objets de cuisine.

Tous les objets de cuisine, soit en ferblanc, acier, de cuivre, ou de tôle, tels que tuyaux de poêle, etc., se conservent indéfiniment en les trempant ou les lavant dans l'eau de chaux. Les instruments de ferblanc obtiennent ainsi un brillant parfait.

118. — ROSE (Crème de).

Pour faire quatre litres de crème de rose, prenez :

Sucre blanc	1 kilogr.
Eau très-claire	2 litres.
Eau-de-vie	2 —
Essence de rose	15 à 20 gouttes.
Essence de bergamotte	15 à 20 —

Essence de cochenille pour donner la couleur, quelques gouttes seulement.

119. — SCULPTURES (Nettoyage des).

Boucher tous les pores du marbre par une mixtion d'huile d'œillette et de cire vierge, appliquée à chaud sur le marbre chauffé lui-même, au moyen de réchauds à main faits exprès, avant de l'enduire de la mixtion. On répète ce chauffage pour faire fondre la couche de cire qui reste figée sur le marbre, lorsqu'il est refroidi.

Cette opération préserve le marbre des taches noires que l'humidité y produit, et qui ne sont autre chose qu'une végétation de lichen.

120. — SCULPTURES (Procédé pour leur donner la couleur d'argent.

Mercure	15 parties.
Étain	15 —
Bismuth	15 —

121. — SOIERIES.

1° *Manière d'enlever les piqûres récentes produites par l'humidité.* Enroulez l'étoffe dans un linge de calicot blanc légèrement mouillé, et exposez la vingt-quatre heures, ainsi enveloppée, dans un endroit humide. — 2° *Manière de rétablir le glacé enlevé par des gouttes d'eau.* Tendez bien le tissu sur une table, mouillé légèrement l'endroit taché et posez quelques instants sur la partie mouillée la pointe d'un fer à repasser que vous aurez préalablement fait chauffer. — 3° *Enlèvement des taches graisseuses.* Enlevez délicatement la graisse avec un grattoir, étendez bien l'étoffe sur la planche à repasser, couvrez la tache d'une couche de talc en poudre, étendez du papier de soie sur le talc, et passez un fer chaud sur le papier. La chaleur fond la graisse et le talc absorbe celle-ci. Faites tomber aussitôt la composition et frottez le tissu avec de la mie de pain. Si la tache n'a pas entièrement disparu, répétez l'opération. — 4° *Nettoyage.* Le procédé suivant donne de très-bons résultats s'il est appliqué avec intelligence. S'agit-il de nettoyer une robe, défaites les coutures, ôtez les doublures, puis mettez dans un vase 250 gram. de miel, 200 gram. de savon noir et un litre d'eau-de-vie, (pour une robe entière), et faites fondre le tout sur le feu en remuant pour bien opérer le mélange. Etendez ensuite l'étoffe sur une table parfaitement propre, et frottez-là, sur toutes ses parties et sans trop appuyer, avec une brosse de crin peu dure et trempée dans la préparation, que vous maintenez à une douce température; quand elle est bien imprégnée de cette préparation; prenez-la par une extrémité, pendant qu'une autre personne la prend par l'autre, et plongez-la, à plusieurs reprises et sans la frotter, dans un vase plein d'eau; quand l'eau est salie par la composition qu'elle enlève au tissu, remplacez-la par de l'eau propre, et continuez ainsi jusqu'à ce qu'elle dégoutte parfaitement pure de l'étoffe. Etendez alors celle-ci sur des cordes et laissez la égoutter sans tordre; enfin, quand elle est suffisamment égouttée, placez-la sur une table garnie d'une couverture de laine et repassez-la à l'envers avec un fer modérément chaud et de manière à ne faire aucun faux pli. (*Maigne.*)

122. — SUEUR (Manière d'enlever les taches de).

Il suffit de laver, autant de fois que cela est nécessaire, avec de l'ammoniaque liquide ou alcali volatil très étendu d'eau. Ce moyen, qui est très simple, s'applique à toutes les étoffes et à toutes les couleurs. Sur l'écarlate, elles disparaissent instantanément, quand on les traite par une dissolution de sel d'étain.

Pour dégraisser soi-même très facilement et remettre à neuf les soutanes et les ornements sacerdotaux.

Il faut prendre un fiel de bœuf, une demi-once d'alicante et gros comme une noix de savon blanc; délayer le tout dans un litre d'eau tiède, filtrer et ajouter 10 centimes d'essence de lavande, frotter avec une brosse imbibée. Voici pour les taches ordinaires produites par les corps non graisseux. Après cette opération, un peu d'ammoniaque étendu de moitié d'eau ordinaire dans laquelle on trempe une brosse, sert à rendre le lustre du neuf au vêtement ainsi bien brossé partout avec ce liquide. S'il s'agit d'enlever des taches de graisse ou d'huile sur du drap, il faut d'abord imbiber la tache d'huile de tartre, puis laver aussitôt avec de l'eau tiède et ensuite deux ou trois fois à l'eau froide, et le drap sera parfaitement nettoyé.

123. — TABLEAUX (Nettoyage des).

Peintures à l'huile : lavage avec une brosse trempée dans l'urine fraîche ou dans de l'eau seconde extrêmement légère.

Le lavage avec de l'eau-de-vie est le plus simple et le plus usité.

On passe ensuite à l'eau pure et fraîche.

Lorsque ces moyens ne suffisent pas pour nettoyer convenablement un tableau, on peut employer, soit du sel de tartre dissous dans l'eau, en commençant par une faible solution, qu'on rend ensuite un peu plus forte;

soit une dissolution de borax ; soit, enfin, une dissolution de chaux pure. « La potasse et le savon noir sont des agents très actifs dont il ne faut user qu'avec une extrême réserve. Le savon blanc, battu dans l'eau pure à laquelle on aura ajouté un peu de sel ordinaire, produit une mousse ou écume propre à nettoyer les peintures les plus enfumées. On met à mesure cette écume sur les parties du tableau qu'on veut nettoyer, et, dès qu'elle est sur le point d'être absorbée, on l'enlève avec une éponge imbibée d'eau pure. Enfin, en mélangeant deux parties d'alcool rectifié avec une partie de térébenthine ou d'huile d'aspic, on obtient une composition d'eau dite *eau à nettoyer*, et dont l'emploi donne de bons résultats. Quant aux tableaux non vernis, on peut les nettoyer simplement, soit avec de l'eau-de-vie ou du vinaigre, soit avec du levain dissous dans de l'eau pure, ou de la farine délayée dans une eau de chaux. »

124. — TAPIS (Nettoyage des).

Battez le tapis jusqu'à ce que la poussière en soit entièrement sortie. Enlevez ensuite les taches d'encre, si quelques-unes sont tombées par hasard dessus, avec du jus de limon ou d'oseille ; lavez-le bien à l'eau fraîche, et battez-le de manière à faire sortir du tissu tout ce qui peut y être entré d'eau ; quand il est entièrement sec, frottez-le bien partout avec la mie de pain de seigle tout chaud, et si le temps est très beau, mettez-le à l'air pendant un jour ou deux. On peut aussi le nettoyer avec une brosse trempée dans du fiel de bœuf purifié, après y avoir introduit du sable fin, qui sert en quelque sorte de savon. (*Mme Celnart.*)

125. — TONNEAUX (Nettoyage des).

Mettez dans chaque tonneau 3 litres de chaux vive et 6 litres d'eau ; fermez la bonde. Une heure après, ajoutez 12 litres d'eau, et secouez le tonneau. Six heures après, lavez à plusieurs reprises à l'eau froide et terminez par un rinçage avec un ou deux litres de vin.

126. — TREILLAGES, BOIS et ÉCHALAS.
(Leur conservation indéfinie).

Mettez dans un tonneau, dont on enlèvera un des fonds, 1 kilogramme (par 20 litres d'eau) de sulfate de cuivre ou vitriol bleu, qu'on laisse dissoudre dans cette eau, en provoquant cette dissolution jusqu'à ce qu'elle soit complète, à l'aide d'un bâton. Mettez les échalas ou les bois à treillages ou autres tremper dans ce tonneau pendant 48 heures, et si la longueur des bois ne permet pas l'entière immersion, on aura soin de les retourner et de les y laissser pendant 48 heures; après ce temps, on les retirera pour les laisser sécher à l'ombre. Si le bois, après cette immersion, n'avait pas acquis la couleur vert-bleuâtre, ce qui indique que la solution n'a pas produit son effet, on doit recommencer l'opération, puis on enduit les bois ainsi imprégnés d'huile fixe de térébenthine. Les bois soumis à ce procédé résistent pendant de longues années aux intempéries des saisons.

127. — URINE (Moyen d'enlever les taches d').

Il est essentiel de les enlever aussitôt qu'on les aperçoit, et l'ammoniaque liquide (alcali volatil), étendu d'eau, est le meilleur réactif qu'on puisse employer. Quand l'urine a vieilli, si un ou plusieurs lavages à l'ammoniaque ne la font pas entièrement disparaître, on rince bien la tache, et on la frotte avec de l'acide oxalique dissous dans l'eau. Toutefois, il ne faut pas oublier que cet acide ne peut guère servir que sur les tissus non teints, car il attaque les couleurs faux teint et les nuances bon teint et claires. Enfin, sur tous les tissus de laine en bon teint, les taches d'urine ne résistent pas à un lavage fait avec la dissolution d'étain.

128. — VANILLE (Crème de).

Faites macérer, pendant 2 jours, 4 grammes de vanille dans 500 grammes d'alcool à 82°; ajoutez 1 kilog. de sucre, et filtrez après dissolution.

129. — VERMOUTH.

Faites macérer, pendant huit jours, 12 gr. de chamœdris, 12 d'aunée, 12 d'acore, 12 de quinquina, 12 de cannelle, 16 de fleurs de sureau, 16 de tanaisie, 24 de zestes d'oranges, 16 de chardon bénit, 16 de petite centaurée, 16 d'absinthe, 8 de quassie, 8 de girofle, 20 de coriandre, 20 de badiane, 4 de muscade, 4 de galanga, et 8 litres de vin blanc généreux, et passez.

130. — VERRE (Dépolissage du).

Exposer circulairement, sur la surface du verre, un tampon de liège avec de l'émeri très fin et de l'eau ; la surface entière doit présenter un aspect complètement uniforme.

Procédé pour percer le verre.

Faites fondre 125 parties de sel d'oseille dans 60 parties d'essence de térébenthine, ajoutez une grosse gousse d'ail en morceaux, et laissez macérer pendant huit jours en agitant de temps en temps. Quand vous voudrez percer du verre, mettez une goutte de cette composition sur le point que vous aurez choisi, et percez avec un trocard. Ce procédé semble empirique, mais il réussit toujours.

131. — VESPÉTRO.

Semences d'angélique	60	grammes
Semences de coriandre. . . .	30	—
— d'anis	8	—
— de fenouil.	8	—

Faites macérer 8 jours dans :

Eau-de-vie à 21°. . . . . . . 2 kilogr.

Passez le mélange, et ajoutez :

Sucre (dissous dans 500 gr. d'eau) 500 grammes.

Laissez reposer, et filtrez.

132. — VIANDES (Pour les conserver).

(Recette de M. l'abbé Julia, curé à Caronsac.)

Viandes conservées indéfiniment fraîches.

Mettez par morceaux les viandes dans une terrine, couvrez d'eau bouillante, et par dessus l'eau jetez un verre d'huile d'olive; retirez successivement les morceaux avec une fourchette quand on veut s'en servir.

133. — VINS (Pour empêcher leur altération et les bonifier).

La disposition des caves influe, comme chacun doit le savoir, sur la bonne conservation des vins; mais rarement la position locale permet de leur donner les qualités qui leur sont nécessaires pour qu'elles soient, par exemple, à l'abri de l'humidité, en raison de leur rapprochement à la surface du sol. Les vins faibles surtout ne sauraient supporter les variations atmosphériques du chaud au froid sans qu'il s'y établisse un travail de fermentation qui les fait se piquer, s'altérer, ou même quelquefois tourner entièrement. 300 gram. de plâtre cuit et en poudre, le même que celui employé pour la construction, mêlés soit à la vendange, soit au vin en tonneau (les 300 grammes par 1 hectolitre ou 100 litres), constituent tout le travail à l'aide duquel le vin déjà clair comme celui sortant du pressoir peut être tenu en vidange pendant deux années sans aucune déperdition, le vin fût-il dans les caves les plus mauvaises, et dans lesquelles d'ordinaire on ne peut conserver au-delà du mois de juillet les vins, si bien soignés qu'ils puissent l'être.

134. — VINS (Acidité des). Moyen d'y remédier.

Ajoutez au vin de 3 à 400 grammes de tartrate neutre de potasse, par pièce de 230 litres.

(Autre)

Faites fondre 8 kilogr. de cassonnade dans une petite quantité d'eau, et ajoutez ce mélange au vin, brassez le liquide, laissez le fermenter, puis soutirez le vin à l'époque où on soutire ordinairement les vins.

135. — VINS (Goût de fût des). Moyen d'y remédier.

Mettre le vin dans un autre tonneau, puis y verser un verre d'huile d'olives : on fouette vigoureusement le vin, puis on laisse reposer pour retirer l'huile qui surnage.

Vin de Bordeaux.

Vin de Bourgogne, bonne qualité	1 barrique.
Sucre de framboises	7 litres.

Filtrez après quelques jours.

Vin de Champagne.

(*Recette de M. l'abbé Alleironeine, déjà nommé.*)

Dans un litre de vin blanc, mettez 250 grammes de sucre candi réduit en poudre, et 1 petit verre d'esprit de vin : après que le sucre sera bien fondu, ajoutez par bouteille 1 gros d'acide tartrique, et ensuite 1 gros de bi-carbonate de soude ; bouchez de suite et ficelez les bouteilles

Vin de Frontignan.

Vin rouge nouveau.	100 litres.
Vin blanc.	100 —
Alcool à 22°.	10 —

Vin de Madère.

Vin de Piquepoul gris.	1 barrique.
Infusion alcoolique de coques d'amandes torréfiées.	125 grammes.
Esprit de goudron	63 —
Infusion de noix.	2 litres.

Vin de Malaga.

Calabre fait à chaud.	212 litres.
Infusion alcoolique de noix vertes	2 —
Esprit de goudron	92 grammes.

Vin fébrifuge de quinquina.

Quinquina calysaya.	100 grammes.
Écorce d'augusture vraie . . .	10 —

Concassez les deux écorces, versez dessus :

Alcool à 21°.	200 grammes.

Laissez en contact dans un vase fermé, pendant 24 heures ; ajoutez :

Vin blanc bourgogne acide. . .	1000 grammes.

Faites macérer pendant 1 mois, en agitant de temps en temps ; tirez à clair. Dose : 60 à 120 grammes comme fébrifuge, 10 à 50 grammes comme tonique.

Ce vin contient tous les principes actifs du quinquina ; car l'alcool et les acides concourent à les dissoudre ; il se conserve indéfiniment, il est d'une administration facile. Je l'ai employé très-souvent comme fébrifuge et avec un succès constant. Il est surtout très-utile pour empêcher le retour des fièvres intermittentes sujettes à récidive : 100 gram. par jour. C'est un tonique très-puissant à la dose de 20 grammes ; avant le repas, il facilite la digestion.

(Bouchardat.)

APPENDICE

En 1678, une dame illustre par son ardente charité, Mme Fouquet, eut la généreuse pensée de recueillir en un volume les recettes des remèdes dont elle usait pour ses malades et de les dédier au clergé, afin qu'il en profitât pour ses fidèles.

Ce recueil de remèdes pratiques et peu coûteux obtint un grand succès; il eut de nombreuses et hautes approbations, entre autres celle de monseigneur de Tréguier, de monseigneur de Gap, de M. de Lescure, professeur à l'université de Montpellier, etc.

En l'espace des deux siècles qui se sont presque écoulés depuis cette époque, l'art de guérir a certainement progressé; cependant nous avons cru de notre devoir de ne point passer outre devant un livre si conforme, par la pensée qui l'a dicté et par le but qu'il se propose, à celui que nous publions aujourd'hui.

Nous avons donc lu le recueil de Mme Fouquet avec une respectueuse attention, et nous en avons extrait les recettes que nous donnons en appendice.

CONTRE LE MAL DES YEUX.

Eau ordinaire.	2 tiers.
Vinaigre.	1 —
Farine de fèves.	Autant qu'il en faut selon la quantité de catalapsmes dont on aura besoin.

Mêlez le tout ensemble dans un bassin, mettez ce bassin sur le feu et faites une bouillie. Mettez cette bouillie sur des étoupes, comme vous feriez pour un cataplasme, et appliquez-la, chaude, sur le front du malade quand il se couchera.

Continuez l'application jusqu'à guérison.

CONTRE LES DOULEURS D'OREILLE ET LA SURDITÉ.

Jus d'oignons.	30 grammes.
Eau-de-vie.	30 —

Mêlez ensemble et, après avoir fait chauffer, introduisez quelques gouttes du liquide dans l'oreille malade. Puis, bouchez l'oreille avec du coton.

CONTRE L'INFLAMMATION DE LA LUETTE.

Jus de feuilles de prunier. . .	30 grammes.
Miel.	30 —

Faites cuire très-peu et gargarisez-vous avec cette infusion.

CONTRE LE MAL DE COTÉ.

Buvez, le matin et à jeun, trois doigts d'eau de pavots et redoublez si une fois n'a pas suffi.

CONTRE LE RHUME.

Huile d'amandes douces. . . .	1 cuillerée.
Sirop de violettes.	3 —

Mêlez bien le tout ensemble et buvez-le, le soir en vous couchant, dans un verre de tisane.

POUR ARRÊTER LES VOMISSEMENTS.

Prenez un linge, mouillez-le dans de l'eau fraîche et appliquez-le autour du cou du malade.

POUR ARRÊTER LES VOMISSEMENTS DE SANG.

Feuilles de millepertuis. . . .	2 poignées.
Racine de fricon ou bruscus. .	1 —
Eau.	ce qu'il en faut.

Faites une décoction que vous pressez ensuite dans un

lingo. Buvez-en le matin à jeûn et continuez plusieurs jours.

CONTRE LES DOULEURS DE LA RATE.

Eau de fontaine. . . . . . 250 grammes.
Limaille d'acier. . . . . . 60 —

Faites bouillir l'eau, et, pendant l'ébullition, jetez la limaille d'acier. Faites bouillir encore une ou deux fois. Buvez de cette eau à tous les repas.

CONTRE LES COLIQUES.

Huile d'amandes douces. . . . 60 grammes.
Eau de roses. . . . . 60 —

Mêlez et avalez.

CONTRE LA DYSSENTERIE.

Jaunes d'œufs frais. 3
Eau de roses. . . . . 120 grammes.
Sucre fin. . . . . 30 —

Faites bouillir et coulez. Que le malade prenne de ce remède le matin à jeun et pendant trois jours.

CONTRE LES VERS.

Suc de citron. . . . . . . 2 cuillerées.
Huile d'olive. . . . . . . 3 —

Mêlez et donnez à boire, le matin à jeun. Si le malade est un enfant, ne lui en donnez qu'une ou deux cuillerées et réitérez plusieurs fois.

CONTRE LA GRAVELLE.

Chynorrhodon, bien épluchés de
leurs petits grains. . . . . 500 grammes.
Vin blanc. . . . . 1 tiers de litre.
Sucre. . . . . 500 grammes.

Faites bouillir jusqu'à ce que soit bien cuit le mélange; passez ensuite et battez pour faire une pâte. Pendant trois jours prenez de ce remède, la grosseur d'une fève.

CONTRE L'INFLAMMATION ET L'ENFLURE DES JAMBES.

Prenez du seneçon ; faites-le cuire dans un pot de terre neuf, avec de l'eau et du beurre frais.

Appliquez ce cataplasme sur le mal et réitérez souvent.

EMPLATRE APPELÉ *MANUS DEI*.

Contre les plaies : pour en arrêter le sang et en faire sortir le fer, le plomb ;... contre les enflures les glandes, les fistules, les chancres, les morsures des bêtes venimeuses et enragées, les écrouelles, le charbon, les ulcères, la teigne, etc.

(La composition de cet emplâtre paraît d'abord difficile, et les drogues qui le composent sont nombreuses. Mais j'ai cru devoir le proposer à cause des effets miraculeux qu'on lui attribue, et qui l'ont fait appeler *Manus Dei*.)

Prenez :

Galbanum.	30 grammes.
Ammoniaque.	90 —
Appoponax.	30 —
Vinaigre blanc, bien fort	120 —
Huile d'olive.	1250 —
Litharge.	500 —
Vert de gris.	30 —
Cire vierge.	600 —
Oliban.	60 —
Bdelium.	60 —
Myrrhe	30 —
Encens.	30 —
Aristoloche.	30 —

Il faut prendre le galbanum, l'ammoniaque et l'opoponax et les piler dans un mortier de bronze, ayant soin de chauffer de temps en temps le pilon, qui doit être de fer ; lorsque ces substances sont pilées, il faut les faire tremper avec le vinaigre dans un pot vernissé, les y laisser pendant deux jours et deux nuits et les remuer deux ou trois fois par jour avec une spatule de bois

Lorsque les gommes sont fondues, on doit mettre le tout dans une bassine, placer cette bassine sur un petit feu et faire cuire en remuant jusqu'à ce que le vinaigre soit réduit de moitié. On coule ensuite le tout par une étamine, on remet sur le feu, et on fait bouillir jusqu'à ce que soient cuites les gommes et soit consommé le vinaigre. Puis on laisse refroidir.

On peut garder cet emplâtre un demi-siècle sans que s'affaiblisse sa vertu. Mais on ne doit en user que trois mois après qu'il a été fait.

Il ne faut point, pour s'en servir, l'étendre sur du linge, qu'il percerait, mais sur du cuir ou de la farine et après avoir mouillé ses doigts avec du vinaigre.

Enfin, avoir le soin de changer l'emplâtre toutes les douze heures.

CONTRE LES FIÈVRES INTERMITTENTES, MALIGNES ET AUTRES.

Décoction sudorifique dont la recette est attribuée à SAINT AMBROISE.

Prenez une livre de millet bien nettoyé de sa première écorce, et faites-le cuire jusqu'à ce qu'il se crevasse, en une suffisante quantité d'eau de fumeterre ou de fontaine; prenez ensuite quatre onces de cette décoction coulée, et mettez-la dans deux onces de vin blanc.

Donnez cette tisane toute chaude au malade lorsqu'il est au lit et qu'il a la fièvre. Ainsi l'on provoque la transpiration, on apaise la soif et l'on guérit la fièvre.

CONTRE LE CHARBON.

Prendre même quantité d'onguent populeum et d'onguent basilicum, et l'appliquer sur le charbon jusqu'à ce que soit tombée l'escarre.

POUR GUÉRIR LES TUMEURS.

Oignons de lys.	ce qu'il en faut.
Saindoux.	—

Enveloppez l'oignon et le saindoux dans quelques

feuilles de blête ou de choux. Faites cuire dans la cendre et appliquez sur le mal, comme vous feriez d'un cataplasme.

BLESSURES DES CHEVAUX.

(Recette de M. l'abbé Masson, curé à Xermamenil par Lunéville (Manche).

Couperose blanche.	30 grammes
Safran.	2 —
Vitriol de Chypre	4 —
Camphre.	4 —

Le camphre dissous dans un demi-verre d'eau-de-vie, les autres substances pulvérisées ; mettre le tout dans une cruche contenant 2 litres d'eau de fontaine ou de rivière ; laisser infuser pendant 48 heures, en remuant quelques heures.

FRAICHEURS INTÉRIEURES.

(Recette de M. l'abbé T... curé de... (Orne.)

Sucre candi.	90 grammes.
Eau de rose.	90 —
Bonne eau-de-vie. . . , . .	100 —
Eau de fontaine	1000 —

Faire fondre le sucre dans dans l'eau froide et y râper la muscade, puis mêler toutes les substances, et prendre un demi verre le matin à jeun et autant le soir, une heure avant de se coucher ; sept à huit jours de ce traitement suffiront pour guérir radicalement.

Les personnes fortes peuvent mettre deux muscades afin d'exciter davantage la transpiration.

TABLE DES MATIERES

DE LA PREMIÈRE PARTIE.

Abcès.	21
Abeilles (leurs piqûres).	22
Ablactation.	25
Accidents (suite).	22
Accouchements (suite).	23
Acné.	99
Adénite.	24
Agonie.	24
Aigreurs d'estomac.	26
Aliments et alimentation.	27
Alopécie.	66
Amaurose.	180
Aménorrhée.	168
Anasarque.	116
Anévrismes.	32
Angine.	33
Angine couenneuse.	93
Anorexie.	42
Anthrax.	36
Aphthes.	40
Apoplexie.	41
Appareil galvanique.	7
Appétit (Perte d').	42
Asthe.	156
Asphyxie en général.	43
— par submersion.	44
— par strangulation.	47
— par la vapeur du charbon.	47
— des fosses d'aisances.	47
— des égouts.	47
— par le froid.	47
— par la chaleur.	48
— par la foudre.	48
Asthme.	48
Attaques de nerfs.	173
Avant-propos	5
Bains en général.	51
— aromatiques.	11
— de pieds.	51
— de vapeur.	52
— de rivière.	53
— de mer.	53
— sulfureux.	54
— de Baréges.	54

Blépharite.	176
Bile.	54
Blessures (Généralités).	55
Bouche (Hygiène de la).	11
Bourdonnements d'oreille.	181
Bronchite.	55
Brûlure.	58
Calvitie.	66
Cancer.	66
Carie des dents.	62
Carreau.	64
Cataracte.	179
Catarrhe.	55
Cauchemars.	65
Céphalalgie.	168
Chaleur (Asphyxie par la).	47
Charbon.	56 279
Chevelure (Hygiène).	12
Cheveux (leurs maladies).	66
Chlorose.	183
Choléra-cholérine.	68
Chorée.	96
Cirsocèle.	211
Clous.	10
Coaltar.	10
Coliques.	74 277
— saturnines.	77
Congestion cérébrale.	41
Conjonctivite.	177
Constipation.	78
Contusions.	87
Convalescence.	81
Convulsions.	82
Coqueluche.	83
Corps (Hygiène du).	11
Cors aux pieds.	84
Coryza.	85
Cosmétique (Hygiène).	10
Coups.	87
Coup de sang.	41
Coup de soleil.	121
Coupures.	191
Courbature.	90
Crachement de sang.	145
Crampes.	92
— d'estomac.	47
Crevasses.	137
Croup.	93
Danse de Saint-Guy.	96
Dartres.	98
Défaillances.	208
Dents (Hygiène).	15
— cariées.	62
Diabète.	102

Diarrhée. 162
Dysménorrhée. 168
Dyssenterie. 104 277
Ecrouelles. 205
Electricité. 7
Egouts (Asphyxie). 47
Elixir dentrifrice. 14
— de longue vie. 76
Empoisonnements en général. 106
— par les poisons irritants. . . . 107
— par les narcotiques. 110
— par les narcotico-âcres. 111
Enchifrènement. 85
Enflure des jambes. 82 278
Engelures. 112
Engorgements. 114 280
Entorse. 115
Epilepsie. 117
Epistaxis. 146
Erysipèle. 120
Esquinancie. 35
Evanouissement. 208
Face hippocratique. 25
Faiblesse générale. 122
Fièvres. 122
Fièvre éphémère. 123
— typhoïde. 124
— intermittente. 125 278
Fistules. 128
Fluxions. 128
— de poitrine. 128
Fosses d'aisances (Asphyxie). 47
Fractures. 130
Fraîcheurs intérieures. 280
Froid (Asphyxie). 47
Froid aux pieds. 113
Foudre. 47
Foulures. 115
Furoncles. 130
Gale. 131
Gangrène. 133
Gastralgie. 134
Gastrite. 136
Gerçures. 137
Goître. 158
Gourme. 139
Goutte. 139
Gravelle. 143 277
Grippe. 55
Hématémèse. 147
Hématurie. 145
Hémoptysie. 145 278
Hémorrhagie. 146
Hémorrhoïdes. 149

Hernie.	150
Hoquet.	152
Humeurs froides.	205
Hydrocèle.	153
Hydrophobie.	153
Hydropisie.	155
Hygiène en général.	138
— du curé de campagne.	15
Hypocondrie.	19
Hystérie.	160
Ictère.	162
Incontinence d'urine.	162
Indigestion.	163
Insomnie.	164
Iritis.	175
Jaunisse.	162
Kératite.	178
Lacrymale (Fistule).	128, 175
Lait (chez les femmes accouchées.	23
— (Moyen de le rendre plus digestible).	165
Laryngite.	33
Lèpre	165
Loupes.	166
Luette (contre son inflammation)	276
Lumbago.	169
Mains (Hygiène).	13
Mal de la bouche.	40
— caduc.	117
— de la gorge.	33
Maux de tête.	168
Médecine du curé de Deuil.	27
Menstruation.	167
Mentagre	99
Métrorrhagie.	148
Migraine.	118
Mort.	170
Mouches venimeuses.	22
Muguet	171
Névralgie.	171
Névroses.	173
Nostalgie.	174
Noyés.	44
Odontalgie.	62
Ongle incarné.	174
Ophthalmologie.	175
Ophthalmie	177, 275
Oreilles (Hygiène).	12
— Maladies des).	180, 176
Oreillons.	182
Orgelet.	175
Otalgie.	181
Ouïe	180
Ouïe (Maladies de l').	180
Pâles couleurs.	183

Palpitations.	181
Panaris.	183
Paralysie.	186
Parotides.	182
Pendus.	47
Petite vérole.	213
Phthisie.	188
Pieds froids (Pour s'en garantir).	115
Pituite.	190
Plaies.	191 278
Pleurésie.	193 276
Pleurodynie.	194
Pneumonie.	222
Pommade au quinquina.	14
Poudre dentrifrice.	14
Pustule maligne.	36
Rachitisme.	205
Rage.	153
Rate (Engorgement de la).	127
Rate (Contre les douleurs de).	277
Règles.	167
Rétention d'urine.	194
Rêves.	65
Rhumatisme.	195
Rhume.	85 276
— de cerveau.	85
Rougeole.	199
Saignement de nez.	146
Sangsues (Leur application).	200
Savon au benjoin.	14
Scarlatine.	202
Sciatique.	202
Scorbut.	204
Scrofules.	205
Sevrage.	23
Squirrhe.	69
Surdité	181
Syncope.	208
Taies.	179
Teigne.	209
Toenia.	215
Toilette (Hygiène de la).	10
Torticolis.	195, 211
Tumeurs blanches.	206 279
Urticaire.	211
Varicocèle.	211
Varices.	212
Vapeur de charbon.	47
Vaccine.	213
Variole.	213
Vers intestinaux.	215
Verrues.	217 277
Vertiges.	41
Vomissements.	276

Vin de marrube. 43
Vipère (Morsure de la). 218
Vue (Faiblesse de la). 180

DEUXIÈME PARTIE.

Abeilles (liqueur pour leur nourriture). 219
— Moyen de les changer de ruche 219
Abricots (leur conservation). 219
— Gelée d'. 220
Absinthe (liqueur). 220
— suisse. 220
Acajou (Nettoyage de l'). 221
Albâtre (Nettoyage de l'). 221
Alcool camphré. 221
Anis (Ratafia d'). 221
Anisette. 221
— de Bordeaux 222
Appartements nouvellement peints (Pour enlever l'odeur des) 222
Argenterie (Nettoyage de l'). 222
Asperges (Conservation des). 223
Artichauts (Conservation des) 223
Bœufs (Manière de les engraisser). 223
Axonge (pour reconnaître sa falsification 224
Beurre (sa conservation) 224
Bière économique. 225
Blanchissage économique. 226
Blé (Conservation du). 226
Boissons économiques 227
Bouchons imperméables. 228
Boue (Pour enlever les taches de). 229
Bouillon (sa conservation). 229
Broderies d'or et d'argent (Nettoyage des). 230
Bougies (pour allumer de suite et d'un seul coup toutes
 celles d'un autel) 230
Brûler (Pour empêcher les vêtements de). 230
Cassis. 230
Cadres dorés (leur nettoyage). 231
Cambouis (Pour enlever les taches de). 231
Cerises à l'eau-de-vie. 231
— confites au liquide. 232
Champignons suspects (pour les rendre inoffensifs). . 232
Charançons (Destruction des). 232
Chauffage économique. 233
Cheminée (Pour éteindre les feux de). 233
Choux (leur conservation). 233
Ciment de Kuhle. 234
Cirage. 234
Cire à cacheter. 235
Coings (Gelée de). 235
Corporaux, dentelles (pour les remettre à neuf). . . . 235
Coton (manière de le reconnaître). 236
Crème d'oranger. 236

Crème de menthe.	237
— de noyaux.	237
— de thé.	237
Cuivre (Nettoyage du).	238
Curaçao.	238
Désinfection.	238
Dorure.	239
Eau à détacher.	239
— de Cologne.	239
— sédative.	239
— de seltz.	240
Encaustique siccatif.	240
Encre pour la cave.	240
— à marquer le linge.	241
Encens d'église.	241
Encres.	241
Filtre.	242
Fourmis (pour les détruire).	242
Forêt-Noire (Crème de la).	243
Fosses d'aisances (leur désinfection).	243
Framboises (Ratafia de).	243
Fruits (moyen d'en enlever les taches).	243
— gelés.	244
Futailles (leur désinfection).	244
Gants (Nettoyage des).	244
Gibier (sa conservation).	244
Glaces, verres (Nettoyage de).	245
Graisse (Pour enlever les taches de).	245
Greffe des arbres (Mastic pour la).	246
Groseilles (Gelée de).	246
Harnais (Pour guérir les blessures faites par les).	247
Hosties (Pour reconnaître la falsification des).	247
Huile (Taches d').	247
Hydrofuge.	248
Insectes (leur destruction).	248
Insecticide.	249
Ivoire (Nettoyage de l').	249
— (Encre pour écrire sur l').	249
— (pour l'argenter).	249
Kirsch de ménage.	250
Lait (pour l'empêcher de s'aigrir).	250
— (pour l'empêcher de tourner).	250
Laines.	250
Lainages (Nettoyage des).	251
Lièvres et lapins (pour en garantir les arbres fruitiers).	251
Limaces (leur destruction).	252
Limonade gazeuse en poudre.	252
Livres (pour empêcher les insectes de les attaquer).	252
Marasquin.	253
Marbre (Nettoyage du).	253
Mastic pour raccommodages.	253
Marrons (leur conservation).	254
Melons (pour les obtenir excellents).	254
Moisissures (pour l'empêcher).	254
Miel (sa conservation).	255

Mouches (pour s'en débarrasser)	255
Moutarde	256
Noix (moyen de leur rendre leur fraîcheur)	256
Noyau (liqueur)	256
Œufs (leur conservation)	256
— (moyen de constater leur fraîcheur)	257
Orgeat (Sirop d')	257
Ornements d'église (pour les remettre à neuf)	257
Papier (moyen de l'empêcher de boire)	257
— (moyen de le nettoyer)	258
Peintures à l'huile (pour les nettoyer)	258
Petits pois (leur conservation)	259
Poires (Confiture de)	259
Porcelaine (pour la raccommoder)	260
Pommes de terre (leur conservation)	260
Poterie fendue (moyen de la réparer)	261
Poudre de chasse	261
Papier-coton	261
Poules (moyen de les faire pondre)	262
Punaises (leur destruction)	262
Raccrocs des vêtements	263
Raisins (Conservation des)	263
Rats et souris (pour les détruire)	263
Rouille (pour en préserver le fer et l'acier)	264
Rose (Crème de)	265
Sculptures (Nettoyage des)	265
— (pour leur donner la couleur de l'argent)	265
Soieries	266
Sueur (Manière d'enlever les taches de)	267
Tableaux (Nettoyage des)	267
Tapis (Nettoyage des)	268
Tonneaux (Nettoyage des)	268
Treilles (leur conservation)	269
Urine (pour en enlever les taches)	269
Vanille (Crème de)	269
Vermouth	270
Verre (Dépolissage du)	270
— (pour le percer)	270
Vespétro	270
Viandes (pour les conserver)	271
Vins (pour leur conservation)	271
Vins. — Acidité (moyen d'y remédier)	271
— (Goût de fût des)	272
— de Bordeaux	272
— de Champagne	272
— de Frontignan	272
— de Madère	272
— de Malaga	272
— de quinquina	273

FIN DE LA TABLE.

www.ingramcontent.com/pod-product-compliance
Lightning Source LLC
Chambersburg PA
CBHW062011180426
43199CB00034B/2299

* 9 7 8 2 0 1 2 5 6 9 3 5 5 *